主　　编　蒋惠岭　国家法官学院副院长

最高人民法院司法案例研究院负责人

副 主 编　关　毅　国家法官学院科研部主任

刘　畅　最高人民法院司法案例研究院规划部主任

主编助理　边疆戈　国家法官学院科研部编辑

朱建伟　国家法官学院科研部编辑

赵文轩　最高人民法院司法案例研究院规划部编辑

《中国法院年度案例》编辑人员（按姓氏笔画）

边疆戈　朱建伟　刘　畅　关　毅　杨小利

罗胜华　赵文轩　胡　岩　袁登明　唐世银

曹海荣　梁　欣　蒋惠岭　程　瑛　谭　红

本书编审人员　朱建伟

中国法院

2020年度案例

国　家　法　官　学　院
最高人民法院司法案例研究院◎编

刑事案例四

（妨害社会管理秩序罪、贪污贿赂罪、渎职罪）

中国法制出版社
CHINA LEGAL PUBLISHING HOUSE

《中国法院年度案例》通讯编辑名单

序

坚持和完善中国特色社会主义法治体系，是党的十九届四中全会作出的一项重要部署。作为其核心组成部分，高效的法治实施体系所要实现的就是让静态的法律制度在实践中得到良好实施。《中国法院年度案例》丛书的价值追求，即公开精品案例，研究案例所体现的裁判方法和价值理念，提炼裁判规则，助推司法标准统一。

《中国法院年度案例》丛书，是国家法官学院于2012年开始编辑出版的一套大型年度案例丛书。丛书由国家法官学院案例开发研究中心具体承担编辑工作，每年年初定期出版。此前，该中心坚持20余年连续不辍编辑出版了《中国审判案例要览》丛书近90卷，分中文版和英文版在海内外发行，颇有口碑，享有赞誉。作为一种全新的案例研究产品，《中国法院年度案例》丛书旨在加强完善中国特色案例指导制度，探索编辑案例的新方法、新模式，以弥补当前各种案例出版物的不足。该丛书2012～2019年已连续出版8套，一直受到读者的广泛好评，并迅速售罄。为更加全面地反映我国司法审判执行工作的发展进程，顺应审判执行实践的需要，响应读者需求，2014年度新增3个分册即金融纠纷、行政纠纷、刑事案例，2015年度将刑事案例调整为刑法总则案例、刑法分则案例2册，2016年度新增知识产权纠纷分册，2017年度新增执行案例分册，2018年度、2019年度将刑事案例扩充为4个分册。现国家法官学院及时编撰推出《中国法院2020年度案例》系列丛书，共23册。

当前市面上的案例丛书百花齐放，又有裁判文书网，可以查询各级法院、各类的裁判文书，还有各种专门领域的案例汇编书籍，以及各种案例指导、案例参考等读物，各具特色。而《中国法院年度案例》丛书则以开放务实的态度、简洁明快的风格，试图把案例书籍变得"好读有用"，故在编辑中坚持以下方法：一是高度提炼案例内容，控制案例篇幅，每个案例基本在3000字以内；二是突出争议焦点，剔除无效信息，尽可能在有限的篇幅内为读者提供有效、有益的信息；三是注重对案件裁判文书的再加工，大多数案例由案件的主审法官撰写"法官后语"，高度提炼、总结案例的指导价值。

同时，《中国法院年度案例》丛书还有以下特色：一是信息量大。国家法官学院案例开发研究中心每年从全国各地法院收集到的上一年度审结的典型案例近万件，使该丛书有广泛的选编基础，可提供给读者新近发生的全国各地多种类型的代表性案例。二是方便检索。为体现以读者为本，丛书分卷细化，每卷下还将案例主要根据案由分类编排，每个案例用一句话概括裁判规则、裁判思路或焦点问题作为主标题，让读者一目了然，迅速找到目标案例。

中国法制出版社始终全力支持《中国法院年度案例》丛书的出版，给了作者和编辑们巨大的鼓励。2018年、2019年连续推出数据库增值服务，2020年继续提供数据库增值服务并充实完善数据内容。购买本书，扫描前勒口二维码，即可在本年度免费查阅往年同类案例数据库。我们在此谨表谢忱，并希望通过共同努力，逐步完善，做得更好，真正探索出一条编辑案例书籍、挖掘案例价值的新路，更好地服务于学习、研究法律的读者，服务于社会，服务于国家的法治建设。

本丛书既可作为法官、检察官、律师等司法实务工作人员的办案参考和司法人员培训推荐教程，也是社会大众学法用法的极佳指导，亦是教学科研机构案例研究的精品素材。当然，案例作者和编辑在编写过程中也难以一步到位实现最初的编写愿望，可能会存在各种不足，甚至错误，欢迎读者批评指正，我们愿听取建议，并不断改进，不断扩大案例研究领域，实现中国特色案例研究事业新发展。

从今年起，《中国法院年度案例》改由国家法官学院与最高人民法院司法案例研究院共同编辑。最高人民法院司法案例研究院是中编办批准设置的最高人民法院的司法案例专门研究机构，与国家法官学院合署办公，在最高人民法院领导下，秉持服务司法审判实践、经济社会发展、法学教育研究、中外法学交流、法治中国建设的办院宗旨，坚持“服务、创新、合作、开放、共享”工作原则，依托国家法官学院开展司法案例的收集、生成、研究、发布和国际交流工作。司法案例研究院的加入，必将使本套丛书的编辑力量更加壮大，案例质量将进一步提升。

国家法官学院副院长

最高人民法院司法案例研究院负责人

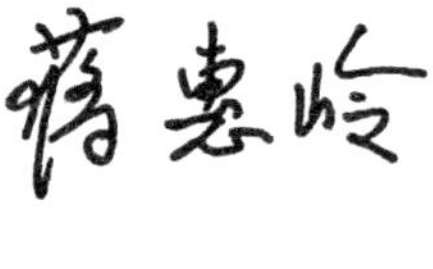

目　录

Contents

一、妨害社会管理秩序罪

（一）扰乱公共秩序罪

（四）危害公共卫生罪

（五）破坏环境资源保护罪

（六）走私、贩卖、运输、制造毒品罪

二、贪污贿赂罪

三、渎职罪

一、妨害社会管理秩序罪

（一）扰乱公共秩序罪

1

疫情防控期间妨害公务暴力袭警应从重处罚

——邓某某妨害公务案

【案件基本信息】

1. 裁判书字号

山东省济南市莱芜区人民法院（2020）鲁0116刑初第42号刑事判决书

2. 案由：妨害公务罪

【基本案情】

2020年2月3日8时许，济南市公安局莱芜区分局杨庄派出所接110指令，报警人称在济南市莱芜区杨庄镇某食品公司一名醉酒工人不配合公司疫情防控人员工作，在未佩戴口罩的情况下进入公司，并殴打一人。接警后，杨庄派出所民警徐某某带领辅警立即出警处置。赶到现场后，被告人邓某某正与一名男子撕扯，徐某某上前制止时，被邓某某打了左面部一巴掌，致使徐某某右肩肩章处执法记录仪滑落。一名辅警拉着邓某某不让其进入公司时，邓某某动手打辅警，辅警躲开，后徐某某将执法记录仪转交给其他辅警再次制止时，邓某某又打了徐某某左脸部两巴掌。后民警将邓某某控制并带至杨庄派出所。

【案件焦点】

在防控疫情的关键时期，不服从疫情防控人员劝阻，暴力袭击正在执行职务的人民警察，对该行为应如何定性。

【法院裁判要旨】

山东省济南市莱芜区人民法院经审理认为，邓某某的暴力袭警行为不仅危害了民警的人身安全，更严重损害了国家法律权威，破坏了当前疫情防控的管理秩序。在当前新型冠状病毒感染肺炎疫情防控的关键时期，佩戴口罩是防范疫情蔓延的有效措施，邓某某不服从公司疫情防控人员劝阻，未佩戴口罩强行进入公司并殴打防控人员，且暴力袭击处警警察，依法应从重处罚。

山东省济南市莱芜区人民法院依照《中华人民共和国刑法》第二百七十七条第一款、第五款、第六十七条第三款及《中华人民共和国刑事诉讼法》第十五条之规定，作出如下判决：

被告人邓某某犯妨害公务罪，判处有期徒刑十个月。

【法官后语】

为确保依法防控新型冠状病毒感染肺炎疫情、切实保障人民群众生命健康安全，最高人民法院、最高人民检察院、公安部、司法部联合制定了《关于依法惩治妨害新型冠状病毒感染肺炎疫情防控违法犯罪的意见》（法发〔2020〕7号，以下简称《意见》）。根据《意见》精神，对于在疫情防控期间实施有关违法犯罪的，要作为从重情节予以考量，依法体现从严的政策要求，有力惩治震慑违法犯罪，维护法律权威，维护社会秩序，维护人民群众生命安全和身体健康。《意见》第二条明确提出“准确适用法律，依法严惩妨害疫情防控的各类违法犯罪”的司法要求，该条第一项规定了应当依法严惩的抗拒疫情防控措施的犯罪，其中明确规定：暴力袭击正在依法执行职务的人民警察的，以妨害公务罪定罪，从重处罚。

妨害公务罪所侵害的客体主要是国家的正常管理活动，同时也侵犯了相关人员的人身权利。人民警察代表国家行使执法权，肩负着打击违法犯罪、维护社会稳定、维持司法秩序、执行生效裁判等重要职责。暴力袭警是我国刑事法律严厉打击的对象。《刑法》第二百七十七条第五款明确规定，“暴力袭击正在依法执行职务的人民警察的，依照第一款的规定从重处罚。”2019年12月27日，最高人民法院、最高人民检察院、公安部联合印发了《关于依法惩治袭警违法犯罪行为的指导意见》，对袭击人民警察的相关违法犯罪行为作出了更加具体的规定。该指导意见明确规定，对正在依法执行职务的民警实施下列行为的，属于《刑法》第二百七十七条第五款规定的“暴力袭击正在依法执行职务的人民警察”，应当以妨害公务罪定罪从重处罚：(1) 实施撕咬、踢打、抱摔、投掷等，对民警人身进行攻击的；(2) 实施打砸、毁坏、抢夺民警正在使用的警用车辆、警械等警用装备，对民警人身进行攻击的。

人民警察奋战在疫情防控的第一线，肩负着防控疫情、维护疫情防控管理秩序的职责，守护着人民群众的生命安全和身体健康。人民警察在依法履行职务的时候，需要执行对象的服从和配合。但在实践中，人民警察遭受暴力侵害、打击报复的事件时有发生，不仅危害人民警察的人身安全，更严重损害了国家法律权威、破坏了国家正常的疫情防控管理秩序。具体到本案，邓某某不服从疫情防控人员劝阻，未佩戴口罩强行进入公司并殴打防控人员，之后又暴力袭击处警警察，符合妨害公务罪的行为要件，具备从重情节，故其行为构成妨害公务罪，应予以从严惩处，被判处有期徒刑十个月。

依法、有效抗击疫情是全社会的责任，更是司法机关的使命。司法机关应依法及时、从严惩治妨害疫情防控的各类违法犯罪，为坚决打赢疫情防控阻击战提供有力的法治保障。根据《意见》注重办案安全的要求，本案通过网络直播的方式进行庭审，不仅保障了诉讼参与者的人身安全，而且扩大了司法宣传效果，向社会揭示了疫情防控期间袭警行为的违法性和危害性，充分发挥了案例的警示、教育、引导功能，有利于在全社会树立“敬畏法律、尊重执法者”的良好法治环境。

编写人：山东省济南市莱芜区人民法院　柳俊海

2

妨害公务犯罪中，暴力袭警的暴力程度和犯罪对象的范围界定

——妥某妨害公务案

【案件基本信息】

1. 裁判书字号

北京市朝阳区人民法院（2018）京0105刑初435号刑事判决书

2. 案由：妨害公务罪

【基本案情】

2017年10月15日，北京市朝阳区黑庄户乡万子营东村村委会联合乡政府城管队等部门，对该村内无照经营门店的无手续广告牌进行拆除工作。当日10时许，在上述单位人员拆除至该村的甲饭店时，饭店老板妥某拒绝工作人员拆除其饭店广告牌。其间，妥某为达到上述目的于10时37分58秒从其饭店内提出煤气罐打开阀门放置于门前，同时右手持打火机，使得聚集在其饭店门口的拆除人员迅速撤离，妥某于10时38分4秒自行将煤气罐阀门关闭，后他人于10时38分26秒将煤气罐拿进饭店。

北京市公安局朝阳分局黑庄户派出所民警杨某等人接到有人要点煤气罐的报警后，于当日10时52分许赶到现场处置。民警杨某在对妥某进行询问时，妥某情绪激动，拒不配合民警工作并对杨某进行推搡，后其他民警上前对妥某使用警用喷灌后强制将其带回派出所。

关于本案的定性，公诉机关指控妥某的行为构成以危险方法危害公共安全罪和妨害公务罪。被告人妥某对两起指控的事实都承认；其辩护人认为第一起指控中妥某的行为不构成以危险方法危害公共安全罪，构成妨害公务罪，妨害的是城管人员执行公务，认为第二起指控中妥某的行为情节轻微，使用治安处罚即可，不构成妨害公务罪。

【案件焦点】

妨害公务犯罪中，暴力袭警的暴力程度和犯罪对象的范围界定。

【法院裁判要旨】

北京市朝阳区人民法院经审理认为：

第一，公诉机关第一起指控中被告人妥某的行为不构成以危险方法危害公共安全罪。

首先，妥某的行为达不到以危险方法危害公共安全罪要求的程度。其一，妥某行为持续时间短暂，从其将煤气罐拿出饭店到其自行将煤气罐阀门关闭仅持续几秒钟的时间。煤气在达到一定浓度的情况下与空气接触后遇到火源易发生爆炸，置于户外的家用煤气罐在上述较短时间内的泄漏一般达不到上述浓度。其二，妥某没有用打火机点燃煤气的行为。其虽然右手拿着打火机，但没有点燃的动作也没有欲点燃的行为或语言威胁。

其次，妥某的行为反映出其主观上并无以危险方法危害公共安全的故意。正常的成年人能够认识煤气爆炸的危险性，在排除自焚等极端行为的情况下，即便是自己点燃煤气也会基于本能反应在点燃后迅速撤离现场，但事发时妥某的妻子、弟弟和外甥均在现场，妥某本人没有任何撤离行为，也没有让其家人撤离，反而迅速将煤气罐关闭，反映出妥某在当时对自己的行为有客观的判断和认知。其使用此种威胁的手段是为了达到阻止工作人员拆除其广告牌的目的，而非以此行为危害公共安全。

综上，妥某的行为虽然能够对现场群众和拆除广告牌的人员造成一定的安全恐慌，但达不到像放火、爆炸等常见的以危险方法危害公共安全行为的严重程度，不能构成以危险方法危害公共安全罪。

第二，对公诉机关第一、二起指控中妥某的行为应整体评价，其构成妨害公务罪。

案发当日是村委会联合乡政府城管队等部门，对该村内无照经营门店的无手续广告牌进行拆除作业，妥某使用打开煤气罐的方式意图阻止拆除工作，使其无法进行，民警在接到报警后到现场依法执行公务，妥某在被警察询问时，从语言到行为上均拒不配合民警工作，在民警杨某传唤其到派出所接受调查时，其不仅拒不听从，还主动推搡杨某。妥某的上述行为已经妨害了城管人员及民警依法执行职务，属于以暴力、威胁方法阻碍国家机关工作人员依法执行职务，构成妨害公务罪。

综上，公诉机关指控被告人妥某犯妨害公务罪的事实清楚，证据确实、充分，指控的罪名成立；指控被告人妥某犯以危险方法危害公共安全罪的罪名不成立，不予支持。对被告人妥某的辩护人关于第二起指控中妥某的行为情节轻微，不构成妨害公务罪的辩护意见，不予采纳。被告人妥某法制观念淡薄，以暴力、威胁方法阻碍国家机关工作人员依法执行职务，其行为已构成妨害公务罪，依法应予惩处。

北京市朝阳区人民法院依照《中华人民共和国刑法》第二百七十七第一款、第六十七条第三款、第六十一条、第四十五条、第四十七条，作出如下判决：

被告人妥某犯妨害公务罪，判处有期徒刑十个月。

宣判后，妥某未提起上诉。

【法官后语】

本案处理重点主要在于对暴力袭警的程度和犯罪对象范围的界定，在适用时应严守法律红线。暴力袭警的暴力程度要达到入罪标准，需要同时具备主动性和暴力性，且攻击性须达到一定程度；该罪犯罪对象应严格限于法条明文规定的范围，司法实践中不得随意扩大解释。

1. 暴力袭警的程度

《刑法修正案（九）》第二十一条增加了“暴力袭警”的规定，作为《刑法》第二百七十七条第五款，暴力袭警的“暴力”应与该罪入罪的“暴力”相区分，这涉及对暴力程度的把握，妨害公务罪要求使用“暴力、威胁的方法”阻碍公职人员依法执行职务，即暴力程度达到足以阻碍公职人员依法执行职务的程度，第五款是针对妨害人民警察执行公务的特别规定，不等于所有妨害人民警察执行公务的行为都适用该规定。该款适用以“暴力袭击”人民警察为前提，暴力袭击的暴力程度应高于入罪暴力。换言之，并非所有的袭警行为都适用妨害公务罪的加重处罚条款，另有只成立妨害公务罪但不加重处罚的可能。只有当行为人采用了暴力手段且达到“暴力袭击”程度的，才属于本款的适用情形。

公务行为相对人的不配合行为，按暴力程度从小到大依次可分为：防守型的暴力、一般型的暴力、袭击型的暴力。防守型的暴力，是指摆脱、反抗等本能行为，即使具有一定程度的暴力性，也与进攻性的暴力不同，不应认为该行为成立妨害公务罪。一般型的暴力，是指暴力程度达到足以阻碍公职人员依法执行职务，但达不到“袭击”程度的行为，应认为成立妨害公务罪。袭击型的暴力，是指暴力袭击的行为，该种行为应当排除利用威胁方法和一般暴力形式，特指具有主动性和攻击性的行为，且二者缺一不可，须同时具备。当该行为对象是“正在依法执行职务的人民警察”时，应认为成立妨害公务罪，且加重处罚。亦即暴力袭警中的暴力，不能解释为一切暴力，只有达到“暴力袭击”程度的行为才能以妨害公务罪从重处罚。

具体到本案中，首先，妥某“打开煤气罐”的行为构成妨害公务罪，妥某的行为达到了该罪入罪要求的暴力程度。虽然妥某“打开煤气罐”的行为不构成以危险方法危害公共安全罪，但是在案发现场的情况下，妥某该行为存在危害到公共安全的可能，不及时采取相应的措施，则可能导致更多人利益遭受严重损失，因此该行为对城管人员达到“威胁”程度，致使拆除作业无法进行。该行为妨害城管执行职务，所以妥某的该行为构成妨害公务罪。

其次，妥某的行为达不到“暴力袭警”要求的暴力程度，不适用《刑法》第二百七十七条第五款的规定。民警因接到妥某打开煤气罐行为的报警后到现场依法执行公务，妥某在被民警询问情况时，拒不配合民警工作，在民警传唤其到派出所接受调查时，其不仅拒不听从，还主动推搡民警，该行为虽有不妥，但此行为只涵盖了袭击型暴力中的主动性，缺乏袭击性，属于一般型的暴力，达不到“袭击”程度，不适用暴力袭警来评价，该行为已经妨害了民警依法执行职务，属于以暴力方法阻碍民警执行职务，构成妨害公务罪，而非暴力袭警。

2. 犯罪对象的范围

《刑法》第二百七十七条对本罪的犯罪对象作了明确列举，包括国家机关工作人员、全国人民代表大会和地方各级人民代表大会代表、在自然灾害和突发事件中履职的红十字会工作人员、执行国家安全工作任务的国家安全机关和公安机关。在司法实践中，应当严格排除该条列举之外的其他主体，不可对犯罪对象作出扩大解释，否则违背刑法中的罪刑法定原则。

具体到本案中，首先，城管人员和民警均系具有公务员身份的国家机关工作人员，属于妨害公务罪犯罪对象的范围。妥某妨害了城管人员及民警依法执行职务，属于以暴力、威胁方法阻碍国家机关工作人员依法执行职务，构成妨害公务罪。

其次，村委会工作人员不是国家机关工作人员，不属于妨害公务罪犯罪对象的范围。村委会联合乡政府安全科及城管等部门对村环境进行整治，清理村内广告牌，妥某拒不配合且阻挠拆除工作。村委会工作人员虽然正在执行公务，但不属于刑法规定的妨害公务罪犯罪对象范围。妥某阻止村委会工作人员拆除广告牌的行为不构成妨害公务罪。

部分观点认为妨害公务罪应当关注犯罪对象是否从事公务活动，而不是其身份。此观点基于全国人大常委会于2002年对《刑法》第九章渎职罪主体适用问题做出的立法解释[①]，解释认为讨论犯罪主体时不以是否具有公务员编制进行区分，而强调“从事公务”，主张从事公务是国家机关工作人员的本质特征，不管人员的具体身份为何，只要是从事公务就应该被视为国家工作人员。遵循体系解释的原则，推而论之，在同一部门法中，关于妨害公务罪中从事公务活动的人应当参照关于渎职犯罪中从事公务活动的人的标准。

笔者不认同此说，相比行政人员来说，行政相对人通常处于劣势地位，因而更需要法律倾向性的保护，以平衡所保护的法益。妨害公务罪中“国家机关工作人员”不能作扩大解释，即严格排除《刑法》第二百七十七条规定之外的其他主体，否则会不当扩大本罪保护的对象范围，导致打击面过大，影响社会稳定。这和渎职犯罪扩大化解释犯罪主体并不矛盾，二者所保护的法益不同。妨害公务罪保护的法益是社会管理秩序，是保障执行公务者权利的重要工具，但是现实生活中，若对象不属于可以明辨身份的国家机关工作人员，处于较为弱势一方的普通群众在辨别对象是否属于从事公务活动的人员时存在一定困难，在辨别不清而做出某些行为的时候，很可能就被认定为“妨害公务罪”，因而在适用该条法律时，应当把握好尺度，不能无原则地解释《刑法》第二百七十七条中的“国家机关工作人员”规定，否则本罪便成了滥用国家公权力的武器，应审慎适用《刑法》第二百七十七条之规定，根据具体案情，合理合法地运用该条文，维护公权力和相对人之间的和谐稳定。

编写人：北京市朝阳区人民法院　魏颖　成雅楠

① 《全国人民代表大会常务委员会关于〈中华人民共和国刑法〉第九章渎职罪主体适用问题的解释》。

3

冒充人民警察，骗取他人财物，应按照法条竞合的原则进行处罚

——唐云某等招摇撞骗案

【案件基本信息】

1. 裁判书字号

四川省成都市新都区人民法院（2018）川0114刑初479号刑事判决书

2. 案由：招摇撞骗罪

【基本案情】

2018年1月5日18时许，被告人唐云某、龙汶某、肖长某、姜某、肖某某、钟某、任某某、郭某某、周某等人经事先预谋，到成都市新都区甲广场，由被告人唐云某、龙汶某、肖长某在楼下负责望风和电话指挥，被告人肖某某、钟某身穿保安制服，伙同被告人姜某、任某某、郭某某、周某等六人来到上述广场的3栋903号乙公司，以民警整治网络赌博的名义，让在场的工作人员全部靠墙壁站立，将自己的手机放在桌上。随后，被告人姜某等人用微信、支付宝转款的方式转走被害人杨某金额合计16万余元。同日19时许，被告人唐云某等人逃离现场，并将所骗钱款挥霍一空。

2018年1月18日17时许，民警在成都市郫都区丙小区抓获被告人任某某。2018年1月18日20时许，民警在成都市武侯区丁幼儿园旁一无名茶坊内将被告人钟某挡获。2018年1月18日20时许，民警在成都市双流区戊广场外将被告人姜某挡获。2018年1月18日20时许，民警在成都市双流区己小区内将被告人肖长某挡获。2018年2月28日12时许，民警在成都市双流区戊小区18栋1单元204号挡获被告人周某。2018年3月4日18时许，被告人肖某某主动到成都市公安局新都区分局斑竹园派出所投案并如实供述了事情经过。2018年3月9日9时许，被告人龙

汶某主动到成都市公安局新都区分局斑竹园派出所投案并如实供述了事情经过。2018年3月13日20时许，被告人龙汶某配合民警在成都市天府新区辛小区2502号挡获被告人唐云某。2018年3月13日23时许，被告人唐云某配合民警在成都市双流区壬小区外红绿灯路口将被告人郭某某抓获。

另查明，公安机关从被告人龙汶某处扣押用于作案的仿民警制服，从被告人唐云某左侧裤包内查获被害人杨某的华为手机，从被告人周某处扣押OPPO手机一部，从被告人任某某处扣押vivo手机一部，从被告人姜某处扣押vivo手机一部、苹果手机一部，从被告人肖长某处扣押苹果手机两部。

另有，案发后被告人唐云某、龙汶某、肖长某、肖某某、钟某、任某某、郭某某、周某均积极赔偿被害人杨某的经济损失，取得杨某谅解。

【案件焦点】

九名被告人的行为应当认定为诈骗罪还是招摇撞骗罪。

【法院裁判要旨】

四川省成都市新都区人民法院经审理认为：《中华人民共和国刑法》（以下简称《刑法》）第二百六十六条规定："诈骗公私财物，数额较大的，处三年以下有期徒刑、拘役或者管制，并处或者单处罚金；数额巨大或者有其他严重情节的，处三年以上十年以下有期徒刑，并处罚金……本法另有规定的，依照规定"，而《刑法》第二百七十九条规定："冒充国家机关工作人员招摇撞骗的，处三年以下有期徒刑、拘役、管制或者剥夺政治权利；情节严重的，处三年以上十年以下有期徒刑。冒充人民警察招摇撞骗的，依照前款的规定从重处罚"。本案中，被告人唐云某等九人以非法占有为目的，冒充人民警察，骗取他人财物，其行为同时符合诈骗罪和招摇撞骗罪的犯罪构成，按照第二百六十六条的规定，应依照第二百七十九条的规定定罪处罚，故被告人唐云某等人的行为构成招摇撞骗罪。至于本案是否属情节严重，本院认为，根据《刑法》第二百七十九条第二款之规定，冒充人民警察招摇撞骗的，应当从重处罚。被告人唐云某等人冒充人民警察，骗取他人财物16万余元，诈骗数额巨大，对被害人的财产权、国家机关形象以及公共秩序均造成严重损害，应属情节严重，在三年以上十年以下有期徒刑之间从重处罚。

四川省成都市新都区人民法院依照《中华人民共和国刑法》第二百七十九条，

第二十五条第一款，第二十六条第一款，第二十七条，第六十四条，第六十七条第一款、第三款，第六十八条之规定，判决如下：

一、被告人唐云某犯招摇撞骗罪，判处有期徒刑三年二个月；

二、被告人龙汶某犯招摇撞骗罪，判处有期徒刑三年二个月；

三、被告人肖长某犯招摇撞骗罪，判处有期徒刑三年二个月；

四、被告人姜某犯招摇撞骗罪，判处有期徒刑三年二个月；

五、被告人肖某某犯招摇撞骗罪，判处有期徒刑二年二个月；

六、被告人钟某犯招摇撞骗罪，判处有期徒刑二年二个月；

七、被告人任某某犯招摇撞骗罪，判处有期徒刑二年；

八、被告人郭某某犯招摇撞骗罪，判处有期徒刑二年；

九、被告人周某犯招摇撞骗罪，判处有期徒刑二年；

十、公安机关扣押的仿民警制服、被告人周某的 OPPO 手机一部、被告人任某某的 vivo 手机一部、被告人姜某的 vivo 手机一部和苹果手机一部、被告人肖长某的苹果手机两部均予以没收，上缴国库；被害人杨某的华为手机发还被害人。

【法官后语】

诈骗罪是指以非法占有为目的，用虚构事实或者隐瞒真相的方法，骗取公私财物，数额较大的行为。招摇撞骗罪是指为了谋取非法利益，假冒国家机关工作人员或者人民警察进行招摇撞骗的行为。行为人冒充人民警察，骗取他人财物可能同时构成诈骗罪和招摇撞骗罪，如何区分二罪之间的关系成为处理类似案件的关键。一种观点认为诈骗罪和招摇撞骗罪系想象竞合关系，应择一重罪处罚。另一种观点认为二者系法条竞合（即法规竞合）关系，应按照特别法优先的原则处罚。

笔者认为诈骗罪和招摇撞骗罪系法条竞合关系而非想象竞合关系。原因如下：

第一，想象竞合犯是犯罪行为或犯罪行为所触犯的不同罪名的竞合，属于犯罪数之单复的形态；法条竞合是法律条文的竞合，属于法条之关系的形态。

第二，想象竞合犯是观念的竞合（观念上的数罪），即想象竞合犯是实质一罪，其以一个犯罪行为触犯的数个不同罪名由于观念因素或主观认识的影响而发生竞合；法规竞合是客观存在的或现实的竞合，即法规竞合本为单纯一罪，但由于客观存在着的法律条文的错综规定而致使规定不同罪名的数个法条发生竞合。

第三，想象竞合不存在重合或交义关系；法规竞合所涉及的规定不同种罪名的数个法条之间，必然存在重合或交叉关系。

第四，想象竞合犯中规定不同种罪名的数个法条发生关联，是以行为人实施特定的犯罪行为为前提或中介；法规竞合所涉及的规定不同种罪名的数个法条之间的重合或交叉关系，并不以犯罪行为的实际发生为转移。

第五，想象竞合犯是由于行为人实施了犯罪行为而触犯规定不同种罪名的数个法条，所以，数个法条均应适用于导致不同罪名竞合的犯罪行为，且应在比较数个罪名法定刑的轻重后择一重者处断之（但所触犯的轻罪成立，其法条仍应引用）；法规竞合所涉及的规定不同种罪名的数个法条之间存在重合或交叉关系并不以犯罪行为的发生为前提，故在数个法条中只能选择适用一个法条即特别法、实害法或重法对犯罪人予以处罚，而排斥其他相竞合的法条即普通法、危险法或轻法的适用。

第六，想象竞合犯是犯罪之单复的形态，故关于想象竞合犯的理论和法律规定，所解决的是罪数问题和对犯罪行为触犯的数罪名如何处罚的问题；法规竞合是法条之关系的形态，故关于法规竞合的理论和法律规定，所解决的是法律适用问题。

综上，笔者认为，对于实践中冒充人民警察，骗取他人财物同时构成诈骗罪和招摇撞骗罪的，应按照法条竞合的原则，按照特别法优先或重法优先的原则进行处罚，以解决行为人罪责刑相一致的问题。

编写人：四川省成都市新都区人民法院　张琳

4

伪造、买卖临时行驶车号牌构成伪造、买卖国家机关证件罪

——夏某伪造、买卖国家机关证件案

【案件基本信息】

1. 裁判书字号

浙江省临海市人民法院（2017）浙1082刑初1012号刑事判决书

2. 案由：伪造、买卖国家机关证件罪

【基本案情】

2012 年至 2016 年 3 月，甲汽车销售有限公司法定代表人即被告人夏某明知周方某（另案）所提供的印有“浙江省台州市公安局交通警察支队”印章的机动车“临时行驶车号牌”系伪造，仍多次自己出面或指使该公司财务人员陶春某、朱娅某等人以每张人民币 5 元的价格向周方某购买，并指使陶春某、朱娅某等人在所购买的“临时行驶车号牌”上打印相关车辆信息后交付给在该公司购车的客户使用。2016 年 2 月底，客户高章某购车后从该公司处拿到“浙 J8 × × × × 临时行驶车号牌”，后在车辆使用过程中被交警发现系假号牌。2016 年 3 月 31 日，公安机关对该公司进行检查，查获填写有车辆信息的“临时行驶车号牌”2553 张、未填写车辆信息的“临时行驶车号牌”1035 张。经台州市公安局交通警察局车辆管理所鉴别，上述“临时行驶车号牌”均非该所核发。2016 年 3 月 31 日，被告人夏某被公安机关传唤到案。2017 年 10 月 14 日，被告人夏某协助公安机关抓获其他犯罪嫌疑人一名。

【案件焦点】

临时行驶车号牌是否属于国家机关证件。

【法院裁判要旨】

浙江省临海市人民法院经审理认为，临时行驶车号牌，正面如机动车号牌印有文字、字母、数字等，其背面还印有机动车所有人、住址、车辆类型、厂牌型号、车辆识别代号、发动机号码等信息栏目，并有公安机关交通管理部门盖章，因此它不仅是车辆的标志，还具有公安机关交通管理部门的证明作用，是临时的行驶证，可视为车辆的临时号牌与临时行驶证的合体。因此，临时行驶车号牌属于刑法意义上的国家机关证件。

被告人夏某作为公司的法定代表人，明知他人提供的印有“浙江省台州市公安局交通警察支队”印章的“临时行驶车号牌”系伪造，仍指使公司员工购买、伪造，情节严重，其行为已构成伪造、买卖国家机关证件罪。被告人夏某具有立功表现，依法予以从轻处罚。其当庭自愿认罪，酌情予以从轻处罚。综合考虑被告人夏某的犯罪事实、犯罪性质、情节、悔罪表现及对社会的危害程度等，依法对其适用缓刑。依照《中华人民共和国刑法》第二百八十条第一款，第六十八条，第七十二条第一款、第三款的规定，判决被告人夏某犯伪造、买卖国家机关证件罪，判处有期徒刑三年，缓刑四年，并处罚金人民币二万元。

宣判后，被告人夏某没有提起上诉，公诉机关也没有提出抗诉，判决已经发生法律效力。

【法官后语】

要对本案进行准确定性，首先要对机动车号牌与临时行驶车号牌这两个概念进行厘清，避免想当然地把临时行驶车号牌包括在机动车号牌这个范畴中，从而简单地否定临时行驶车号牌所具有的临时行驶证的属性，进而将其排除在国家机关证件的范畴之外。

1. 几个相关概念的梳理

在车辆管理的过程中，与机动车号牌密切相关的有机动车登记证书、机动车行驶证、国家机关证件等几个概念范畴。

机动车登记证书是机动车所有权的法律证明，其内容包括机动车登记编号、机动车登记证书编号、机动车所有人姓名或者单位名称、身份证号码、住所地址、邮政编码和联系电话、机动车的类型、制造厂、品牌、型号、车架号、发动机号码、出厂日期、车身颜色、机动车的有关技术数据、机动车的使用性质、机动车的获得方式、机动车来历凭证的名称、编号和进口机动车的进口凭证的名称、编号、车辆购置税完税或者免税证明的名称、编号、机动车办理保险的种类、保险的日期和保险公司的名称、机动车外形、注册登记的日期等信息。可以这样说，机动车登记证书是信息全面、规范的机动车的“户口簿”。

机动车行驶证是准予机动车在我国境内道路上行驶的法定证件，其内容包括所有人姓名、住址、机动车号牌号码、使用性质、车辆类型、厂牌型号、发动机号码、车架号码、核定载人数、核定载质量、总高质量的、整备质量、准牵引总质量、外廓尺寸、检验记录、注册日期、发证日期等信息。

机动车号牌是指在法定机关登记的准予机动车在中华人民共和国境内道路上行驶的法定标志。号牌一般在机动车辆的特定位置悬挂，其号码是机动车登记编号。机动车登记编号包含：用汉字表示的省、自治区、直辖市简称、用英文字母表示的发牌机关代号、由阿拉伯数字和英文字母组成的序号以及用汉字表示的专用号牌简称。

什么叫国家机关证件？无论是法律还是行政法规，均未对其的内涵和外延作出界定，一般学术上认为“国家机关证件系国家机关制作、颁发的，用以证明身份、职务、权利义务关系或其他有关事实的凭证”。基于这一定义，通常认为国家机关证件具有制作主体规范、使用主体特定、用途明确、形式规范等特征。

根据这一定义，在上述三个概念中，机动车登记证书和机动车行驶证属于国家机关证件的范畴是毋庸置疑的。那么机动车号牌是不是属于国家机关证件的范畴呢？答案是否定的。首先，这有明确的规定。《中华人民共和国公共安全行业标准》（GA 36—2018）将机动车号牌明确定义为“准予机动车在中华人民共和国境内道路上形式的法定标志”。由此可见，机动车号牌被行业规范界定为一种标志，而不是证件。其次，刑法条文中亦有反映。《刑法》第二百八十一条规定“非法生产、买卖人民警察制式服装、车辆号牌等专用标志、器械，情节严重的……”从这一条文表述中不难发现，刑法典也是把车辆号牌划定在“标志”的范畴之内的。第三，司法解释也采取了同样的立场。2007 年《最高人民法院、最高人民检察院关于办理与盗窃、抢劫、诈骗、抢夺机动车相关刑事案件具体应用法律若干问题的解释》第二条规定，“伪造、变造、买卖机动车行驶证、登记证书，累计三本以上的，依照刑法第二百八十一条的规定，以伪造、变造、买卖国家机关证件罪定罪……”从此条文中可以发现，解释仅仅将机动车行驶证、登记证书纳入国家机关证件的范畴，否定了机动车号牌属于国家机关证件的态度和立场。最后，司法实践中也否定了将机动车号牌纳入国家机关证件范畴的观点。2009 年最高人民法院研究室在《〈关于伪造、编造、买卖民用机动车号牌行为能否以伪造、变造、买卖国家机关证件罪处罚问题的请示〉的答复》中称“从当前我国刑法的规定来看，不能将机动车号牌认定为国家机关证件……”显然，这一答复，较之于 2007 年的解释，更为明确地表达了最高人民法院将机动车号牌排除在国家机关证件范畴之外的观点。

2. 临时行驶车号牌不同于机动车号牌，属于国家机关证件的范畴

表面上看，临时行驶车号牌与机动车号牌是极为相似的两个概念，所以在一些人的潜意识里面，两者并没有实质性的区别，甚至有些人还把临时行驶车号牌作为机动车号牌的下位概念、属概念，认为临时行驶车号牌就是在机动车号牌概念下增加了“临时使用”这一种差，总体上临时行驶车号牌属于机动车号牌的一种。基于这种认识，认为既然相关法律、规范性文件已经否定了机动车号牌的国家机关证件的属性，那么作为机动车号牌其中一类的临时行驶车号牌当然也不能被评价为国家机关证件，否则便会违反罪刑法定原则。

在刑事审判中，随意扩大犯罪打击面固不可取，但放纵犯罪也有违刑事审判的目的。要对本案准确定性，最重要的就是要从临时行驶车号牌所记载的内容看其是否符合国家机关证件的实质要求。本案查扣的一千余张临时行驶车号牌，均系纸质，正面是随机生成的编号（故有些编号是重复的），虽然这些编号与正式的机动车登记编号通常并不一致，但符合车管部门的编号规则，背面载有一些基本信息，包括机动车所有人姓名、住址、机动车类型、厂牌型号、发动机号码、车架号码、核定载质量、核定载客以及临时号牌签发日、有效期等。将这些记载的信息与行驶证上所记载的信息相比较，虽然两者在信息的全面性、深入性、证明价值上，都有一定的差距，但不可否认的是，临时行驶车号牌，不仅印有文字、字母、数字等，其背面还印有机动车所有人、住址、车辆类型、厂牌型号、车辆识别代号、发动机号码等信息栏目，并有公安机关交通管理部门盖章，正因为此，临时行驶车号牌已经超出了机动车号牌的标志作用，还具有了公安机关交通管理部门的证明作用。换句话说，临时行驶车号牌不单单是车辆的临时号牌，而且是临时的行驶证，具有临时行驶证的功能与作用，它实际上就是牌与证合一的一种载体。从这个角度上讲，临时行驶车号牌属于刑法意义上的国家机关证件。因此，对被告人以伪造、买卖国家机关证件罪定罪处罚是没有任何法律障碍的。

编写人：浙江省临海市人民法院　梁统

5

买卖国家机关证件罪“情节严重”的认定标准

——陈某某等买卖国家机关证件案

【案件基本信息】

1. 裁判书字号

福建省厦门市中级人民法院（2019）闽02刑终79号刑事裁定书

2. 案由：买卖国家机关证件罪

【基本案情】

2016年12月间，被告人刘某获悉被告人陈某某在出售《道路运输从业人员从业资格证》后，即以人民币1200元的价格向被告人陈某某购得1本供自己使用；2017年1月至3月，被告人吴某某获悉被告人刘某办理该证后，先后介绍张某某、吴某甲、张某、陈某、张某乙、余某甲、余某乙7个办证人员通过被告人刘某，并以每本人民币1200元的价格向被告人陈某某购买《道路运输从业人员从业资格证》，事后，被告人陈某某支付给被告人刘某介绍费人民币400元。

2017年6月至2017年10月，被告人陈某某通过手机微信向被告人邵某某提供9名办证人员所需的身份信息材料，后以每本人民币600元的价格向被告人邵某某购得9本伪造的《道路运输从业人员从业资格证》，再以每本人民币1000～1200元的价格出售给邓某某、张某丙、李某、林某某、李某某、张某富、娄某某、张某祥、肖某某9个办证人员。

2017年4月至2018年1月，被告人黄某某向他人购买伪造的余某洪、苗某、魏某某、肖某文等办证人员的《道路运输从业人员从业资格证》10本，后转卖给陈某某及其他人。其中，被告人黄某某将该证以人民币600元的价格转卖给肖某文1本；以人民币500元的价格转卖给被告人陈某某1本。

经查，上述《道路运输从业人员从业资格证》均系假证。

2018年1月14日被告人陈某某、刘某明知被告人吴某某报案而在现场等待，并被公安机关抓获归案；2018年2月6日被告人黄某某被公安机关抓获；2018年1月14日，被告人吴某某主动报案，并于同年4月12日自动到公安机关投案。

被告人陈某某、黄某某、邵某某、刘某、吴某某对起诉指控的事实和定性均无异议。

被告人陈某某的辩护人提出：没有明文规定买卖国家机关证件罪"情节严重"的具体数量，不应认定陈某某为"情节严重"；被告人陈某某系自首，认罪态度好；主观恶性较小，没有造成严重的社会影响，社会危害性较小；被告人非法获利少，并愿意主动提前退缴非法所得。综上，请求不予认定被告人情节严重，对其减轻处罚并适用缓刑。

被告人黄某某的辩护人提出黄某某没有前科劣迹、归案后认罪态度好；系向他人购买，没有参与伪造，参与购买数量较少，主观恶性较小；家属愿意退缴非法所得。综上，请求对其从轻处罚。

被告人邵某某的辩护人提出，邵某某系初犯、偶犯，没有犯罪前科；主观恶性较小，没有参与伪造；参与数量少，没有造成其他恶性案件，社会影响较小；认罪态度好，并愿意退缴非法所得。综上，请求对其宽大处理并适用缓刑。

被告人刘某的辩护人提出，刘某主观恶性和社会危害性较小；系自首，认罪态度好；系初犯、偶犯，此次犯罪系因法律意识淡薄。综上请求对其从轻、减轻处罚并适用缓刑。

被告人吴某某的辩护人提出，吴某某系自首，认罪态度好；在共同犯罪中应认定为从犯；主观恶性较小，没有从中获利；系初犯、偶犯。综上，请求对其从轻处罚并适用缓刑。

【案件焦点】

陈某某买卖国家机关证件是否应认定为“情节严重”。

【法院裁判要旨】

福建省厦门市同安区人民法院经审理认为：关于被告人陈某某的辩护人所提对被告人陈某某不应认定为“情节严重”的辩护意见，经查，被告人陈某某非法买卖的“道路运输从业人员从业资格证”，不属于《最高人民法院、最高人民检察院关于办理与盗窃、抢劫、诈骗、抢夺机动车相关刑事案件具体应用法律若干问题的解释》第二条规定的“机动车行驶证”或“登记证书”，不应认定为《中华人民共和国刑法》第二百八十条第一款所规定的“情节严重”。辩护人所提辩护意见，本院予以采纳。

关于被告人吴某某的辩护人所提被告人吴某某在共同犯罪中应认定为从犯的辩护意见。经查，被告人吴某某虽未非法获利，但作为居间介绍人，主动介绍办证人员通过被告人刘某向被告人陈某某购买《道路运输从业人员从业资格证》，不属于次要或者辅助作用，不应区分主从犯。辩护人所提此节辩护意见，与查明的事实不符，不予采纳。

被告人陈某某、黄某某、邵某某、刘某、吴某某买卖国家机关证件，其行为均已构成买卖国家机关证件罪。公诉机关指控的罪名成立。本案被告人刘某、吴某某系共同犯罪。被告人陈某某、刘某明知他人报案而在现场等待，抓捕时无拒捕行为，归案后供认犯罪事实，被告人吴某某犯罪以后自动投案并如实供述自己的罪行，均系自首，依法可以从轻或者减轻处罚；被告人黄某某、邵某某归案后如实供述自己的罪行，庭审时自愿认罪，依法可以从轻处罚；被告人陈某某、黄某某、邵某某、刘某积极退缴非法所得，可酌情从轻处罚。但被告人陈某某、邵某某为谋取利益，非法买卖国家机关证件，具有一定社会危害性，不符合适用缓刑的条件，辩护人所提对两名被告人适用缓刑的辩护意见，理由不足，不予采纳。综合以上量刑情节，结合审前社会调查评估意见，本院决定对被告人刘某、吴某某从轻处罚并适用缓刑，对被告人陈某某、黄某某、邵某某从轻处罚。辩护人所提相关辩护意见，本院予以采纳。

福建省厦门市同安区人民法院依照《中华人民共和国刑法》第二百八十条第一款，第二十五条第一款，第六十七条第一款、第三款，第七十二条第一款、第三款，第七十三条，第六十四条之规定，判决如下：

一、被告人陈某某犯买卖国家机关证件罪，判处有期徒刑一年二个月，并处罚金人民币三千元；

二、被告人黄某某犯买卖国家机关证件罪，判处有期徒刑一年，并处罚金人民币三千元；

三、被告人邵某某犯买卖国家机关证件罪，判处有期徒刑一年，并处罚金人民币三千元；

四、被告人刘某犯买卖国家机关证件罪，判处有期徒刑八个月，缓刑一年，并处罚金人民币一千元；

五、被告人吴某某犯买卖国家机关证件罪，判处拘役四个月，缓刑六个月，并处罚金人民币一千元；

六、随案移送的作案工具手机三部、道路运输从业人员从业资格证九本，予以没收。

宣判后，被告人陈某某提出上诉，福建省厦门市中级人民法院于2019年1月18日作出（2019）闽02刑终79号刑事裁定书，准许上诉人陈某某撤回上诉。

【法官后语】

本案的争议焦点在于是否足以认定起诉指控的被告人陈某某买卖伪造的《道路运输从业人员从业资格证》构成《刑法》第二百八十条所规定的“情节严重”问题。根据《最高人民法院、最高人民检察院关于办理与盗窃、抢劫、诈骗、抢夺机动车相关刑事案件具体应用法律若干问题的解释》（以下简称《解释》）第二条规定，“伪造、变造、买卖机动车行驶证、登记证书，累计三本以上的，依照刑法第二百八十条第一款的规定，以伪造、变造、买卖国家机关证件罪定罪，处三年以下有期徒刑、拘役、管制或者剥夺政治权利。伪造、变造、买卖机动车行驶证、登记证书，累计达到第一款规定数量标准五倍以上的，属于刑法第二百八十条第一款规定中的‘情节严重’，处三年以上十年以下有期徒刑。”也就是说要构成第二百八十条所规定的“情节严重”的情形，必须伪造、变造、买卖机动车行驶证、登记证书，累计十五本以上。司法解释明确规定了第二百八十条中“情节严重”所适用的国家机关证件仅为“机动车行驶证”以及“登记证书”这两类。本案中，被告人陈某某所买卖的《道路运输从业人员从业资格证》明显不属于“机动车行驶证”，那它是否是一种“登记证书”呢？

法无明文规定不为罪，法无明文规定不处罚。罪刑法定原则是我国刑法的一项基本原则，法院在办理案件过程中必须严格落实罪刑法定、疑罪从无等刑事司法原则，依法定罪量刑，在定罪量刑中禁止类推解释、反对扩张解释。首先，《刑法》第二百八十条并没有明确规定买卖国家机关证件“情节严重”的具体情形，现有的法律法规、司法解释对“情节严重”也并未作出任何细化规定；其次，《解释》条文中并没有含有“等”或“其他证书”等字眼，明确规定“情节严重”适用的国家机关证件仅为“机动车行驶证”和“登记证书”两类，如果将《道路运输从业人员从业资格证》类推解释为“登记证书”，从而适用该解释，认定被告人陈某某买卖国家机关证件，情节严重，在一定程度上违背了罪刑法定原则。再则，疑罪从无，从有利于被告人角度出发，结合本案被告人所买卖国家机关证件的情节、主观恶性、社会危害性以及造成的后果等方面，也不宜认定本案中被告人陈某某买卖国家机关证件“情节严重”。

编写人：福建省厦门市同安区人民法院　杨明洁　彭婷婷

6

使用虚假身份证件罪中“使用”的认定

——徐某某交通肇事、使用虚假身份证件案

【案件基本信息】

1. 裁判书字号

江苏省南通市中级人民法院（2018）苏06刑终479号刑事裁定书

2. 案由：交通肇事罪、使用虚假身份证件罪

【基本案情】

1. 交通肇事

2018年4月23日19时许，被告人徐某某使用虚假的机动车驾驶证驾驶苏F8J×××号小型轿车，沿江苏省336省道自东向西行驶至41KM+300M路段时，与行人周某某发生碰撞，致周某某当场死亡、车辆受损。事故发生后，被告人徐某某驾车逃离现场，并向启东市公安局电话报案称是妻子蔡某某驾驶的车辆。经启东市公安局法医鉴定，被害人周某某符合交通事故致严重颅脑损伤而死亡。经启东市公安局认定，被告人徐某某负本起事故全部责任。

2. 使用虚假身份证件

被告人徐某某于2017年、2018年期间使用伪造的机动车驾驶证，驾驶机动车上道路行驶，并于2018年4月23日19时许发生交通事故后逃逸。被告人徐某某投案后，其妻子蔡某某将伪造的机动车驾驶证交给值班民警。

【案件焦点】

购买伪造的驾驶证随车携带，在驾驶机动车发生交通事故后出示使用，如何定罪。

【法院裁判要旨】

江苏省启东市人民法院经审理认为，被告人徐某某夜间雨天无证驾驶机动车上

道路行驶时，对路面情况疏于观察、盲目行驶，遇到情况采取措施不及，没有确保安全驾驶，因而发生重大事故，致一人死亡，且在发生事故后驾车逃离现场，负事故全部责任；另在依照国家规定应当提供身份证明的活动中，使用伪造的机动车驾驶证，情节严重，其行为已分别构成交通肇事罪、使用虚假身份证件罪，依法均应追究刑事责任。

江苏省启东市人民法院依照《中华人民共和国刑法》第一百三十三条、第二百八十条之一、第六十九条、第六十七条第一款之规定，作出如下判决：

被告人徐某某犯交通肇事罪，判处有期徒刑三年三个月；犯使用虚假身份证件罪，判处拘役二个月，并处罚金人民币二千元；决定执行有期徒刑三年三个月，并处罚金人民币二千元。

徐某某不服原判，提起上诉。辩解称以交通肇事罪和使用虚假身份证件罪数罪并罚不当，属适用法律错误，请求依法改判。江苏省南通市人民检察院出具书面意见认为，一审判决认定事实清楚，证据确实充分，但认定上诉人徐某某犯使用虚假身份证件罪不当，应以伪造身份证件罪对徐某某定罪处罚。

江苏省南通市中级人民法院经审理认为：徐某某违反道路交通运输管理法规，发生重大交通事故致一人死亡，负事故全部责任，且发生事故后逃离现场，其行为已构成交通肇事罪；徐某某长期使用伪造的机动车驾驶证驾驶机动车，情节严重，其行为已构成使用虚假身份证件罪依法应予惩处。经查，本案在案证据充分证实，徐某某犯交通肇事罪、使用虚假身份证件罪的事实，且原审法院在法定的量刑幅度内对徐某某判处了与其所犯罪行相适应的刑罚，量刑适当。故徐某某的上诉理由，不能成立，应予驳回。

江苏省南通市中级人民法院依照《中华人民共和国刑事诉讼法》第二百三十六条第一款第一项的规定，作出如下裁定：

驳回徐某某的上诉，维持原判。

【法官后语】

本案处理重点主要在于对被告人购买伪造的驾驶证随车携带使用，如何定罪。

具体到本案中，徐某某购买伪造的驾驶证，仅仅有其本人的供述及扣押到的假证，因出售给徐某某假证的人员无法查找到，其本人供述无其他证据印证，对徐某某伪造、买卖国家机关证件的行为、时间上均无法确定，认定其构成伪造、买卖国家机关证件罪缺乏相应的依据。

《刑法》第九十六条规定，违反国家规定是指违反全国人民代表大会及其常务委员会制定的法律和决定，国务院制定的行政法规、规定的行政措施、发布的决定和命令。国务院规定的行政措施应当由国务院决定，通常以行政法规或者国务院制发文件的形式加以规定。国家规定应当出示身份证明的活动是对使用虚假身份证件罪适用范围的限定。公民的驾驶证是由国家相关机关制作的，能够证明其真实身份的重要证件，是社会公共信用的象征。《道路交通安全法》第十九条规定，驾驶人应当按照驾驶证载明的准驾车型驾驶机动车；驾驶机动车时，应当随身携带机动车驾驶证。因此，徐某某将伪造的驾驶证放在车内，就应当认定为使用行为。

徐某某在事故发生及接受事故处理过程中使用伪造的驾驶证而触犯了使用虚假身份证件罪的罪名，应依照处罚较重的交通肇事罪定罪处罚。但其案发前已多次使用伪造的驾驶证，继而发生严重后果的行为，应当以使用虚假身份证件罪对其定罪处罚。结案本案实际情况，徐某某依法应当以交通肇事罪、使用虚假身份证件罪实行数罪并罚。

编写人：江苏省启东市人民法院　刘刚

7

授意他人办假证，授意人是否构成伪造身份证件罪

——谭某某伪造身份证件案

【案件基本信息】

1. 裁判书字号

湖南省芷江侗族自治县人民法院（2018）湘1228刑初165号刑事判决书

2. 案由：伪造身份证件罪

【基本案情】

被告人谭某某系芷江侗族自治县芷江镇七里桥村十六组的村民。2017年上半年，

被告人谭某某居住在芷江侗族自治县芷江镇七里桥村的房屋面临拆迁，其于是想在芷江侗族自治县芷江镇大垅坪村四组重新修建房屋，因其不是本村村民而未能如愿。为达到在大垅坪村建房的目的，被告人谭某某授意并指使其女儿小谭（另案处理）为其办理居住在大垅坪村四组的假身份证件及户籍信息。小谭找到江某某（另案处理）向其讲述修建房屋的事宜，并授意江某某帮忙办理假身份证件及户籍信息。江某某接受其授意后遂帮其伪造了被告人谭某某居住在"湖南省芷江侗族自治县芷江镇大垅坪村四组"的身份证件及户籍页，事后交给了小谭，小谭便将伪造的身份证件及户籍页交给了被告人谭某某。被告人谭某某便持有该伪造的身份证件到芷江侗族自治县国土资源局成功办理了建房用地审批手续，并在大垅坪村四组违规建房。经怀化市公安局刑事科学技术研究所鉴定：伪造的盖有"芷江侗族自治县公安局城中派出所户口专用"章显示谭某某的信息在湖南省芷江侗族自治县芷江镇大垅坪村四组的身份证复印件及户籍复印件上面的印章印模，与真实的印章印模均不是同一枚印章形成。

【案件焦点】

本案被告人谭某某只是授意他人办理假证，自己并未直接办理假证，如何根据在案证据定罪。

【法院裁判要旨】

湖南省芷江侗族自治县人民法院经审理认为：被告人谭某某为了达到违规建房的目的，授意并指使他人伪造用于证明身份的身份证件及户籍信息，其行为已构成伪造身份证件罪。公诉机关指控的罪名成立，应当以伪造身份证件罪追究其刑事责任。在共同犯罪中，被告人谭某某起主要作用，系主犯，应按照其参与的全部犯罪处罚，故对其辩护人提出被告人谭某某在本案中系从犯的辩护意见，与事实及法律规定不符，本院不予采纳。被告人谭某某犯罪后自动投案，且能如实供述自己的罪行，是自首，依法可以从轻处罚，故对其辩护人提出被告人谭某某是自首的辩护意见，本院予以采纳。被告人谭某某犯罪情节较轻，有悔罪表现，经社区矫正评估，没有再犯罪的危险，宣告缓刑对其所居住社区没有重大不良影响，依法可对其宣告缓刑。据此，依照《中华人民共和国刑法》第二百八十条第三款，第二十五条第一款，第二十六条第一款、第四款，第六十七条第一款，第七十二条第一款、第三款，第七十三条第一款、第三款之规定，判决如下：

被告人谭某某犯伪造身份证件罪，判处拘役二个月，缓刑二个月，并处罚金人民币六千元。

【法官后语】

本案处理的重点是：如何认定谭某某授意他人办理假证一样属于伪造国家机关证件行为。

伪造、变造、买卖国家机关公文、证件、印章罪，是指伪造、变造、买卖国家机关的公文、证件、印章，本罪的法益是国家机关的公文、证件、印章的公共信用，本罪侵犯的客体是国家机关的正常管理活动和信誉。国家机关制作的公文、使用的印章和证件是其在社会的一定领域、一定方面实行管理活动的重要凭证和手段。任何伪造、变造、买卖国家机关的公文、证件、印章的行为，都会影响其正常管理活动，损害其名誉，从而破坏社会管理秩序。

根据《刑法》第二百八十条之一规定，在依照国家规定应当提供身份证明的活动中，使用伪造、变造或者盗用他人的居民身份证、护照、社会保障卡、驾驶证等依法可以用于证明身份的证件，情节严重的，处拘役或者管制，并处或者单处罚金。

该条为《刑法修正案（九)》新增内容，进一步扩大了处罚范围，即：使用伪造、变造或者盗窃的可用于证明身份的证件，也按照犯罪处罚。该罪与《刑法》第二百八十条不同之处在于其不属于行为犯，而是情节犯，主观方面是明知，即知道或应当知道使用的是伪造、变造的居民身份证件。客观方面，使用行为必须发生于按照国家规定应当提供身份证明的活动中，如购买火车票、机票时。具体到本案，被告人谭某某明知自己不是大垅坪村四组的村民，且知道自己并无在此建房的资格，但为一己私利，为了达到违规建房的目的，指使自己的亲生女儿为其伪造用于证明身份的身份证件及户籍信息，拿着身份证件及户籍页到芷江侗族自治县国土资源局成功办理了建房用地审批手续，并在大垅坪村四组违规建房，这种行为已经明显触犯了我国法律相关规定。

这就好比社会上有些人并未取得驾驶资格，但有一部分人通过伪造假驾驶证来“获取”驾驶资质，其行为具有一定的社会危险性，这种情况是可以被依法认定为情节严重的，继而追究刑事责任。同理，本案中被告人谭某某虽然直接参与制造假证，但其通过指使他人制造假证为其谋取利益，而且他是直接受益人，同时其造假行为居然取得县国土局的审核手续，开始了具体的建房行为，在当地乡镇和村组范围内势必造成恶劣影响，如果不依法惩处，此类现象可能会被一些村民所效仿。

编写人：湖南省芷江侗族自治县人民法院　刘健

8

对代替他人参加驾驶证考试的行为如何定罪量刑

——刘满某代替考试、刘富某组织考试作弊案

【案件基本信息】

1. 裁判书字号

河南省柘城县人民法院（2018）豫1424刑初17号刑事判决书

2. 案由：代替考试罪、组织考试作弊罪

【基本案情】

自2017年6月9日起，河南省柘城县老王集乡李楼村村民李继某以1万元的价格让被告人刘富某帮自己办C1驾驶证，后被告人刘富某让被告人刘满某使用伪造的身份证代替李继某分别参加C1驾驶证科目一、科目二、科目三、科目四的考试，每过一关被告人刘富某给被告人刘满某500元钱，被告人刘满某替李继某参加科目四考试时被民警当场查获。另查明：被告人刘富某于2017年11月14日主动到公安局投案。

【案件焦点】

被告人行为应如何定性。

【法院裁判要旨】

河南省柘城县人民法院经审理认为，被告人刘富某组织被告人刘满某代替他人考试，被告人刘富某的行为已构成组织考试作弊罪，被告人刘满某的行为已构成代

替考试罪。公诉机关指控被告人刘满某犯代替考试罪、刘富某犯组织考试作弊罪，事实清楚，证据确实充分，罪名成立，本院予以支持。被告人刘满某、刘富某如实供述自己的罪行，属坦白，依法予以从轻处罚。被告人刘富某主动到公安机关投案，如实供述自己的犯罪事实，属自首，依法予以从轻处罚。二被告人积极缴纳罚金，酌情予以从轻处罚。对二被告人的指定辩护人认为二被告人认罪态度较好，系偶犯，被告人刘富某属自首的观点本院予以采纳。

河南省柘城县人民法院依据《中华人民共和国刑法》第二百八十四条之一第一款、第四款，第二十五条第一款，第五十二条，第六十七条第一款、第三款，第七十二条第一款、第三款，第七十三条第一款、第二款、第三款之规定，作出了如下判决：

一、被告人刘满某犯代替考试罪，判处拘役三个月，缓刑六个月，并处罚金人民币 5000 元；

二、被告人刘富某犯组织考试作弊罪，判处有期徒刑六个月，缓刑一年，并处罚金人民币 10000 元。

一审宣判后，被告人未提起上诉，公诉机关未抗诉，该判决已经发生法律效力。

【法官后语】

2015 年 11 月 1 日起实施的《刑法修正案（九)》正式将代替考试行为入刑，在《刑法》第二百八十四条之一第四款规定代替他人或让他人代替自己参加法律规定的国家考试的行为，将受到法律的制裁。法律规定的国家考试，如职称考试、驾驶证考试、研究生考试、高考、司法考试、会计师考试、公务员考试等。代替他人或者让他人代替自己参加法律规定的国家考试的，处拘役或者管制，并处或者单处罚金。代替考试罪是典型的对向犯，刑法同时处罚考生和“枪手”双方行为人，且定罪和法定刑都相同。组织考试作弊罪指的是在法律规定的国家考试中，组织作弊的，为他人提供作弊器材或者其他帮助的，向他人非法出售或者提供试题、答案的，以及代替他人或者让他人代替自己参加考试等破坏考试秩序的行为规定为犯罪。

1. 代替考试罪的定罪处罚

（1）代替考试罪的构成要件。代替考试罪的主体为一般主体，即年满 16 周岁，具备刑事责任能力的人。具体而言，本罪主体包括两种人，一是应试者；二是替考者，即平常所说的“枪手”。被组织起来进行作弊的替考者虽不能成为《刑法》第二百八十四条之一第一款组织考试作弊罪的犯罪主体，但是能够成为本罪的处罚对象。其侵犯的客体为复杂客体，侵犯了国家对考试组织的管理秩序和他人公平参与考试的权利。在客观方面表现为代替他人或者让他人代替自己参加法律所规定的国家考试的行为。“代替他人”是指冒名顶替应当参加考试的人去参加考试。“让他人代替自己”是指指使他人冒名顶替自己去参加自己应当参加的考试。此处所参加的考试，必须是《刑法》第二百八十四条之一第一款中所规定的法律规定的相关国家考试。

（2）代替考试罪的犯罪形态。代替考试罪通常认为属于对向犯，类似于重婚犯罪，刑法规定了同罪同罚，对于犯罪既遂的认定适用同一标准。本罪为行为犯，即只要实施刑法分则规定的危害行为就成立既遂的犯罪。在司法实践中，替考者只要蒙混过关进入考场，国家考试的正常秩序以及他人公平参与考试的权益就处在现实的严重危险之中。代替考试的行为无需考虑替考者具体考试作答的情况，即考试的成绩优劣不在要求之列，只要其已经开始答题就属于代替考试的行为完成。进入考场后在开始答题前被发现的，就构成犯罪未遂。在考场开始答题后被发现的不属于未得逞，而是属于犯罪既遂。

（3）代替考试罪的危害和量刑。代考行为破坏国家考试管理秩序和制度，动摇了社会诚信的道德基础，严重损害了国家考试制度的权威和公信力；代考行为是对国家培养和选拔人才公正机制的严重挑战，违反了公平公正公开原则，严重影响社会人才评价、选报机制的正常运行；代考行为侵害他人参与公平竞争的合法权益，还会毒化风气，破坏和谐有序的社会环境。因此，从维护社会诚信，惩治失信、背信行为的角度出发，对代替考试的行为要依据法律规定严肃处理，有助于消除弊病，防止引发社会诚信危机，确保平等、公开、竞争、择优的考试选拔机制顺利运行。《刑法》第二百八十四条之一规定：“在法律规定的国家考试中，组织作弊的，处三年以下有期徒刑或者拘役，并处或者单处罚金；情节严重的，处三年以上七年以下有期徒刑，并处罚金……代替他人或者让他人代替自己参加第一款规定的考试的，处拘役或者管制，并处或者单处罚金。”根据刑法打击预防犯罪的目的，结合宽严相济的刑事政策，本案被告人刘满某的替考行为触犯了《刑法》的上述规定，其如实供述自己的罪行，属坦白，依法予以从轻处罚。

2. 组织考试作弊罪构成要件

（1）该罪的主体为一般主体，年满16周岁，具备刑事责任能力的自然人都能成为本罪的主体。本罪仅处罚组织考生作弊的组织者，不处罚参与作弊的考生。

（2）本罪的主观方面为故意，即明知自己组织考生进行舞弊的行为会损害国家的考试管理秩序及他人公平参与考试的权利，但希望或放任这种危害结果的发生。

（3）本罪所侵犯的客体为复杂客体，包括国家对考试组织的管理秩序和他人公平参与考试的权利。

（4）本罪的客观方面表现为在法律规定的国家考试中组织作弊的行为。

本案中被告人刘满某在被告人刘富某的组织下，代替他人参加机动车驾驶人科目一至科目四的考试，刘满某构成代替考试罪，而刘富某构成了组织考试作弊罪，二人的犯罪事实清楚，证据确实、充分，应当分别以代替考试罪和组织考试作弊罪追究其刑事责任。

编写人：河南省商丘市柘城县人民法院　张汉元

9

在共同犯罪中如何对不同作用的被告人进行定罪量刑

——章无某等组织考试作弊案

【案件基本信息】

1. 裁判书字号

北京市海淀区人民法院（2017）刑字第2615号刑事判决书

2. 案由：组织考试作弊罪

【基本案情】

被告人章无某注册成立甲世纪（北京）教育科技有限责任公司（以下简称甲世纪）、被告人吕世某注册成立北京乙技术培训中心、被告人张宗群注册成立丙教育咨询有限公司（以下简称丙教育），从事教育咨询等业务。

2016年11月左右，被告人章无某设计以无线电设备传输考试答案的方式，在2017年全国硕士研究生招生考试管理类专业学位联考中组织作弊，并以承诺保过的方式发展生源。被告人吕世某通过被告人张夏某、被告人张宗某通过被告人李某，与章无某建立联系，吕世某、张夏某、张宗某为章无某招募考生，并从中获取收益。章无某与张夏某、吕世某约定每名考生向章无某支付2万元，考前支付1万元，通过考试后再支付1万元，为此张夏某与吕世某签订《MBA、MPA双证研究生（统招）培训协议书》，组织18名考生参加考试作弊，吕世某向张夏某支付培训费18万元；张宗某以丙教育的名义、章无某以甲世纪的名义签订《教育培训合作协议书》，约定甲世纪承诺丙教育学员在2017管理类联考内通过全科考试，并可以达到国家A线，MBA联考保过辅导班10人，每人2.6万元，每人预付款1万元，张宗某共支付章无某预付款10万元。

期间，章无某购买信号发射器、信号接收器等作弊设备，张宗某、吕世某、张夏某将信号接收器分发给考生，并以模拟考试等方式配合章无某组织考生试验作弊设备；章无某让李某找同学帮忙做答案。2016年12月23日，章无某在丁大厦、戊大厦、己酒店中国传媒大学西门店（以下简称己酒店）登记房间，将笔记本电脑、手机、信号发射器等设备放入房间并予连接，指导李某、章某操作电脑及发射软件。

2016年12月24日上午，被告人章无某、吕世某、张夏某、张宗某、李某、章某组织33名考生在2017年全国硕士研究生招生考试管理类专业学位联考综合能力考试中作弊，章无某在己酒店为在中国传媒大学参与作弊的考生发送答案，李某在贵州大厦为在北京化工大学东校区参与作弊的考生发送答案，章某在京师大厦为在北京师范大学参与作弊的考生发送答案；吕世某在北京化工大学参加MBA考试并参与作弊；张夏某在中国传媒大学参加全国硕士研究生招生考试，以相同的方式在思想政治理论考试中作弊。

当日，民警在己酒店1410房间抓获被告人章无某，在北京化工大学抓获被告人吕世某，在中国传媒大学48号楼88考场抓获被告人张夏某，在中国传媒大学院内抓获被告人张宗某，在戊大厦1608房间抓获被告人李某，在丁大厦1220房间抓获被告人章某，并起获作案用无线电设备。

【案件焦点】

1. 在共同犯罪中如何对不同作用的被告人进行定罪量刑，做到罚当其罪；2. 在量刑情节无相关法律及司法解释规定时，如何认定“情节严重”。

【法院裁判要旨】

北京市海淀区人民法院经审理认为：

（一）关于张宗某行为性质的认定问题

张宗某于2016年12月25日接受侦查机关讯问时，即供认将10名学员以考试保过的方式交由章无某培训，并交代了章无某所谓的“保过”方式及事情经过；而章无某在2017年1月9日接受讯问时才供认了与张宗某协商考试作弊的经过，可见，在张宗某作出有罪供述之前，侦查机关并不掌握其参与组织考试作弊的具体过程，因此，笔录内容不存在系侦查人员指供、诱供等情形下作出的可能性，故张宗某欲以状态不好、心理恐惧等理由推翻自己在侦查阶段所作的不利供述显然不能成立。被告人张宗某、章无某一致供认张宗某知道章无某在考试中采用的作弊形式，同意按照每人2.6万元的价格为章无某提供10名考生，并在考试前将作弊器发给考生；而且，李某供认张宗某为章无某寻找考生、刘某曾指认是张宗某交给其作弊器、张宗某的银行账户交易明细显示有考生王冰某的汇款记录；加之，张宗某考试当天在中国传媒大学考点附近被抓之事实，足以认定张宗某是在明知章无某采取作弊方式保证MBA考试通过的情况下为之提供考生，实施了伙同章无某组织考试作弊之行为。同时，张宗某与章无某签订的《教育合作协议书》记载“MBA联考保过辅导班”10人，在案证据证实张宗某按照每名考生1万元的标准以“MBA保过考前辅导费”的名义支付章无某10万元预付款，张宗某亦供认发了10个作弊器，故上述证据足以形成完整的证据链条，证明张宗某组织10名考生参与考试作弊；而张宗某伙同章无某实施的组织作弊行为在考试开始后已完成，达到了既遂状态，联系的考生是否实际参加考试或者实际使用作弊器并不影响其组织行为的认定。综上，在案证据足以证明张宗某组织10名考生进行考试作弊，对被告人的辩解及辩护人的相关辩护意见不予采纳。

（二）关于考生人数及各被告人参与犯罪的认定问题

经查，涉案考生主要来源于三个渠道：章无某直接组织、张夏某和吕世某组织、张宗某组织。依据吕世某、张夏某的供述、考生名单、涉案考生的证言以及银行转账记录等证据，可以认定张夏某、吕世某组织了王世某等18名考生；依据章无某、张宗某的供述、《教育合作协议书》、银行转账记录以及辨认笔录，可认定张宗某组织了刘某、王冰某等10名考生；根据封豫某、何艳某、许某、陈金某等证人的证言及辨认笔录、账户交易明细、吕世某的供述等证据，可认定章无某直接组织了吕世某等5名考生。故在案证据足以证明章无某等人组织33名考生在全国硕士研究生招生考试管理类联考中作弊。

从各被告人在组织考试作弊过程中的具体行为及犯意联络来看：被告人章无某提议实施考试作弊，联系张宗某、张夏某、吕世某等人为其招募考生，购买、安装、分发、调试作弊设备，确定犯罪地点，组织并安排李某、章某等人使用作弊设备通过无线传输的方式为考生发送答案，是组织考试作弊行为的策划者、指挥者和实施者，在共同犯罪中起主要作用，系主犯，应当对全部33名考生承担责任。被告人吕世某、张夏某和张宗某分别与章无某约定，以考研保过的方式为其招募考生，收取考试费用，组织考生参加培训，配合章无某给各自的考生分发、调试作弊设备，并谋取不法利益，积极参与并具体实施了组织考试作弊的全过程，其行为是组织考试作弊犯罪不可或缺的环节，在共同犯罪中亦起主要作用，应认定为主犯；但从在案证据来看，吕世某、张夏某与张宗某虽然知道章无某还通过其他渠道招募考生，但彼此间并无联络，只负责组织自己招募的考生进行作弊，故只应对自己组织的考生承担责任，故认定吕世某、张夏某组织18名考生、张宗某组织10名考生作弊。被告人李某找其弟为章无某开车、找同学帮忙做题并核对答案、考试当天为考生发送答案，被告人章某接受章无某的安排在考试当天为考生发送答案，二被告人虽只负责组织考试作弊的部分环节，但对章无某在不同考点组织多名考生作弊的事实有明确的认知，考试当天亦通过QQ与章无某进行联系，故应按照章无某组织的全部犯罪进行处罚，但二被告人在组织考试作弊犯罪中仅起辅助作用，系从犯。

（三）关于情节严重的认定问题

经查，全国硕士研究生招生考试属国家级重要考试，被告人章无某、章某、李某在管理类专业联考中组织33名考生在3个考点进行作弊，考生人数多、涉案范围广、组织规模大；而且，被告人章无某通过互联网、采用无线电传输等突破考场信号屏蔽的技术手段进行作弊，作弊行为贯穿考场内外，严重扰乱了考试活动的正常进行，社会危害严重，故其组织考试作弊应属于“情节严重”。被告人吕世某、张夏某明知章无某以无线电传输方式组织考试作弊，不仅组织18名考生参与作弊，而且自己也以相同的方式在全国硕士研究生考试中作弊，张夏某还专门找人组建微信群为其考试作弊提供服务，主观恶性大，二人亦属于“情节严重”。

被告人章无某、吕世某、张夏某、张宗某、李某、章某在全国硕士研究生招生考试管理类联考中，以无线传输的方式组织多名考生进行作弊，其行为均已构成组织考试作弊罪，应予惩处。其中，被告人章无某、吕世某、张夏某、李某、章某属情节严重。北京市海淀区人民检察院指控被告人章无某、吕世某、张夏某、张宗某、李某、章某犯有组织考试作弊罪的事实清楚，证据确实充分，指控罪名成立。被告人章无某、吕世某、张夏某、张宗某在共同犯罪中起主要作用，系主犯；被告人李某、章某在共同犯罪中起辅助作用，系从犯，应依法减轻处罚。鉴于被告人章无某、吕世某、张夏某、李某、章某到案后及庭审过程中，均能如实供述自己的罪行，认罪、悔罪态度较好，应依法从轻处罚。

北京市海淀区人民法院依照《中华人民共和国刑法》第二百八十四条之一第一款，第二十五条第一款，第二十六条第一款、第四款，第二十七条，第六十七条第三款，第五十三条，第六十四条之规定，判决如下：

一、被告人章无某犯组织考试作弊罪，判处有期徒刑四年，罚金人民币四万元；

二、被告人吕世某犯组织考试作弊罪，判处有期徒刑三年，罚金人民币三万元；

三、被告人张夏某犯组织考试作弊罪，判处有期徒刑三年，罚金人民币三万元；

四、被告人张宗某犯组织考试作弊罪，判处有期徒刑二年十个月，罚金人民币三万元；

五、被告人李某犯组织考试作弊罪，判处有期徒刑一年十个月，罚金人民币二万元；

六、被告人章某犯组织考试作弊罪，判处有期徒刑一年八个月，罚金人民币一万元；

七、继续向被告人章无某、吕世某、张夏某、张宗某追缴违法所得。

【法官后语】

本案的焦点问题有两个，一个是在共同犯罪中如果对不同作用的被告人进行定罪量刑，做到罚当其罪；另一个是在无相关法律及司法解释规定时如何进行升档，认定“情节严重”。

针对第一个焦点问题，参照《刑法》第二十六条以及最高人民法院《关于贯彻宽严相济刑事政策的若干意见》第三十一条的规定，对于共同犯罪案件，应当充分考虑各被告人在共同犯罪中的地位和作用，应准确确定每一个被告人的罪责，区别对待。换言之，应根据事实确定每个被告人的罪责，主犯并非都应对全部犯罪事实负责，从犯也并非不可以对全部犯罪事实负责。本案中，被告人吕世某、张夏某和张宗某不仅积极参与了组织考试作弊的全过程，而且从招募考生、收取培训费用、组织考生培训到后来的分发、调试作弊设备等，其直接参与并具体实施了考试作弊行为，从其在犯罪组织中作用来看，认定三人为主犯并无异议，但是综合全案证据，三人虽然知道章无某还通过其他渠道招募考生，但彼此间并无联络，也并未参与自己招募以外考生的作弊，故只应对自己组织的考生承担责任；对于被告人李某和章某，李某找其弟为章无某开车、找同学帮忙做题并核对答案、考试当天为考生发送答案，被告人章某接受章无某的安排在考试当天为考生发送答案，二人系负责组织考试作弊的部分环节，仅从犯罪作用的角度，其在整个组织作弊犯罪活动中起辅助次要作用，但是二人对章无某在不同考点组织多名考生作弊的事实有明确的认知，且在行为上，在考试当天亦通过QQ与章无某进行联系，其开车、找同学做题、为考生发送答案等行为均系为全部的犯罪行为服务，故应按照章无某组织的全部犯罪进行处罚。以上，通过区分主从犯，以及再具体确定各被告人的负责范围，从而做到宽严相济，做到罚当其罪。

针对第二个焦点问题，综观我国《刑法》诸多罪名均有升档情节，如“情节严重”“情节特别严重”“情节特别恶劣”等，但并非所有升档情节都有明确的司法解释规定在何种情形下需升档，这种类型的升档需要严格、慎重认定，可以综合犯罪所影响各个因素，如主观恶性、被害人的人数、对被害人的影响、犯罪影响范围、犯罪金额、犯罪所得、犯罪次数、社会危害等，从而确定是否达到升档条件，这样的做法并非违反罪刑法定原则，系行使自由裁量权的结果。在本案中，该组织作弊的考试系全国硕士研究生招生考试，属国家级重要考试，所涉的33名考生在3个考点，考生人数众多、涉案范围广、组织规模大；被告人章无某通过互联网、采用无线电传输等突破考场信号屏蔽的技术手段进行作弊，作弊行为贯穿考场内外，严重扰乱了考试活动的正常进行，社会危害严重，故认定其行为属“情节严重”；被告人吕世某、张夏某明知章无某以无线电传输方式组织考试作弊，不仅组织18名考生参与作弊，而且自己也以相同的方式在全国硕士研究生考试中作弊，张夏某还专门找人组建微信群为其考试作弊提供服务，主观恶性大，二人亦应属于“情节严重”。需要再次强调的是，在无法律及司法解释明确规定如何升档时，需要格外慎重，也要做到罚当其罪，宽严相济。

编写人：北京市海淀区人民法院　曹晓颖

10

使用“网络爬虫”程序获取数据行为的刑事责任认定

——上海某网络科技有限公司等非法获取计算机信息系统数据案

【案件基本信息】

1. 裁判书字号

北京市海淀区人民法院（2017）京0108刑初2384号刑事判决书

2. 案由：非法获取计算机信息系统数据罪

【基本案情】

被告单位上海某网络科技有限公司系有限责任公司，经营计算机网络科技领域内的技术开发、技术服务、电子商务、电子产品等业务。被告人张某某系该公司法定代表人兼CEO，负责公司整体运营；被告人宋某于2016年8月至2017年2月任职该公司联席CEO，系产品负责人；被告人侯某某于2016年8月至2017年2月任职该公司CTO，系技术负责人；被告人郭某系该公司职员。被告人张某某、宋某、侯某某经共谋，于2016年至2017年间采用技术手段抓取被害单位北京某网络技术有限公司服务器中存储的视频数据，并由侯某某指使被告人郭某破解北京某网络技术有限公司的防抓取措施，使用“tt_ spider”文件实施视频数据抓取行为，造成被害单位北京某网络技术有限公司损失技术服务费人民币2万元。经鉴定，“tt_ spider”文件中包含通过头条号视频列表、分类视频列表、相关视频及评论3个接口对××头条服务器进行数据抓取，并将结果存入到数据库中的逻辑。在数据抓取的过程中使用伪造device_ id绕过服务器的身份校验，使用伪造UA及IP绕过服务器的访问频率限制。2017年2月27日，被告人宋某、侯某某被公安机关抓获；3月4日，被告人张某某、郭某被公安机关抓获。后四人均如实供述了上述事实。本案审理期间，鉴于被告人张某某、宋某、侯某某、郭某真诚悔罪、认罪，坦白相关犯罪事实，被害单位北京某网络技术有限公司出具刑事谅解书，对被告人张某某、宋某、侯某某、郭某的行为表示谅解。

【案件焦点】

1. “网络爬虫”技术的使用边界；2. “网络爬虫”获取数据是否属于“侵入”计算机信息系统的手段行为；3. “公开信息”是否属于非法获取计算机信息系统数据罪的犯罪对象。

【法院裁判要旨】

北京市海淀区人民法院经审理认为：被告单位上海某网络科技有限公司违反国家规定，采用技术手段获取计算机信息系统中存储的数据，情节严重，其行为已构成非法获取计算机信息系统数据罪，应予惩处；被告人张某某、宋某、侯某某作为直接负责的主管人员，被告人郭某作为其他直接责任人员，亦应惩处。

北京市海淀区人民检察院指控被告单位上海某网络科技有限公司及被告人张某某、宋某、侯某某、郭某犯有非法获取计算机信息系统数据罪的事实清楚，证据确实充分，指控罪名成立，量刑建议适当。在单位犯罪中，被告人宋某、侯某某作用相当，但相对被告人张某某较小，被告人郭某较之宋某、侯某某作用次之，在量刑时酌情考虑。鉴于被告单位上海某网络科技有限公司及被告人张某某、宋某、侯某某、郭某能够如实供述自己的犯罪事实，认罪态度较好；被告人张某某、宋某、侯某某、郭某获得被害单位谅解，加之本案适用认罪认罚从宽制度，故依法对其均从轻处罚，并对张某某适用缓刑。

依照《中华人民共和国刑法》第二百八十五条第二款、第四款，以非法获取计算机信息系统数据罪，判处被告单位上海某网络科技有限公司罚金人民币二十万元；判处被告人张某某有期徒刑一年，缓刑一年，罚金人民币五万元；判处被告人宋某有期徒刑十个月，罚金人民币四万元；判处被告人侯某某有期徒刑十个月，罚金人民币四万元；判处被告人郭某有期徒刑九个月，罚金人民币三万元。

【法官后语】

本案被“互联网法律大会”列为全国首例利用“爬虫”技术侵入计算机系统抓取数据案，① 由于案件涉及网络爬虫技术获取网络“公开信息”受到刑法规制而备受IT界和互联网法学界关注和广泛讨论。讨论的争议核心涉及三个问题：一是网络爬虫技术的使用边界；二是“网络爬虫”获取数据是否属于“侵入”计算机信息系统的手段行为；三是“公开信息”是否属于非法获取计算机信息系统数据罪的犯罪对象。笔者认为，本案“网络爬取”行为已经超过了合法边界，属于侵入计算机信息系统的手段行为，并且本案“公开信息”并非“共享数据”，被告单位的行为已经侵犯了被害单位计算机信息系统和数据的安全性中的“保密性”这一法益，其行为完全符合非法获取计算机信息系统数据罪的构成要件，应当追究刑事责任。

1. 考察“网络爬虫”程序的爬取行为是否获得合法授权

“网络爬虫”（web crawler，又被称为网页蜘蛛、网络机器人、网页追逐者），是一种按照一定规则自动抓取万维网信息的程序或者脚本。“网络爬虫”技术有利于信息的交流和共享，但并不是所有的网站都希望自己的网页被“爬虫”提取，或者并不希望自己所有的网页信息被“爬虫”提取。为此，网站会采取一些反“爬虫”措施来防止网页信息和数据被爬取。比如有些网站通过对端口、接口等禁止访问限制或通过网页访问口令、JS脚本（如设置验证码、滑动解锁等）、User-Agent②、robots

① 只是从“爬虫”获取所谓“公开信息”受到刑法规制的角度可谓第一案。据笔者了解，本案无论作案时间还是宣判时间，都晚于“元光公司案”。该案中，元光公司法定代表人邵凌某授意陈某，指使公司员工刘江某、刘坤某、张某等人利用网络爬虫软件获取包括谷米公司在内的竞争对手公司后台服务器里的公交车行驶信息、到站时间等实时数据。为此，广东省深圳市南山区人民法院作出（2017）粤0305刑初153号刑事判决，认定邵凌某、陈某、刘江某、刘坤某、张某违反国家规定，采用其他技术手段，获取计算机信息系统中储存的数据，情节特别严重，构成非法获取计算机信息系统数据罪。据此判决邵凌某、陈某、刘江某、刘坤某、张某等人犯非法获取计算机信息系统数据罪，并分别判处该五人刑期不等的有期徒刑和相应缓刑及相应的罚金。前述刑事判决在本案审理时已经生效。

② User-Agent，中文名为用户代理，简称UA，它是一个特殊字符串头，使得服务器能够识别客户使用的操作系统及版本、CPU类型、浏览器及版本、浏览器渲染引擎、浏览器语言、浏览器插件等。

协议等来阻止“爬虫”。

本案中，被害单位就设置了参数验证即用户身份认证机制来防止“爬虫”程序抓取网页信息和视频数据。被告单位通过分析被害单位计算机信息系统的数据接口，然后使用脚本程序模拟被害单位计算机信息系统的软件接口的方式访问被害单位计算机信息系统的数据库，从而将被害单位的视频下载到自己的服务器。现有证据足以认定被告单位破解了被害单位的反“爬虫”措施，属于未取得被害单位的授权非法获取网页信息和数据的行为。同时，被告单位的“爬虫”程序不仅提取了网页信息，而且还下载了网页信息背后计算机信息系统的数据，这也显然超越了“爬虫”技术爬取网页信息的通识边界，恶意明显。

2. 考察网络爬取行为是否属于非法获取计算机信息系统数据罪的侵入行为

非法获取计算机信息系统数据罪的手段行为有两种，一种是“侵入”行为，一种是“其他技术手段”。《中华人民共和国刑法释义》认为侵入是指“未经授权或者他人同意，通过技术手段进入计算机信息系统。”① 似乎侵入行为必须要求是“技术手段”。但是司法实践中确实出现了单位内部人员将计算机信息系统的用户名和密码告知外部人员，由外部人员多次通过互联网登录单位计算机信息系统而获取数据的案件。此案行为人显然无权进入计算机信息系统，但是确实也没有任何技术含量地进入了计算机信息系统，并且获取了大量数据，所造成的对数据安全的侵害结果，与通过暴力破解计算机信息系统获取数据的行为后果没有任何区别。如果这种行为不依据非法获取计算机信息系统数据罪认定，显然过于机械地理解了法条。如果能够认识到非法侵入的实质内涵是违背他人意愿进入他人计算机信息系统，既包括采取技术手段进入，也包括未征得他人同意或者授权进入，就能够实质性地理解法条并正确适用法条。最高人民检察院第36号案例（卫某某非法获取计算机信息系统数据案）便肯定了这一实质性理解思路。

那么“爬虫”程序是否进入了被害单位的计算机信息系统？在案证据显示，被告单位是通过分析被害单位计算机信息系统的数据接口，然后使用脚本程序模拟被害单位计算机信息系统的软件接口的方式访问被害单位计算机信息系统的数据库。被告单位是伪造了device_ id绕过了服务器的身份校验，并使用伪造UA及IP绕过服务器的

① 郎胜主编：《中华人民共和国刑法释义》，法律出版社2015年版，第491页。

访问频率限制才实行了对被害单位服务器数据库的访问。涉案数据库只允许被害单位APP用户或被害单位视频APP用户访问。不是通过被允许的身份验证机制获得的权限访问，不是通过真实的UA和IP进行的访问，均是无权限的非法访问。

按照《最高人民法院、最高人民检察院关于办理危害计算机信息系统安全刑事案件应用法律若干问题的解释》规定，计算机信息系统是指“具备自动处理数据功能的系统，包括计算机、网络设备、通信设备、自动化控制设备等。”APP客户端与被害单位网站服务器端通过网络链接在一起进行信息和数据采集、加工、存储、传输、检索，这当然属于计算机信息系统的一个组成部分。被告单位绕过APP客户端与被害单位网站服务器端的身份验证系统，行为性质实际就已经属于非法侵入被害单位的计算机信息系统了。

当然，退一步讲，即使被告单位的行为不属于非法侵入行为，也属于其他技术手段的非法获取行为，同样符合非法获取计算机信息系统数据罪的手段要件。

3. 考察“公开信息”是否属于“共享数据”

有观点认为，信息都公开了，信息的数字化形式就没有保护的价值了。其实不然，信息的数据化技术水平越高，数据的存储、传输和处理可能越快捷、数量越少、质量越高、效果越好。数据化技术水平的提高实质上代表着计算机技术的创新。至少从这个层面来讲，数据具有区别于信息的独立价值。当前，人们已经认识到，对于信息可以通过个人信息权、隐私权、知识产权、国家秘密等法益予以保护，而对于数据则还可以通过可携带权、删除权、更正权、知情权、数据主权等法益予以保护，并可以通过收集、加工数据获得和增加价值，通过交换实现价值。特别是在大数据时代，数据的独立价值和权利属性已经越来越得到广泛重视。

正是从数据独立于信息的视角分析，笔者认为，获取了信息，或者信息公开了，绝不意味着数据也被获取了或者失去了保密性，更不意味着数据也失去了保护的价值。数据与信息的机密性，应该分别定义：数据的机密性，应该是指个人或团体的数据不为其他不应获得者获得；而信息的机密性，应该是指个人或团体的信息不为其他不应获得者获得。

因此，本案中，即使认为视频信息公开了，也不能认为视频数据公开了，不能认为被告单位没有侵害到被害单位计算机信息系统的安全性和数据的保密性，不能据此否定被告单位获取视频数据行为的非法性。同时，依据前述定义，无论是信息还是数据，一定范围内的有权获得也并不一定意味着数据失去了保密性。数据失去法益保护的必要性，只有在数据权利人或者控制者允许公众获得数据或者允许他人获取数据并且不限制他人再提供给公众，也即允许公众共享时才存在。比如网站允许APP用户下载视频，同时不禁止用户将视频复制给他人。

那么何谓非法获取计算机信息系统数据罪中的“获取”？对此刑法和司法解释没有定义。但ISO/IEC 27037：2012《信息技术、安全技术、电子证据识别、收集、获取和保存指南》将获取定义为，“在定义的集合中创建数据副本的过程（process of creating a copy of data within a defined set）”。可见，获取是主体在主观意志支配下复制和创建数据的行为，主体获得了信息但没有复制数据，不代表获取数据。比如视频，观看了视频，意味着获得了视频信息，但并不一定意味着获取了视频数据，只有将视频数据下载存储到自己可以控制的介质上，才意味着获取了视频数据。

具体到本案，被害单位允许APP用户观看视频获取视频信息，不意味着APP用户获取了视频数据。被害单位的视频是采取流媒体技术播放，用户边缓存部分数据边观看视频。播放结束完后，缓存的数据文本也随之消失，即一般用户在观看视频时并不能永久性下载复制视频，除非掌握一定计算机专业知识的用户才有能力运用技术手段对视频数据副本进行复制和创建。缓存技术在知识产权领域得到世界公认的许可，是基于对计算机技术发展的需求作出的安排。但是缓存与下载复制是有区别的，缓存意味着“断电既无”，而下载复制则意味着可以永久保存。也因此，被害单位采取流媒体播放技术并结合APP身份认证技术，是对视频数据免于下载复制的技术保护。而本案被告单位绕过了APP身份认证机制，下载复制视频数据，是破坏了被害单位对视频数据的技术保护措施，是对视频数据的非法获取。

申论之，如果本案视频数据可以由APP用户复制下载，则意味着视频信息的公开，即使不允许用户使用开发者程序分析获取数据，也意味着视频数据的公开；如果视频数据禁止APP用户复制下载，但没有对数据本身采取保护措施，而允许用户使用开发者程序或不禁止其他方式获取数据，也意味着视频数据的公开；而在视频数据不可以由APP用户复制下载，不允许用户使用开发者程序或禁止其他方式获取数据时，但允许用户使用录播工具复制视频时，也意味着视频数据的公开。当然，在也不允许用户使用录播工具复制视频时，如果录播获取了视频信息，则意味着实质性复制了视频数据，也属于非法获取。

综上所述，本案视频信息在APP用户范围内的有限公开，并不代表视频数据可以为公众所共享而进一步认为数据失去了安全保护的必要性。本案被告单位未经被害单位授权，使用“网络爬虫”程序绕过APP用户认证系统获取被害单位网站服务器内的视频数据的行为，侵害了计算机信息系统和数据的安全法益，完全符合使用侵入手段非法获取计算机信息系统数据罪的构成要件，理应受到刑法规制。

编写人：北京市海淀区人民法院　游涛

11

利用计算机网络盗取财产性数据的罪名认定

——胡赞某破坏计算机信息系统案

【案件基本信息】

1. 裁判书字号

福建省福州市中级人民法院（2019）刑终字第390号刑事裁定书

2. 案由：破坏计算机信息系统罪

【基本案情】

2017年8月，被告人胡赞某联系瞿祖某（另案处理）问其有无途径获取福建省甲企业管理有限公司经营的乙网上商城的积分（该积分可以用于在乙网上商城购物，或者通过提现的方式获得现金，与人民币的兑换比例为1元人民币兑换1积分）。后瞿祖某联系陈某（另案处理）、陈某联系张祥某（另案处理）、张祥某联系汪伟某（另案处理）、汪伟某联系李某（另案处理），李某答复称可以通过黑客技术获取乙网上商城积分，并约定以1个积分0.05元的价格卖给汪伟某，后汪伟某以1个积分0.1元的价格卖给张祥某，张祥某以1个积分0.125元的价格卖给陈某，陈某以1个积分0.15元的价格卖给瞿祖某，瞿祖某以1个积分0.225元的价格卖给被告人胡赞某，被告人胡赞某以1个积分0.3元的价格卖给游惠某、吴良某（均另案处理）等人。随后，被告人胡赞某按照上述联系顺序将需要充值积分的账户、密码层层发送至李某，由李某通过黑客软件入侵乙网上商城非法充值积分。其间，被告人胡赞某将部分违法所得转给林某海（另案处理）。截至2017年8月31日，上述人员非法充值积分达597万分。经统计，被告人胡赞某违法所得为人民币228498元。

【案件焦点】

利用计算机网络盗取具备财产性质的计算机数据的，该计算机数据是否应当认定为盗窃罪中的“公私财物”，从而应以盗窃罪定罪处罚，抑或根据特殊情形，以破坏计算机信息系统罪定罪处罚。

【法院裁判要旨】

福建省福州市鼓楼区人民法院经审理认为，被告人胡赞某伙同他人违反国家法规对计算机信息系统功能进行修改、干扰，造成计算机信息系统不能正常运行，后果特别严重，其行为已构成破坏计算机信息系统罪。

福建省福州市鼓楼区人民法院依照《中华人民共和国刑法》第二百八十六条、第二十五条第一款、第六十七条第三款之规定，作出如下判决：

被告人胡赞某犯破坏计算机信息系统罪，判处有期徒刑六年。

胡赞某提起上诉称，其没有删除和修改计算机信息，不构成破坏计算机信息系统罪，请求二审法院查明事实，予以改判。辩护人的辩护意见是：胡赞某到案后已如实供述自己的罪行，依法可从轻处罚，但一审没有考虑此情节予以从轻处罚，请求二审予以改判；即便认定李某通过黑客软件入侵乙网站造成不能正常运行的事实成立，也只能认定其为从犯，依法予以从轻或减轻处罚；胡赞某只是贪小便宜，以为没事跟着别人去倒卖积分，系初犯、偶犯，可予以从轻处罚。请求二审法院查明事实，依法改判。

福建省福州市中级人民法院经审理认为，上诉人胡赞某伙同他人违反国家法规，对计算机信息系统功能进行修改、干扰，造成计算机信息系统不能正常运行，后果特别严重，其行为已构成破坏计算机信息系统罪。原判根据胡赞某犯罪的事实、犯罪的性质、情节以及悔罪表现，在量刑幅度内作出与其罪行相适应的判决并无不当，辩护人提出对胡赞某应认定为从犯，从轻处罚的上诉意见不予采纳。原判认定事实清楚，证据确实、充分，定罪准确，量刑适当。审判程序合法。

福建省福州市中级人民法院依照《中华人民共和国刑事诉讼法》第二百三十

六条第一款第一项之规定，作出如下裁定：

驳回胡赞某的上诉，维持原判。

【法官后语】

本案的处理重点主要在于利用计算机网络盗取（实际行为是修改）具有价值属性的计算机数据应当如何定性。《刑法》第二百八十七条规定，利用计算机实施金融诈骗、盗窃等犯罪行为的，依照《刑法》有关规定定罪处罚。对关于此条的理解，有些观点认为利用计算机盗窃公私财物的行为，若符合《刑法》二百四十六条的规定，均应以盗窃罪定罪处罚。这显然是不对的，利用计算机网络盗窃具有财产属性的计算机数据，其法益侵害性针对的并不是单纯的财产，而是同时侵害了多项法益，属于一行为同时符合多项罪名的构成要件，应当以想象竞合犯的处理原则，择一重罪处罚。一般情况下，盗窃罪的科刑相对较重，应以盗窃罪定罪处罚。但是在盗窃罪应处刑罚较轻而计算机网络犯罪应处刑罚较重时，则应以相应的计算机网络犯罪定罪量刑。而实际上这一原则的应用，也可以是在一项罪名的认定存在困难时，选择适用另一罪名。

对盗窃罪中的公私财物的理解不同，造成了审判实践中利用计算机网络盗窃他人财产性计算机数据案件的定性困难。以本案为例，乙网上商城的积分，综合来看是具有财产属性的，因为其可以直接在该商城进行交易从而实现其财产价值，也可以通过提现的方式直接变现，同时其一般的、合法的获得方式是通过人民币与积分一比一的充值。也就是说，该商城的网络积分，虽然本质上属于电子数据的一种，却是现实中的实质货币在计算机平台上的直接价值体现，认定为财物并无不妥。

但是对于互联网盗窃犯罪而言，公私财物的范围应作限缩解释，并不能将一切具有财产属性可能的计算机数据都视为公私财物，而应当在其直接与实际财产挂钩时方可认定。本案中，胡赞某所盗取的对象并不是正常交易账户中已有的积分，而是通过零积分账户删改数据做成负分账户产生的额外积分。这些积分虽然形式上符合上述要求，但实质上该积分并没有通过现金充值被赋予财产价值，也不是根据特定价值的物品发行的等价交易凭证①。若以盗窃罪定罪处罚，盗窃的数额就变得难

---

① 根据特定价值的物品发行的交易凭证指的是直接代表财产池中物品价值的凭证，如金本位制下的货币制度，货币是根据储备黄金的数量和价值发行的，直接具备等价黄金的价值。布雷顿森林体系中的 1 美元就等价于 0. 888671 克黄金，黄金就是财产池中的物品，美元便是其价值凭证。

以认定，因为这些积分并没有与实际财产直接挂钩（这也就导致了积分的减损并未直接造成财产损失，而必须依赖于后续的使用积分过程）。简言之，因为非法充值的积分以正常积分的形式出现在收购人的账户中，这些积分与正常充值积分相互混同难以区分（而正常积分中还存在部分赠送积分），同时积分的价值也并不确定。若简单地以一积分等于一元人民币的方法计算，将本案盗窃金额认定为597万元，显然不合理。相对而言，根据相关司法解释，认定计算机网络犯罪的情节认定采取的是实际损失、损害影响或非法所得任选其一的方式。本案中胡赞某通过共同实施破坏计算机系统的行为，获取的非法所得是明确的，相关证据也是确实、充分的。

虚拟财产犯罪的数额认定以及证据采集均存在较大困难，在不能做到确实充分的情形下，依照存疑有利于被告人的原则，也应当选择较为明确的犯罪事实定罪处罚。故本案以破坏计算机信息系统罪定罪处罚，更能够全面合理的评价整个犯罪行为，做到罪刑相适应。

编写人：福建省福州市鼓楼区人民法院　毛伟　毛岚岚

12

利用信息网络发布招嫖信息的司法认定

——贾某等非法利用信息网络案

【案件基本信息】

1. 裁判书字号

北京市朝阳区人民法院（2018）京0105刑初2344号刑事判决书

2. 案由：非法利用信息网络罪

【基本案情】

贾某自2013年5月起建立网站，为介绍卖淫行为在网络上进行推广并从中牟利。梁某其后也接手该业务，并新建网站继续上述行为。2015年11月起相关行为被规制为犯罪后，二被告人仍继续经营。后李某、郭某加入。贾某在自己经营网站的同时，为其余三人的网站提供技术支持，并从三人的推广获利中提成。贾某、梁某、李某、郭某亦彼此帮助进行推广并分享盈利。因帮助在北京市朝阳区甲公寓等地介绍卖淫的行为在网络上进行推广，四人于2018年6月26日被北京市公安局朝阳分局抓获归案。

【案件焦点】

1. 本案被告人发布的招嫖信息是否属于非法利用信息网络罪中的“违法犯罪信息”；2. 涉案行为是否属于非法利用信息网络罪中的“情节严重”。

【法院裁判要旨】

北京市朝阳区人民法院经审理认为：被告人贾某、郭某、梁某、李某违反国家规定，利用信息网络为违法活动发布信息，情节严重，已构成非法利用信息网络罪，依法应予惩处。

关于管辖问题。本案属于网络犯罪案件，同时存在多个犯罪地，按照相关处理意见，可由最初受理的公安机关立案侦查，并由相应的法院受理。故北京市朝阳区人民法院具有管辖权。

关于“情节严重”尚无相应司法解释予以明确。但本罪入罪初衷在于对抗网络空间内的犯罪预备行为，这一点决定了对于本罪罪量因素应从信息的传播面大小、引发违法犯罪活动的可能性高低等方面，结合网络犯罪的技术特征来予以考量。基于本案证据，法院认定本案构成“情节严重”，应予以追究刑事责任。

关于溯及力问题。《刑法修正案（九）》自2015年11月开始实施，按照刑法溯及力的要求，之前的行为不予评价。本案中，四被告人的行为或延续至本罪设立之后，或发生于本罪设立之后的，法院将之作为对被告人定罪量刑的基础并无不妥。

关于共同犯罪问题。被告人贾某为其余三被告人设立网站提供技术支持，并从三人的推广获利中提成，同其余三被告人各自构成共同犯罪。在共同犯罪中，被告人贾某及网站具体负责者均存在实行行为，不再区分主从，但法院量刑时考虑到被告人贾某作为关键技术持有者，地位相对较高，作用相对较大，获利相对较多，对其判处较重的刑罚。

北京市朝阳区人民法院作出判决如下：

一、被告人贾某犯非法利用信息网络罪，判处有期徒刑十个月，罚金人民币十万元；

二、被告人梁某犯非法利用信息网络罪，判处有期徒刑八个月，罚金人民币八万元；

三、被告人郭某犯非法利用信息网络罪，判处有期徒刑八个月，罚金人民币八万元；

四、被告人李某犯非法利用信息网络罪，判处有期徒刑七个月，罚金人民币七万元；

五、扣押之手机及电脑均由扣押机关予以没收；银行卡内如有余额，折抵各自罚金。

【法官后语】

非法利用信息网络罪为《刑法修正案（九）》增设的罪名，行为人利用信息网络“设立用于违法犯罪活动的网站、通讯群组”“发布违法犯罪信息”“为实施违法犯罪活动发布信息”，情节严重的，构成本罪。另根据《最高人民法院、最高人民检察院关于办理组织、强迫、引诱、容留、介绍卖淫刑事案件适用法律若干问题的解释》（以下简称司法解释）第八条第二款之规定，利用信息网络发布招嫖违法信息，情节严重的，以非法利用信息网络定罪处罚。本案的难点在于对非法利用信息网络罪以及上述司法解释规定的解读和适用。

第一，本罪中的“违法犯罪”不包含一般违法行为。本罪的立法目的是规制犯罪链条中处于上游的、利用网络实施的犯罪预备行为。根据刑法学基本理论，只有犯罪行为的预备行为才可成立犯罪，一般违法行为的预备行为不可能成立犯罪。因此，本罪所服务的下游违法行为是具有法益侵害性的犯罪行为而非一般违法行为。

第二，“发布招嫖信息”应服务于介绍卖淫的犯罪行为。司法解释第八条是关于“引诱、容留、介绍卖淫罪”的解释，故该规定中的利用信息网络发布招嫖信息针对的是介绍卖淫的行为，其实质是利用信息网络实施的介绍卖淫的预备行为。如果有证据证明行为人与介绍卖淫者存在共谋或继续实施了介绍卖淫的行为，则应以介绍卖淫罪定罪处罚。因此，利用信息网络发布招嫖信息，其服务的下游违法行为是介绍卖淫行为，方成立非法利用信息网络罪。当然，公诉机关不需要证明下游行为已构成介绍卖淫罪，证明其具有介绍卖淫的行为外观即可。

第三，非法利用信息网络"情节严重"的考量因素。本罪"情节严重"认定标准，需要充分考虑非法利用信息网络罪的立法情况以及网络犯罪的特性来进行确定，具体可考量以下几个方面。

（1）下游犯罪性质的严重程度。非法利用信息网络罪服务于下游的犯罪行为，因此下游犯罪性质的严重程度关系到行为的危害程度。

（2）信息发布数量、网站、通讯群组设立数量。非法利用信息网络罪在立法上限定了犯罪的方法。因此，行为人实施特定行为的次数，如发布违法犯罪信息的条数、设立用于犯罪活动的网站、通讯群组的数量，是衡量"情节严重"的重要指标。

（3）传播范围、扩散速度。非法利用信息网络犯罪中，行为人利用网络技术优势使违法犯罪的信息以低成本迅速大面积传播，其危害性不断累积至刑事可罚的程度，从而构成本罪。因此，点击量、转发量、扩散速度等是衡量其危害性的重要指标。

本案中，行为人贾某等人在网站上发布招嫖信息，其服务的下游违法行为是介绍卖淫的犯罪行为，从发布信息的网站数量、信息的传播面大小等方面判断行为人非法利用信息网络的行为达到"情节严重"的入罪标准，最终法院以非法利用信息网络罪对行为人定罪处罚。

编写人：北京市朝阳区人民法院　张小旭　刘砺兵

13

"致使违法信息大量传播"的认定

——许某某拒不履行信息网络安全管理义务案

【案件基本信息】

1. 裁判书字号

四川省泸州市中级人民法院（2019）川05刑终41号刑事裁定书

2. 案由：拒不履行信息网络安全管理义务罪

【基本案情】

2009年5月，被告人许某某与他人共同出资开办了“甲论坛”网站。2011年左右，其他投资人相继退出后，许某某担任网站负责人单独管理该网站。后因该网站上发布了大量的违法信息，许某某被泸州市江阳区互联网信息办公室（以下简称江阳区网信办）多次约谈并责令限期整改，被泸州市公安局江阳区分局予以警告、责令停止联网和停机整顿，但被告人许某某均拒绝整改，也不履行行政处罚。为逃避监管，许某某授意其聘请的网站管理人员杨忠某联系租用国外的服务器，并先后十六次将被关闭的网站通道重新申请域名开通。

2016年8月18日，江阳区网信办再次对许某某作出责令限期整改通知书，要求许某某对之前已经发布的《×××没错误有失误×××有错误没失误》等有害信息进行删除，并于同月22日前书面报告整改结果。许某某拒绝签收通知书，对相关文章也拒不删除。

2017年7月26日，江阳区网信办再次对被告人许某某进行约谈，要求许某某对其网站上登载的违反《互联网信息服务管理办法》规定的几十篇帖文立即删除、马上整改。许某某拒绝在笔录上签字，拒绝整改。同日，泸州市公安局江阳区分局因许某某违反《计算机信息网络国际联网安全保护管理办法》第五条的规定对其作出警告、责令停止联网、停机整顿六个月的行政处罚。许某某仍拒绝签字，不履行行政处罚。

2015年3月28日至2017年5月22日期间，许某某在“甲论坛”网站发布了《×××：给×××之女××××的一封公开信》等8篇违法信息。截至2017年8月21日，该8篇违法信息的浏览阅读量累计达73974人次，其中从2017年6月25日至8月21日的浏览阅读增加量约5000人次。

2017年8月21日，被告人许某某被拘传到案。

【案件焦点】

拒不履行信息网络安全管理义务犯罪中，“违法信息”与“大量传播”的认定。

【法院裁判要旨】

四川省泸州市江阳区人民法院经审理认为：一方面，江阳区网信办系依法成立负责辖区内互联网信息管理的行政主管部门，对辖区内互联网信息具有监督管理和行政处罚的职责与职权，对互联网信息是否属于违法信息当然可以作出审查和认定。

另一方面，根据国务院发布的《互联网信息服务管理办法》第十五条规定，“互联网信息服务提供者不得制作、复制、发布、传播含有下列内容的信息：（一）反对宪法所确定的基本原则的；（二）危害国家安全，泄露国家秘密，颠覆国家政权，破坏国家统一的；（三）损害国家荣誉和利益的；（四）煽动民族仇恨、民族歧视，破坏民族团结的；（五）破坏国家宗教政策，宣扬邪教和封建迷信的；（六）散布谣言，扰乱社会秩序，破坏社会稳定的；（七）散布淫秽、色情、赌博、暴力、凶杀、恐怖或者教唆犯罪的；（八）侮辱或者诽谤他人，侵害他人合法权益的；（九）含有法律、行政法规禁止的其他内容的。”本院据此对公诉机关指控的12篇贴文予以审查，发现其中《×××：给×××之女××××的一封公开信》等8篇贴文，均存在损害国家荣誉和利益，或者侮辱、诽谤他人，侵害他人合法权益等情况，依法应当认定为违法信息。

经侦查人员远程勘验，涉案8篇违法信息从发布之日起到许某某归案之日止，浏览阅读总量达73974人次，其中2017年6月25日至8月21日仅58天时间内浏览阅读增加量约5000人次，结合涉案8篇违法信息的发布时间、特定时间段增加的浏览阅读量、总浏览阅读量等情况综合分析，足以认定许某某在江阳区网信办于2016年8月18日责令整改而拒不整改之后，已经造成违法信息大量传播的危害后果。

被告人许某某作为“甲论坛”网站的负责人，系网络服务提供者，不履行法律、行政法规规定的信息网络安全管理义务，经监管部门责令采取改正措施而拒不改正，致使违法信息大量传播，其行为已构成拒不履行信息网络安全管理义务罪，应依法追究刑事责任。被告人许某某作为网络服务提供者，在从事信息网络服务职业期间，违背职业应当承担的信息网络安全管理义务，且经监管部门责令采取改正措施而拒不改正，为预防其再犯罪，依法应当决定对其作出一定期限的职业禁止。

四川省泸州市江阳区人民法院依照《中华人民共和国刑法》第二百八十六条之一第一款第一项、第五十二条、第三十七条之一第一款、第六十一条之规定，作出判决如下：

一、被告人许某某犯拒不履行信息网络安全管理义务罪，判处有期徒刑一年六个月，并处罚金人民币三万元；

二、禁止被告人许某某自刑罚执行完毕之日或者假释之日起五年内从事信息网络服务职业。

许某某对判决不服，提起上诉。

四川省泸州市中级人民法院经审理认为：许某某作为“甲论坛”网站的负责人，系网络服务提供者，不履行法律、行政法规规定的信息网络安全管理义务，经监管部门责令采取改正措施而拒不改正，致使违法信息大量传播，其行为已构成拒不履行信息网络安全管理义务罪，依法应当追究刑事责任。原判在量刑时结合其犯罪事实、性质、情节和社会危害程度以及认罪悔罪态度，所判处刑罚并无不当。原判认定事实清楚，证据确实、充分，适用法律和定性准确，量刑适当，审判程序合法。许某某的上诉理由不能成立。

四川省泸州市中级人民法院依照《中华人民共和国刑事诉讼法》第二百三十六条第一款第一项之规定，作出如下裁定：

驳回许某某的上诉，维持原判。

【法官后语】

本案处理的重点主要是“致使违法信息大量传播”的认定。《刑法》第二百八十六条之一第一款第一项规定，网络服务提供者不履行法律、行政法规规定的信息网络安全管理义务，经监管部门责令采取改正措施而拒不改正，致使违法信息大量传播的，才构成拒不履行信息网络安全管理义务罪。由于该规定系《刑法修正案（九）》增设，目前尚无相关司法解释对其作出具体规定。“违法信息”具体是指什么信息，需要达到什么程度才能称得上“大量传播”，目前都没有统一的判断标准。如何认定“致使违法信息大量传播”是本案例争议的焦点之一，具体涉及“违法信息”的认定和“大量传播”的认定两个方面。对“违法信息”的认定，本案例结合监管部门（江阳区网信办）的审查认定意见和网络信息的具体内容进行综合审查认定，认定起诉指控的12篇帖文中有8篇系违法信息，即对监管部门（江阳区网信办）的审查认定意见进行形式审查和实质审查，含有法律、行政法规禁止内容的信息，均依法认定为“违法信息”。对“大量传播”的认定，本案例从违法信息的信息数量和违法信息传播的受众数量两个方面进行综合认定，违法信息的信息数量是指违法信息被传播出去的条数或者篇数，违法信息传播的受众数量是指违法信息被多少人点击阅读或者接收。本案例中，违法信息的信息数量达到8篇。由于互联网的信息交换不受空间限制，一旦违法信息被上传到互联网上，就可能被不特定的多数人所知悉并进一步传播。本案例中的违法信息从发布到许某某归案之日止浏览阅读总量达73974人次，其中2017年6月25日至8月21日仅58天时间内浏览阅读增加量约5000人次。结合涉案8篇违法信息的发布时间、特定时间段增加的浏览阅读量、总浏览阅读量等情况综合分析，从2016年8月18日，即《刑法修正案（九）》施行（2015年11月1日）后，江阳区网信办对许某某作出责令限期整改通知书之日起，许某某拒不改正而致使8篇违法信息传播的受众数量远远高于5000人次。综上所述，从违法信息的信息数量（8篇）和违法信息传播的受众数量（5000人次以上）两个方面进行分析，足以认定许某某在江阳区网信办于2016年8月18日责令整改而拒不整改之后，已经造成“违法信息大量传播”的危害后果。

编写人：四川省泸州市江阳区人民法院　蒋相立

14

聚众斗殴中行为人是否需要对自身的伤害后果承担刑事责任

——梁某福聚众斗殴案

【案件基本信息】

1. 裁判书字号

广西壮族自治区钦州市中级人民法院（2018）桂07刑终6号刑事判决书

2. 案由：聚众斗殴罪

【基本案情】

2016年1月3日19时许，韦某李在参加宴席时无故被醉酒的黄某昌打了一巴掌，韦某李对此很气愤，便离开宴席。20时许，韦某李纠集了被告人梁某福等十多人手持刀具、炸炮等械具来到甲寄卖店处欲找黄某昌讨要说法，并因此与黄某辉等人发生争执。双方在争吵过程中，韦某安手持一把砍刀出来，在甲寄卖店门前来回走动，黄某辉的妻子韦某红担心韦某安用刀伤人，便夺走了韦某安手中的砍刀。韦某李等人见被害人韦某安手中的刀被韦某红夺走，便上前对韦某安进行殴打，正在附近的刘某长（已判决）见状，也持械参与殴打韦某安。过程中，被告人梁某福因手持的炸炮在混乱中被碰撞不慎引发爆炸，致使被告人梁某福和刘某炎、杨某春、韦某安、李某庆、韦某桂等人受伤。经灵山县公安局物证鉴定室鉴定，被告人梁某福的损伤程度为轻伤一级，被害人杨某春的损伤程度为轻伤二级，被害人李某庆、韦某安、韦某桂、刘某炎的损伤程度均为轻微伤。

【案件焦点】

被告人梁某福是否需要对在聚众斗殴中造成自身的轻伤一级的伤害后果承担刑事责任。

【法院裁判要旨】

广西壮族自治区灵山县人民法院经审理认为：被告人梁某福结伙持械聚众斗殴，造成一人轻伤一级，一人轻伤二级，四人轻微伤，被告人梁某福的行为触犯了《中华人民共和国刑法》第二百九十二条第一款的规定，构成聚众斗殴罪。

广西壮族自治区灵山县人民法院依照《中华人民共和国刑法》第二百九十二条第一款第二项、第四项，第二十五条第一款，第二十六条第一款、第四款，第六十五条第一款，第六十七条第一款及《最高人民法院关于处理自首和立功具体应用法律若干问题的解释》第一条，第三条的规定，作出如下判决：

被告人梁某福犯聚众斗殴罪，判处有期徒刑四年十一个月。

被告人梁某福对判决不服，提出上诉。

广西壮族自治区钦州市中级人民法院经审理认为：被告人梁某福结伙持械聚众斗殴，造成一人轻伤二级，四人轻微伤，梁某福的行为触犯了《中华人民共和国刑法》第二百九十二条第一款的规定，构成聚众斗殴罪。梁某福在聚众斗殴中，因其持有的炸炮爆炸造成其轻伤一级，该伤害的后果是其本人并非他人，原判据此伤害后果作为追究梁某福刑事责任的情节于法无据，导致对梁某福量刑畸重，本院予以纠正。鉴于本案的伤害后果是炸炮在混乱中不慎引发爆炸造成，非梁某福主动积极追求，其本人在爆炸中亦被炸成轻伤一级，主观恶意相对较小，且梁某福有自首情节，一审后赔偿了被害人的经济损失并取得被害人的谅解，积极化解社会矛盾，认罪态度好。综上，根据梁某福犯罪的事实、性质、情节和对于社会的危害程度，本院决定对梁某福减轻处罚。

广西壮族自治区钦州市中级人民法院依照《中华人民共和国刑事诉讼法》第

二百二十五条[①]第一款第二项之规定，判决如下：

一、维持广西壮族自治区灵山县人民法院（2017）桂0721刑初496号刑事判决第一项中对上诉人梁某福的定罪部分；

二、撤销广西壮族自治区灵山县人民法院（2017）桂0721刑初496号刑事判决第一项中对上诉人梁某福的量刑部分；

三、上诉人梁某福犯聚众斗殴罪，判处有期徒刑二年六个月。

【法官后语】

本案争议的焦点在于被告人梁某福是否需要对在聚众斗殴中造成自身的轻伤一级的伤害后果承担刑事责任。综合本案证据，笔者认为本案中被告人梁某福不需要对在聚众斗殴中造成自身的轻伤一级的伤害后果承担刑事责任。

主要原因在于被告人拥有自身身体处置权。身体处置权是指被告人拥有对其身体及与之密切相关的身体性利益进行合理支配的权利。刑法对侵犯他人物质性身体权的严重行为进行规制，但是被告人自愿放弃身体处置权的行为可成为阻却刑事违法性的事由。法律禁止侵犯他人身体的行为，但在一般情形下，法律不会干预被告人自我处置身体的行为。被告人可以自主决定限制自己的行动自由，可以通过正当途径捐献、赠与自己的身体器官、血液等，可以毁坏自己的身体部位、器官。只有当自伤、自残行为涉及危害国家、社会、他人利益时才会加以干预。例如，我国刑法禁止军人战时为逃避履行军事义务而自伤的行为。在本案中，被告人梁某福在聚众斗殴中，因其持有的炸炮爆炸造成其自身轻伤一级、其他被害人轻伤二级、轻微伤的伤害后果。对于被告人的行为造成其他被害人受伤的后果，被告人需承担刑事责任，但对于行为造成自己的轻伤一级后果是被告人对自身身体的处置，且不属于为逃避法定义务而自伤身体的行为，法律对此应持容忍态度，不能以其自身轻伤一级的伤害后果作为追究被告人刑事责任的依据。

综上，本案被告人梁某福不需对在聚众斗殴中造成自身轻伤一级的伤害后果承担刑事责任。

编写人：广西壮族自治区灵山县人民法院　李媛

---

① 对应现行《刑事诉讼法》第二百三十六条。

15

关联案件拆分起诉审理中对恶势力的认定

——罗某等聚众斗殴、寻衅滋事案

【案件基本信息】

1. 裁判书字号

湖南省岳阳市君山区人民法院（2019）湘0611刑初22号刑事判决书

2. 案由：聚众斗殴罪、寻衅滋事罪

【基本案情】

2016年以来，被告人罗某、刘某甲、刘某乙分别与他人结伙形成恶势力团伙，其中被告人罗某与李某、任某甲、尹某等人经常纠集在一起，被告人刘某甲与陈某、李某、王某等人经常纠集在一起，被告人刘某乙与黄某、任某乙、柳某等人经常纠集在一起，以暴力手段，在岳阳市君山区、岳阳楼区等地多次实施违法犯罪活动，为非作恶，欺压百姓，扰乱经济和社会生活秩序，造成较为恶劣的社会影响，系恶势力犯罪。被告人罗某参加两次聚众斗殴犯罪、一次寻衅滋事犯罪，被告人刘某甲参加一次聚众斗殴犯罪、一次寻衅滋事犯罪，被告人刘某乙参加一次寻衅滋事犯罪，且三被告人均有其他违法事实。2018年4月21日、22日，三被告人陆续被侦查人员抓获到案，均如实供述其犯罪事实。

【案件焦点】

1. 数被告人内部并未形成较为固定的团伙，而是分别与他人经常纠集在一起实施违法犯罪活动，是否可以认定为恶势力；2. 检察机关分案起诉的情形下，人民法院如何认定恶势力。

【法院裁判要旨】

湖南省岳阳市君山区人民法院经审理认为，被告人罗某、刘某甲聚众斗殴，其行为均已触犯刑法，构成聚众斗殴罪。被告人罗某、刘某甲持械聚众斗殴，且人数多，规模大，社会影响恶劣；被告人罗某、刘某甲、刘某乙随意殴打他人，情节恶劣，其行为均已触犯刑法，构成寻衅滋事罪。被告人罗某、刘某甲均一人犯数罪，应数罪并罚。被告人罗某、刘某甲在聚众斗殴中积极主动参加，是积极参加者。被告人罗某在两次聚众斗殴和一次寻衅滋事的共同犯罪中，均起主要作用，均系主犯。被告人刘某甲在聚众斗殴的共同犯罪中，起主要作用，系主犯。被告人刘某乙在寻衅滋事的共同犯罪中，起次要作用，系从犯，依法应当从轻处罚。被告人刘某乙在犯罪时已满十六周岁，不满十八周岁，依法应当从轻处罚。三被告人到案后，均如实供述自己的罪行，是坦白，依法可以从轻处罚。

湖南省岳阳市君山区人民法院依照《中华人民共和国刑法》第二百九十二条第一款第二项、第四项，第二百九十三条第一款第一项，第二十五条第一款，第二十六条第一款、第四款，第二十七条，第六十七条第三款，第十七条第一款、第三款，第六十九条第一款之规定，作出如下判决：

一、被告人罗某犯聚众斗殴罪，判处有期徒刑四年；犯寻衅滋事罪，判处有期徒刑一年八个月。决定合并执行有期徒刑四年四个月；

二、被告人刘某甲犯聚众斗殴罪，判处有期徒刑三年；犯寻衅滋事罪，判处有期徒刑一年六个月。决定合并执行有期徒刑三年五个月；

三、被告人刘某乙犯寻衅滋事罪，判处有期徒刑一年。

一审宣判后，被告人罗某、刘某甲、刘某乙未上诉，检察机关亦未抗诉，该判决已发生法律效力。

【法官后语】

1. 被告人分别与他人纠集实施违法犯罪活动，各自可形成恶势力

本案中，公诉机关指控自2016年以来，被告人罗某与刘某甲、刘某乙、任某、李某等人经常纠集在一起，以暴力手段，在岳阳市君山区、岳阳楼区等地多次实施违法犯罪活动，为非作恶，欺压百姓，扰乱经济和社会生活秩序，造成较为恶劣的社会影响，系恶势力犯罪。关于被告人和辩护人均提出三被告人并未经常纠集在一起的辩解和辩护意见，本案是否可以认定为恶势力犯罪，有两种不同的意见：第一种意见认为三被告人内部没有经常纠集在一起，三人之中没有相对固定的纠集者，不能认定为恶势力；第二种意见认为三被告人分别与他人经常纠

集在一起实施违法犯罪活动，证据充分，事实清楚，依法可以认定为恶势力。

笔者认可第二种意见，即本案三被告人分别与他人纠集实施违法犯罪活动，各自形成恶势力团伙。最高人民法院、最高人民检察院、公安部、司法部《关于办理恶势力刑事案件若干问题的意见》（以下简称《意见》）中对恶势力、恶势力犯罪集团的认定标准进行了明确规定。恶势力的纠集者，是指在恶势力实施的违法犯罪活动中起组织、策划、指挥作用的违法犯罪分子。成员较为固定且符合恶势力其他认定条件，但多次实施违法犯罪活动是由不同的成员组织、策划、指挥，也可以认定为恶势力，有前述行为的成员均可以认定为纠集者。恶势力的其他成员，是指知道或应当知道与他人经常纠集在一起是为了共同实施违法犯罪，仍按照纠集者的组织、策划、指挥参与违法犯罪活动的违法犯罪分子，包括已有充分证据证明但尚未归案的人员，以及因法定情形不予追究刑事责任，或者因参与实施恶势力违法犯罪活动已受到行政或刑事处罚的人员。被告人罗某、刘某甲、刘某乙各自纠集的人员虽有不同，但根据经庭审举证质证的书证、证人证言、被害人陈述、被告人供述与辩解、鉴定意见、辨认笔录、视听资料等证据，不影响对三人恶势力犯罪的认定。其他成员或在逃未到案，或因涉嫌其他犯罪团伙而另案处理。

被告人罗某和刘某甲共同参与的寻衅滋事犯罪虽已在公安机关进行调解赔偿处理，但根据《意见》第九条第二款之规定，“已被处理或者已作为民间纠纷调处，后经查证确属恶势力违法犯罪活动的，均可以作为认定恶势力的事实依据”，故而该起犯罪在本案中作为认定恶势力的事实依据依法进行审理。

对于被告人的量刑，亦应贯彻《意见》的精神，正确运用宽严相济刑事政策的有关要求。被告人刘某乙在寻衅滋事共同犯罪中起次要作用，是从犯，且犯罪时已满十六周岁，不满十八周岁，到案后如实供述犯罪事实，是坦白，具有法定和酌定从宽处罚的情节，故依法对其从轻处罚。

2. 检察机关分案起诉时，人民法院如何认定黑恶势力

在司法实践中，由于有些恶势力犯罪参与人数众多、规模大，如聚众斗殴，双方涉案人数可能多达上百，犯罪嫌疑人到案的时间各不相同。因刑事诉讼各阶段的程序有严格的期限要求，公安机关和检察机关不能因还有人员尚未归案而停止对在案人员的侦查和起诉。故而，检察机关存在着对涉嫌同一恶势力犯罪团伙的多名成员拆案、分案移送起诉的情形，造成这一情形的原因可能是同案人未到案，也可能

是恶势力犯罪团伙成员参与的某一犯罪事实与其他案件有着密切的关联性等等。在某些拆分处理的案件中，数名被告人可能同时参与了一起聚众斗殴犯罪，但分属于不同的团伙，这些案件的特殊性给人民法院审理认定黑恶势力带来一定难度。此种情况下，不能简单地否认被告人构成恶势力，为依法、准确、有力惩处黑恶势力犯罪，应根据《意见》中关于恶势力的认定标准，结合被告人与另案处理的其他人相互纠集实施违法犯罪事实的证据，依法作出认定，要确保在现有证据确实、充分的情况下，审慎认定被告人及其他成员为恶势力。概言之，同案被告人各自纠集的人员虽有不同，但不影响对其恶势力犯罪的认定。

编写人：湖南省岳阳市君山区人民法院　王文君　许燕

16

侵财型寻衅滋事罪与故意毁坏财物罪的区分

——孔祥某被诉寻衅滋事案宣告无罪案

【案件基本信息】

1. 裁判书字号

北京市第二中级人民法院（2018）京02刑终668号刑事判决书

2. 案由：寻衅滋事罪

【基本案情】

2018年5月8日22时许，被告人孔祥某在北京市大兴区西红门镇甲小区×号楼前，无故用钥匙将被害人胡连某停放在楼前的宝马牌小型越野客车（车牌号为京YN××××）左侧车门划损。经鉴定，涉案车辆损失价值为人民币7125元。被害人胡连某于次日报警，被告人孔祥某于同年5月13日到公安机关投案，到案后如实供述了上述主要事实。作案工具黑色钥匙一把，已由公安机关依法扣押。

另查明，经法院主持调解，双方已自愿达成调解协议，由被告人孔祥某赔偿被害人胡连某各项损失共计人民币4万元，被害人对被告人孔祥某表示谅解。

【案件焦点】

对孔祥某的行为如何定性。

【法院裁判要旨】

北京市大兴区人民法院经审理认为，被告人孔祥某任意毁损他人财物，情节严重，其行为已构成寻衅滋事罪，依法应予惩处。鉴于被告人孔祥某自动投案，到案后如实供述主要犯罪事实，系自首，且能够赔偿被害人的损失并取得谅解，对其从轻处罚。故判决如下：

一、被告人孔祥某犯寻衅滋事罪，判处拘役四个月，缓刑四个月；

二、扣押在公安机关的作案工具钥匙一把，依法予以没收。

孔祥某对判决不服，提出上诉。

北京市第二中级人民法院经审理认为，本案的主要争议焦点为，上诉人孔祥某实施划车的行为属于寻衅滋事还是故意毁坏财物。对于上诉人孔祥某及其辩护人所提上诉理由和辩护意见，本院根据在案已查明的事实和证据，综合评判如下：

任意毁损公私财物类型的寻衅滋事罪与故意毁坏财物罪的区分在于行为人的主观故意、犯罪动机，以及是否破坏社会秩序。为寻求刺激、发泄情绪、逞强耍横等，无事生非，或者因日常生活中的偶发矛盾纠纷，借故生非，实施毁损公私财物行为，破坏社会秩序，情节严重，应当认定为寻衅滋事罪；主观上仅具有毁坏公私财物的故意，基于现实的起因而实施有针对性的毁坏公私财物行为，数额较大或者有其他严重情节的，应当认定为故意毁坏财物罪。

本案证人证言、被害人陈述、视听资料、鉴定意见、被告人供述等证据能够证实，被害人胡连某将车辆停放在消防通道内，孔祥某对此心生不满，继而用钥匙划损被害人车辆，其主观上仅具有毁坏特定财物的故意，客观行为也针对具体特定车辆，并未破坏社会秩序，其行为应当认定为故意毁坏财物。同时，本案未达到故意毁坏财物罪的立案追诉标准，孔祥某的行为不应作为犯罪行为进行评价，故孔祥某及其辩护人所提上诉理由和辩护意见成立，本院予以采纳。

本院认为，上诉人孔祥某在北京市大兴区甲小区×号楼前，将被害人车辆车门划损，其行为属于故意毁坏财物；鉴于毁坏物品的价值未达到定罪标准，且不具有其他严重情节，孔祥某的行为不构成犯罪。北京市大兴区人民法院判决认定上诉人孔祥某毁坏他人财物的事实清楚，惟适用法律有误，本院依法予以改判。本院依照

《中华人民共和国刑事诉讼法》第二百条第二项、第二百三十六条第一款第二项之规定，判决如下：

一、撤销北京市大兴区人民法院（2018）京0115刑初950号刑事判决书主文第一项、第二项，即：被告人孔祥某犯寻衅滋事罪，判处拘役四个月，缓刑四个月；扣押在公安机关的作案工具钥匙一把，依法予以没收；

二、上诉人（原审被告人）孔祥某无罪。

本判决为终审判决。

【法官后语】

本案案件事实相对清楚，被告人孔祥某使用钥匙划坏被害人车辆，给被害人造成一定经济损失的事实有被害人陈述、证人证言、鉴定意见、视听资料等证据证实，被告人对此也予以承认。

本案焦点是对被告人行为性质的认定，被告人及其辩护人以行为系故意毁坏财物，主观上没有破坏社会秩序、无事生非的故意，不构成寻衅滋事罪进行辩解和辩护。关于被告人行为的法律认定，一种观点认为：可以认定寻衅滋事罪。理由如下：认定寻衅滋事罪符合我国法律规定。根据《刑法》二百九十三条规定，实施几种寻衅滋事行为之一的，破坏社会秩序的，构成寻衅滋事罪，……“（三）强拿硬要或者任意损毁、占用公私财物，情节严重的。”此外，对于寻衅滋事的认定，《最高人民法院、最高人民检察院关于办理寻衅滋事刑事案件适用法律若干问题的解释》第一条有明确规定：“行为人为寻求刺激、发泄情绪、逞强耍横等，无事生非，实施刑法第二百九十三条规定的行为的，应当认定为‘寻衅滋事’。行为人因日常生活中的偶发矛盾纠纷，借故生非，实施刑法第二百九十三条规定的行为的，应当认定为‘寻衅滋事’，但矛盾系由被害人故意引发或者被害人对矛盾激化负有主要责任的除外。行为人因婚恋、家庭、邻里、债务等纠纷，实施殴打、辱骂、恐吓他人或者损毁、占用他人财物等行为的，一般不认定为‘寻衅滋事’，但经有关部门批评制止或者处理处罚后，继续实施前列行为，破坏社会秩序的除外。”

本案中，被告人供述提到被害人停车问题曾对其造成影响，且被害人案发当天的确将车停在了消防通道处，但当晚被害人与被告人并未就此发生任何冲突和矛盾，被告人晚上回家路上发现该车停放在消防通道处，并未采取合理解决方式，随即实施了毁损车辆的行为，应该属于小题大做，系借题发挥的借故寻衅，且被告人的行为针对不特定的对象，是对社会秩序的破坏。综上，认为被告人行为符合寻衅滋事罪司法解释中规定的借故生非情形，应当认定为寻衅滋事罪。

另一种观点认为：被告人孔祥某行为系故意毁坏财物行为，并非寻衅滋事行为。《刑法》第二百七十五条规定故意毁坏公私财物，数额较大或者有其他严重情节的，处三年以下有期徒刑拘役或者罚金。该罪属于侵犯财产罪范畴，故意毁坏财物罪偏重与基于现实的起因、正面的故意和有针对性的行为，其主观目的仅为毁损财物，侵犯的客体也就是财产的所有权，没有对社会管理秩序造成破坏。而寻衅滋事的犯罪动机多是基于某种扭曲的心理，为发泄负面的情绪而对不特定的对象实施的行为。

本案被告人系因被害人车辆随意停放在消防通道妨碍其通行而产生怨恨，故对被害人车辆进行毁坏，其犯罪行为的动机为针对特定人和物的报复行为。主观上并没有寻求精神刺激、填补精神空虚、发泄不良情绪等一般的寻衅滋事罪所特有的流氓心态，因此犯罪动机和主观心态上不宜认定为寻衅滋事罪。被告人犯罪行为的对象是特定的，仅针对妨碍其通行的具体车辆，而没有针对其他的不特定的对象。被告人行为侵犯的只是公私财产所有权，并未扰乱社会秩序，故宜认定为故意毁坏财物罪，只有行为涉及多个不特定人的财产时才宜认定为寻衅滋事罪。

最终二审法院同意第二种观点，认定被告人孔祥某行为系故意毁坏财物行为。从相关证据来看，本案实属案发有因，不是无故滋事，被告人的划车行为目标相对特定，具有一定的针对性。毁财型寻衅滋事的主观强调无事生非，被害人没有过错，本案被害人有一定过错，行为人虽然不认识车主，但其行为针对的是被乱放的特定车辆，其主观缺乏寻衅滋事的动机，属于事出有因。

编写人：北京市第二中级人民法院　王丽娜

17

“任意毁损公私财物型”寻衅滋事罪与故意毁坏财物罪的区分

——黄某寻衅滋事案

【案件基本信息】

1. 裁判书字号

广东省海丰县人民法院（2018）粤 1521 刑初 144 号刑事附带民事判决书

2. 案由：寻衅滋事罪

【基本案情】

2017 年 11 月 11 日 2 时许，被告人黄某因怀疑邻居在背后说其坏话和个人情绪不佳，酒后无故用扳手及石头等工具将停放在位于海丰县公平镇新兴北路 138 号其家门附近的戴某、梁某、彭某、曾某、刘某、郑某的六辆小汽车的挡风玻璃和车身砸损，并将邻居戴某家的不锈钢防盗门砸损。经海丰县价格认证中心鉴定，戴某、梁某、彭某、曾某、刘某、郑某的车辆的损失价值分别为人民币 1350 元、1750 元、250 元、1000 元、2100 元、1750 元，戴某家的不锈钢防盗门的损失价值为人民币 1782 元，被告人黄某损毁的财物价值合计人民币 9982 元。2017 年 11 月 11 日 3 时许，公安机关在被告人黄某家中将其抓获归案，现场缴获作案工具扳手一支。

【案件焦点】

被告人黄某酒后深夜打砸他人财物的行为构成寻衅滋事罪还是故意毁坏财物罪。

【法院裁判要旨】

广东省海丰县人民法院经审理认为，被告人黄某无视国家法律，无事生非，酒后持械任意损毁他人的财物价值合计人民币 9982 元，情节严重，其行为已构成寻衅滋事罪，依法应予惩处。公诉机关指控被告人黄某犯故意毁坏财物罪，经查，被告人黄某酒后持械任意损毁他人的财物价值人民币9982元，不仅侵犯了被害人的财物权益，同时也侵犯了社会秩序，侵犯是双重客体，其行为构成寻衅滋事罪，且同时又触犯《中华人民共和国刑法》第二百七十五条之规定，构成故意毁坏财物罪，属牵连犯，依牵连犯的处罚原则及根据《最高人民法院、最高人民检察院关于办理寻衅滋事刑事案件适用法律若干问题的解释》第七条的规定，依法应当择一重罪以寻衅滋事罪追究其刑事责任，故公诉机关所指控的罪名不当，不予支持。被告人黄某归案后能如实供述自己的犯罪事实，依法可以从轻处罚。

附带民事诉讼原告人戴某、梁某、彭某、刘某、郑某等人的经济损失系被告人黄某的犯罪行为所造成，被告人黄某应承担赔偿责任。附带民事诉讼原告人戴某所主张受损车辆、不锈钢防盗门的经济损失以及附带民事诉讼原告人梁某、彭某、刘某、郑某各自所主张受损车辆的经济损失，应以海丰县价格认证中心的鉴定意见为准，即附带民事诉讼原告人戴某车辆的损失价值为人民币1350元、不锈钢防盗门的损失价值人民币1782元，附带民事诉讼原告人梁某、彭某、刘某、郑某车辆的损失价值分别为人民币1750元、250元、2100元、1750元。故被告人黄某应赔偿附带民事诉讼原告人戴某、梁某、彭某、刘某、郑某经济损失分别人民币3132元、1750元、250元、2100元、1750元。附带民事诉讼原告人戴某、梁某、彭某、刘某、郑某没有提供证据予以证明其所主张误工费系被告人黄某的犯罪行为所造成的直接损失，应承担举证不能的证明责任，不予支持。

广东省海丰县人民法院依照《中华人民共和国刑法》第二百九十三条第一款第（三）项、第六十七条第三款、第六十四条，《中华人民共和国侵权责任法》第六条第一款，《中华人民共和国刑事诉讼法》第九十九条①第一款，《中华人民共和国民事诉讼法》第六十四条和《最高人民法院、最高人民检察院关于办理寻衅滋事刑事案件适用法律若干问题的解释》（法释〔2013〕18号）第四条第一项、第七条的规定，判决如下：

一、被告人黄某犯寻衅滋事罪，判处有期徒刑一年六个月；

二、被告人黄某应在本判决生效之日起一个月内赔偿附带民事诉讼原告人戴某

① 对应现行《刑事诉讼法》第一百零一条。

的经济损失人民币3132元、梁某的经济损失人民币1750元、彭某的经济损失人民币250元、刘某的经济损失人民币2100元、郑某的经济损失人民币1750元；

三、驳回附带民事原告人戴某、梁某、彭某、刘某、郑某的其他诉讼请求；

四、本案缴获的作案工具扳手一支，依法予以没收，上缴国库。

【法官后语】

故意毁坏财物罪是指故意毁坏公私财物，数额较大或者有其他严重情节的行为。寻衅滋事罪行为表现之一“任意毁损公私财物，情节严重的”，因此两罪在毁损公私财物方面的表现形式上有相似之处，两罪在司法实践中容易混淆和产生争议问题。区分两罪，笔者认为应从以下几个方面进行分析：首先，行为侵犯的客体方面。就寻衅滋事罪当中的“强拿硬要或者任意损毁、占用公私财物”类型（下同）而言，刑法禁止这类行为所欲保护的法益，不只是单纯的财产，而是包括与财产有关的社会生活的安宁或者平稳，且对社会秩序的破坏超过财产。故意毁坏财物罪所侵犯的客体是公私财物所有人或者持有人的权益。其次，行为的犯罪动机和起因方面。寻衅滋事罪的行为人自认为被害人在说自己的坏话或者做了不利于自己的事情，或者因行为人毫无理由，或者强以微不足道的琐事、不能成立的理由为借口，行为人往往不分青红皂白随意打砸他人财物，理论上称为“无因性”。故意毁坏财物罪的行为人与被害人之间一般是存在某种前因纠纷与矛盾，或者基于对他人的打击报复，在一般人看来，其故意毁坏财物的原因带一定“正当性”或“合理性”，理论上称为“有因性”。再次，行为的犯罪目的方面。寻衅滋事罪的行为人打砸他人财物是为了发泄不满或者逞强好胜，寻求精神刺激和满足一时心理快感，甚至为了炫耀其实力，引起他人的关注。故意毁坏财物罪的行为人意在以故意毁坏财物，追求他人财物价值贬损为目的，具有一定报复性。最后，行为侵犯的对象方面。寻衅滋事罪的行为人对犯罪对象的选择带有很大的偶然性和随意性，具有不特定性。而故意毁坏财物罪的行为人一般与被害人存在纠纷、矛盾，其犯罪对象具特定性，一般是先前与行为人存在纠纷或者矛盾的被害人所有或者持有的特定财物。

就本案而言，首先，虽然案发时正处于深夜，外面人员稀少，但被害人戴某报案述称其在听到外面有人正在打砸过程中因惊恐不敢走出家门查看，被害人梁某等人述称其在睡梦中被外面打砸声音惊醒。可见，被告人黄某酒后深夜随意打砸行为对周围邻居们造成了一定心理恐慌，破坏他人社会生活的安宁更为明显，虽然这种社会生活的安宁或者平稳与财产密切相关，但行为人侵犯他人的财物权益相对社会秩序而言处于从属地位。其次，被告人黄某归案后供述其认为邻居平时在背后说其坏话，其在案发前数天与妻子打架，邻居没有前来劝架，其越想越气，于是酒后在深夜持扳手及石头等工具到家外面乱砸小汽车和邻居家的防盗门。但据被害人的陈述，邻居们平时与被告人黄某没有什么矛盾或者纠纷，大家平时很少来往，这表明被告人黄某所声称的打砸理由极为牵强，可以说是毫无缘由，借题发挥，符合寻衅滋事罪的“无因性”。再次，被告人黄某“借酒发疯”，打砸完后直接回家睡觉，可见被告人黄某打砸邻居们的小汽车等财物使得其原先内心的“不满”得以发泄，寻得精神上的“慰藉”。最后，被告人黄某随心所欲损毁停放在其家周围部分邻居的小汽车，并没有针对个别或者特定邻居的小汽车，在打砸完六辆小汽车后，被告人黄某还持扳手猛砸其中一邻居家的不锈钢防盗门，这体现其犯罪对象的不特定性。综上，被告人黄某因猜疑他人背后说其坏话，酒后无事生非，任意损毁他人财物，具有明显的寻衅滋事特征；且其所损毁的财物价值合计人民币9982元，符合《最高人民法院、最高人民检察院关于办理寻衅滋事刑事案件适用法律若干问题的解释》第四条关于寻衅滋事罪中强拿硬要或者任意损毁、占用公私财物，情节严重的规定。

编写人：广东省海丰县人民法院　李永辉

18

寻衅滋事与聚众斗殴的界限

——黄某锋寻衅滋事案

【案件基本信息】

1. 裁判书字号

山东省平南县人民法院（2018）桂0821刑初363号刑事判决书

2. 案由：寻衅滋事罪

【基本案情】

2018年1月20日15时许，被告人黄某锋应他人邀约，伙同冯某凤、吴某霖、冯某福（三人另案处理）等人一起持刀、铁水管等工具到平南县丹竹镇丹竹街甲奶茶店门口，殴打被害人李某杰、李某辉，后又持刀追砍李某辉至丹竹镇大禾塘屯李某成住宅旁边杂草处，致李某辉轻伤二级、李某杰轻微伤。

上述事实，被告人黄某锋在开庭审理过程中亦无异议。

【案件焦点】

被告人黄某锋的行为究竟是构成聚众斗殴罪还是寻衅滋事罪。

【法院裁判要旨】

山东省平南县人民法院经审理认为，被告人黄某锋结伙持械随意殴打他人，致一人轻伤、一人轻微伤，情节恶劣，其行为已触犯了刑律，构成寻衅滋事罪，依法应受刑事处罚。公诉机关指控被告人黄某锋犯聚众斗殴罪属定性不当，依法应予以纠正。在共同犯罪中，被告人黄某锋积极实施持械殴打他人的行为，起主要作用，系主犯，依法应按照其所参与的全部犯罪处罚；但其作用较召集者小，在量刑时应有所区别。被告人黄某锋作案时未满十八周岁，依法应当从轻处罚。被告人黄某锋如实供述犯罪事实，依法可以从轻处罚。

山东省平南县人民法院依照《中华人民共和国刑法》第二百九十三条第一款第一项，第二十五条第一款，第二十六条第一款、第四款，第十七条第一款、第三款，第六十七条第三款，第四十七条以及《最高人民法院、最高人民检察院关于办理寻衅滋事刑事案件适用法律若干问题的解释》第二条第一项、第四项的规定，判决如下：

被告人黄某锋犯寻衅滋事罪，判处有期徒刑一年五个月。

【法官后语】

本案的争议焦点在于被告人黄某锋的行为究竟构成寻衅滋事罪还是聚众斗殴罪。依照《刑法》第二百九十三条第一款第一项的规定，本案被告人及其同伙无故对被害人进行砍打，更符合寻衅滋事逞强耍横、无事生非的特征，且同案犯冯某凤已以寻衅滋事作出判决，故本案以寻衅滋事罪定罪量刑更妥当。主要理由如下：

聚众斗殴罪，是指为了报复他人、争霸一方或者其他不正当目的，纠集众人成帮结伙地互相进行殴斗，破坏公共秩序的行为。聚众斗殴犯罪往往同时会造成公民的人身权利和公私财产权利受到侵害的结果，其行为必须由聚众和斗殴两部分构成，其报复打击对象是特定明确的人，多表现为成帮结伙的殴打，其犯罪对象一般亦并非只是被动挨打。该罪的犯罪地点、场所不限，以公共场所较为常见。寻衅滋事罪的殴打行为则带有很大随意性，多表现为临时起意、一时性起，全凭个人好恶，一般并无明显的首要分子，参加人数众多也非必要要件。行为人平时是否“动辄”殴打他人，其犯罪行为是否具有常习性也是判断的辅助标准之一。当寻衅滋事的行为方式表现为相互打斗时，由于其中的一方是因无辜受打而被迫还击的，主观上无破坏公共秩序的故意，所以只有肆意挑起事端、随意殴打他人的一方才能构成犯罪。

分析本案，可以清楚地看出本案不符合聚众斗殴罪的构成要件，被告人黄某锋应该构成寻衅滋事罪。

本案的起因是卢某林召集被告人黄某锋等人持刀、铁水管等工具去到平南县丹竹镇丹竹街甲奶茶店门口，殴打被害人李某杰、李某辉；主观方面，被告人黄某锋在卢某林的召集下，积极响应卢某林的提议，并且在李某杰、李某辉没有反抗的情况，仍然动手，犯罪心理上是为了满足要威风，通过寻衅滋事活动，追求精神刺激，填补精神上的空虚；客观方面，黄某锋持伸缩棍对李某杰、李某辉进行殴打，造成李某杰、李某辉受伤，客观上有了寻衅滋事的行为和后果。

综上，被告人黄某锋伙同冯某凤、吴某霖、冯某福（三人另案处理）等人持械随意殴打他人，情节恶劣，其行为均符合寻衅滋事罪构成要件。共同犯罪中，被告人积极参与殴打他人的行为，系主犯，但作用明显较召集者卢某林和起一定召集作用且更为积极参与的冯某凤作用要小。

编写人：山东省平南县人民法院　黄爱飞

19

强迫交易尚未完成应如何定性

——黄甲、黄乙寻衅滋事案

【案件基本信息】

1. 裁判书字号

广西壮族自治区玉林市福绵区人民法院（2018）桂0903刑初100号刑事判决书

2. 案由：寻衅滋事罪

【基本案情】

2018年3月底，被告人黄甲、黄乙到玉林市福绵区新桥镇辛仓村水车自然村附近的数家木片厂以及“白皮”收购站，要求木片厂的废弃木片“白皮”要由他们收购，而他们所能给付的“白皮”款必须低于市场价，按160元/吨的价格计付，收购“白皮”的老板再以240元/吨的市场价回购他们拉去的白皮；或者木片厂的老板不经过他们的手，把“白皮”拉去给收购的，收购站只能按160元/吨的价格给付木片厂“白皮”款，再按80元/吨计付差价给他们。木片厂的老板不同意黄甲、黄乙上述要求。2018年4月8日中午，被告人黄甲、黄乙伙同他人到黄某某、唐某某、杨某某、廖某某、彭某某、王某某等人所经营的木片厂以及罗某某的“白皮”收购站，用车堵塞收购站门口，不准拉“白皮”的货车进入收购站，恐吓黄某某、罗某某等人必须答应他们的收购要求，否则连拉木材的货车都不能从辛仓村的道路通行。木片厂老板不同意并报警要求处理，公安机关经过调查，发现黄甲、黄乙有作案嫌疑。当晚21时许，被告人黄乙伙同他人到辛仓村村口地磅处，阻挠木片厂拉木材的货车从辛仓村通行，再次恐吓木片厂老板同意他们的收购要求。木片厂老板再次报警，公安机关当晚将黄甲抓获，并于2018年4月13日将黄乙抓获。经审讯，被告人黄甲、黄乙均如实供述上述犯罪事实。

广西壮族自治区玉林市福绵区人民检察院在起诉书中认为被告人黄甲、黄乙触犯了《中华人民共和国刑法》第二百二十六条的规定，应当以强迫交易罪追究二被告人刑事责任。庭审中，公诉机关认为二被告人的行为符合寻衅滋事罪构成要件，变更指控被告人黄甲、黄乙犯寻衅滋事罪。

【案件焦点】

被告人的行为如何定性。

【法院裁判要旨】

广西壮族自治区玉林市福绵区人民法院经审理认为，被告人黄甲、黄乙恐吓他人，严重影响他人生产、经营，根据《最高人民法院、最高人民检察院关于办理寻衅滋事刑事案件适用法律若干问题的解释》第三条第五项关于“恐吓他人，破坏社会秩序，具有‘严重影响他人的工作、生活、生产、经营的’情形的，应当认定为刑法第二百九十三条第一款第二项规定的‘情节恶劣’”的规定，二被告人的行为属于“情节恶劣”，其二人行为已触犯《中华人民共和国刑法》第二百九十三条第一款第二项的规定，构成寻衅滋事罪。公诉机关指控被告人黄甲、黄乙犯寻衅滋事罪的罪名成立。被告人黄甲、黄乙共同实施寻衅滋事的行为，是共同犯罪。在共同犯罪中，被告人黄甲、黄乙积极实施犯罪，均起主要作用，均是主犯，依法均应按照其所参与的全部犯罪处罚。被告人黄甲、黄乙归案后如实供述其罪行，且当庭自愿认罪，属坦白，依法可以从轻处罚。但综合考虑本案事实、情节，对被告人黄甲不宜适用缓刑，辩护人所提的相关量刑建议，不予采纳。

广西壮族自治区玉林市福绵区人民法院依照《中华人民共和国刑法》第二百九十三条第一款第二项、第二十五条第一款、第二十六条第一款和第四款、第六十七条第三款、第四十七条，《最高人民法院、最高人民检察院关于办理寻衅滋事刑事案件适用法律若干问题的解释》第三条第五项，作出如下判决：

一、被告人黄甲犯寻衅滋事罪，判处有期徒刑一年四个月；

二、被告人黄乙犯寻衅滋事罪，判处有期徒刑一年四个月。

【法官后语】

本案处理重点主要在于对被告人黄甲、黄乙采取用车堵塞收购站门口的方式，以此来要挟被害人接受其收购要求的行为是构成强迫交易罪还是寻衅滋事罪。

《刑法》第二百二十六条规定以暴力、威胁手段，实施该条规定的五种强迫交易行为之一，情节严重，构成强迫交易罪。检察院在起诉书中认为，被告人黄甲、黄乙“以暴力、威胁手段”“强买强卖商品”符合《刑法》第二百二十六条第一项规定的行为，构成强迫交易罪。一般认为，“以暴力、威胁手段”，是指行为人采取了暴力方法或威胁手段。例如，在商品交易中，不是以公平自愿的方式，而是对交易对方采取殴打等暴力方法或者以人多力强等威胁方式迫使交易对方接受不公平的交易的行为；“强买强卖商品”，是指在商品交易中违反法律、法规和商品交易规则，不顾交易对方是否同意，以暴力、威胁手段强行买进或者强行卖出的行为。具体到本案中，被告人黄甲、黄乙用车堵塞收购站门口的行为，可以认定为拦截，这是一种典型的“软暴力”行为。用“软暴力”的手段要挟对方接受其收购要求与强迫交易罪具有本质区别。强迫交易罪要求被害人已经被迫接受了被告人的不公平交易或者被告人不顾被害人是否同意，已经强行买进或卖出，交易行为已经进行或完成。而本案，被告人黄甲、黄乙提出了不公平交易要求，但被害人没有同意且被告人亦尚未强行买卖。综上，本案中不宜以强迫交易罪定罪处罚，宜认定为寻衅滋事罪。本案这种情形，可以适用《最高人民法院、最高人民检察院关于办理寻衅滋事刑事案件适用法律若干问题的解释》第三条规定的拦截他人情形，破坏社会秩序，符合该条第五项“严重影响他人的工作、生活、生产、经营的”情形，可以认定为《刑法》第二百九十三条第一款第二项规定的“情节恶劣”。

编写人：广西壮族自治区玉林市福绵区人民法院　唐伟贞

20

故意伤害罪与寻衅滋事罪的区别

——赵某某、童某寻衅滋事案

【案件基本信息】

1. 裁判书字号

湖南省湘潭市中级人民法院（2018）湘03刑终196号刑事裁定书

2. 案由：寻衅滋事罪

【基本案情】

受害人文某某、文某与韶山市韶山乡新联村采石场老板郭月某因琐事发生纠纷，被告人赵某某、童某获悉该情况后，开车从湘潭市区赶至韶山市新联村采石场，同时被告人赵某某用电话邀约陈坤某、李某、周某赶往韶山。被告人童某到达碎石场后，见郭月某被打便问该采石场员工是谁殴打的，当获知系文某某、文某所打后便记住了这二人。派出所民警在现场处置后将文某某、文某传唤至韶山冲派出所调查，被告人赵某某、童某便开车尾随载着文某某、文某的越野车至韶山冲派出所，同时被告人赵某某发微信位置给在采石场等候的陈坤某，让其三人也跟至韶山冲派出所，在车内等候。11月11日凌晨一点多钟，文某某、文某及新联村村干部赵灿某、陈建某等五人在韶山冲派出所接受完调查后驾车从派出所离开，被告人赵某某、童某便尾随该车，陈坤某等人也驾车跟随被告人赵某某、童某的汽车前行。当载着文某某、文某的越野车行至韶山环线八亩冲入口处时，被告人童某驾车突然左拐超车强制截停越野车，陈坤某驾车停在越野车之后，被告人赵某某下车后将文某某、文某二人从车上拖下，并殴打致伤。被告人童某下车后打了文某几个耳光。陈坤某等人用在路旁寻找到的木棍控制赵灿某、陈建某等人。经鉴定，文某某右侧右眼上下脸青紫肿胀，构成轻微伤。

2016年12月22日，被告人赵某某到韶山冲派出所投案，并如实供述了自己的犯罪事实。2017年1月9日，被告人童某到韶山冲派出所投案，并如实供述了自己的犯罪事实。

2017年1月18日，被告人赵某某、童某赔偿被害人文某某、文某共2.18万元，并获得二被害人谅解。

【案件焦点】

被告人赵某某、童某的行为构成故意伤害罪还是寻衅滋事罪。

【法院裁判要旨】

湖南省韶山市人民法院经审理认为，故意伤害罪主观上以故意伤害他人的身体健康为目的，伤害的对象往往是特定事情的特定关系人，双方往往产生一定的矛盾或者恩怨，行为人与被害人有一定的接触和交往。寻衅滋事罪则一般不以伤害他人的身体健康为目的，而是为了一种逞强好胜、耍流氓等行为来破坏社会秩序，侵害的对象往往是不特定的人，行为人因看不惯别人的行为不分青红皂白地殴打他人，以发泄自己心中的无名怒火，而被害人往往不知道行为人殴打自己的真正缘由。

本案中，被告人赵某某、童某与被害人文某某、文某并无过节，之所以从湘潭市区赶至韶山并纠集他人对被害人文某某、文某进行殴打，被告人赵某某、童某宣称是因为文某某、文某打伤了老板郭月某，要向他们讨要说法。而文某某、文某与郭月某的纠纷本身与被告人赵某某、童某无半点瓜葛，老板郭月某也未授意由被告人赵某某、童某插手处理，况且公安机关对此纠纷已介入调查，不存在需要被告人赵某某、童某对文某某、文某讨要说法和进行殴打的理由。被告人赵某某、童某的行为纯粹是为发泄心中的无名怒火，逞强好胜，无视法律的表现。故被告人赵某某、童某辩护人的辩护意见本院不予支持。文某某、文某与郭月某之间的纠纷与被告人赵某某、童某来韶山殴打被害人无任何关系，不存在被害人有过错，本院对该辩解意见不予支持。

被告人赵某某、童某随意殴打他人，并且邀约数人持械威胁、用汽车拦截他人，虽仅致一人轻微伤，但情节恶劣，已构成寻衅滋事罪。公诉机关指控的犯罪事实清楚，证据确实充分，指控罪名成立。在共同犯罪中被告人赵某某、童某起主要作用，是主犯。被告人赵某某、童某自动投案并如实供述自己的罪行，系自首，可以从轻或者减轻处罚。被告人赵某某、童某赔偿被害人经济损失，取得被害人谅解，可以从轻或者减轻处罚。据此，依照《中华人民共和国刑法》第二百九十三条第一款第一项、第二十五条第一款、第二十六条第一款、第六十七条第一款、第四十五条、第四十七条，《中华人民共和国刑事诉讼法》第二百七十九条①之规定，作出如下判决：

一、被告人赵某某犯寻衅滋事罪，判处有期徒刑八个月；

二、被告人童某犯寻衅滋事罪，判处有期徒刑六个月。

被告人赵某某、童某不服，上诉至湖南省湘潭市中级人民法院。湖南省湘潭市中级人民法院裁定驳回上诉，维持原判。

---

① 对应现行《刑事诉讼法》第二百九十条。

【法官后语】

故意伤害罪与寻衅滋事罪二者容易混淆。如何有效地把握二者的区别，对正确定罪量刑至关重要。二者的区别主要在以下几个方面：

1. 主观故意上。故意伤害罪的主观故意是伤害他人的身体健康，希望或放任这种行为的发生。寻衅滋事罪是故意寻衅滋事，破坏公共场所等社会秩序，并造成公共场所秩序严重混乱。可以看出，故意伤害罪在主观上必须有伤害的故意，必须是故意使他人身体健康受到损害，伤害的动机是多种多样的，但不是使他人的生命受到危害，若是致他人的生命受到危害，则是故意杀人。而寻衅滋事罪一般不以伤害他人的身体健康为目的，而是为了逞强好胜等来破坏社会秩序。

2. 从行为侵害的对象上来看。寻衅滋事罪侵害的对象往往是不特定的人，可以是熟人，也可以是陌生人，只是自己看不惯就惹是生非，寻求精神上的刺激来满足自己非正常的心理。在司法实践中，往往有些行为人认为别人说了自己坏话或者做出对自己不利的行为甚至因看不惯别人的行为而不分青红皂白地殴打他人，以发泄自己心中的“无名怒火”，这种情况下被害人往往不知道行为人殴打自己的真正缘由。而故意伤害的对象往往是特定事情的特定关系人，行为人伤害的对象往往具有特定性，双方往往产生一定的矛盾或者恩怨。一般情况下，行为人与被害人有一定的接触或者交往，而且纠纷往往在伤害发生之前没有得到较好的解决，导致矛盾激化，进而产生了行为人挑起事端，伤害对方，报复对方。由此可见，故意伤害罪的被害人是明确的、特定的，而寻衅滋事罪的对象是随意的，不特定的。

3. 在客观行为方面。故意伤害所侵害的对象往往比较特定，一般是认识的或有矛盾的人，且在伤害行为实施之前往往有一个准备过程，即有预谋的伤害他人。而寻衅滋事往往侵害的对象比较随意，如某人酒后无事生非，逞强好胜，见人就打，显示自己“大哥”的身份，这时行为人只是为了追求其精神刺激，在行为发生时大多是临时起意的。也就是说在客观方面，寻衅滋事罪的行为人随意殴打他人的起因往往是小事或者根本没有任何原因，行为人是为了寻求精神刺激而无事生非，以一种“不是理由的理由”随意殴打他人。而故意伤害从行为人实施的手段上看明显具有伤害的故意，伤害他人一般不具有随意性。

4. 从二者侵害的客体上来看。故意伤害罪侵害的是他人的身体健康权，而不是他人的生命权或者其他权益，侵害的客体比较单一。而寻衅滋事罪侵害的客体相对比较复杂，既侵害了社会公共秩序，还可能会侵害他人的身体健康权，但是寻衅滋事罪以侵害社会公共秩序为主要特征。两罪保护的法益是不同的，这也是区分两罪的重要特征。

综上，本案赵某某、童某与被害人文某某、文某不相识，赵某某、童某认为被害人打伤了老板郭月某而不分青红皂白地殴打他人，被害人不知道行为人殴打自己的真正缘由。被告人赵某某、童某的行为纯粹是为发泄心中的怒火，逞强好胜，无视法律的表现。故本案二被告的行为构成寻衅滋事罪。

编写人：湖南省韶山市人民法院　廖玲

21

寻衅滋事后毁坏财物行为性质的认定

——李某寻衅滋事案

【案件基本信息】

1. 裁判书字号

北京市延庆区人民法院（2018）京0119刑初85号刑事判决书

2. 案由：寻衅滋事罪

【基本案情】

2018年3月31日21时左右，被告人李某和其朋友马某江、王某生到北京市延庆区张山营镇张山营村甲清真拉面馆内就餐。在就餐过程中（23时许），被告人李某因加菜点猪头肉与饭店的回族服务员唐小某发生冲突后被人劝开，24时许被告人李某等人离开饭店回到住处。后被告人李某心中不平，于次日（4月1日）凌晨1时左右，手持小铁锤贴墙根走路偷偷返回甲清真拉面馆门前，趁天黑无人发现，持铁锤将饭店老板马某某停放在饭店门前的黑色越野车的车玻璃砸坏。经北京市延庆区价格认证中心认定，在2018年4月1日价格认定基准日，被砸汽车的右前门、右后门玻璃、后杠、右后叶子板、后备盖等换件修理的修复价格为人民币

10325元。

2018年4月1日被告人李某主动到北京市公安局延庆分局张山营派出所投案，如实供述犯罪的主要事实。2018年4月29日，被告人李某亲属代其赔偿被害人经济损失共计15000元，被害人马某某出具书面谅解书，表示不再追究被告人李某法律责任。

【案件焦点】

被告人因寻衅滋事，与被害人发生冲突，事后毁坏被害人财物的行为，构成寻衅滋事罪还是故意毁坏财物罪。

【法院裁判要旨】

北京市延庆区人民法院经审理认为：公诉机关指控被告人李某犯寻衅滋事罪的事实清楚，证据确实、充分，指控罪名成立。案发后被告人李某主动投案，如实供述自己的主要犯罪事实，构成自首，且能够赔偿被害人的损失，取得被害人谅解，予以从轻处罚。公诉机关起诉书中虽未列明被告人李某具有自首、赔偿情节，但其量刑建议适当，本院予以采纳。

北京市延庆区人民法院依照《中华人民共和国刑法》第二百九十三条第一款第三项、第六十七条第一款、第六十一条、第六十二条及《最高人民法院、最高人民检察院关于办理寻衅滋事刑事案件适用法律若干问题的解释》第四条第一项之规定，判决如下：

被告人李某犯寻衅滋事罪，判处有期徒刑八个月。

【法官后语】

在案件侦查阶段，公安机关系以涉嫌犯故意毁坏财物罪对犯罪嫌疑人予以逮捕，而检察机关以寻衅滋事罪对其提起公诉，人民法院则以寻衅滋事罪对行为人予以处罚。行为人李某毁坏被害人车辆的行为构成故意毁坏财物罪还是寻衅滋事罪，是本案的争议焦点。

《刑法》第二百九十三条对寻衅滋事罪的行为表现列举如下：随意殴打他人，情节恶劣的；追逐、拦截、辱骂他人，情节恶劣的；强拿硬要或者任意损毁、占用公私财物，情节严重的；在公共场所起哄闹事，造成公共场所秩序严重混乱的。可见，任意损毁公私财物是寻衅滋事罪的行为表现之一。根据《刑法》第二百七十五条规定，故意毁坏财物，数额较大或者有其他严重情节的，依法构成故意毁坏财物罪。本案中，行为人李某毁损被害人财物的行为，构成寻衅滋事罪还是故意毁坏财物罪，应综合以下三个因素予以认定。

一是犯罪动机及犯罪目的。寻衅滋事罪的动机是寻求精神刺激、逞强好胜、随心所欲毁坏财物，其目的是炫耀实力、扬名或强占地盘等。故意毁坏财物罪的犯罪动机各种各样，其目的不是非法获取财物而多是泄愤而将财物毁坏。二是被告人所实施之行为侵害的客体。寻衅滋事罪侵害的是公共秩序，故意毁坏财物罪侵害的是公私财物所有人的所有权。三是犯罪对象及犯罪场所。寻衅滋事罪的行为人由于不合常理的动机或目的，随意毁坏公私财物，其侵犯的对象具有不特定性和模糊性，场所一般具有公开性。故意毁坏财物罪的行为人一般是为了泄愤、报复而实施犯罪，犯罪对象具有明确性和特定性，犯罪场所不一定是公开场所。

在本案中，行为人李某于2018年3月31日在具有显著的民族特征的经营场所点猪头肉，具有在公共场所寻衅滋事的主观动机。其主观恶性已经超过了故意毁坏财物罪的范围，对不特定的多数人均造成影响。行为人李某于次日（4月1日）凌晨1时左右，再次回到餐馆附近的行为，与其3月31日的在先行为具有一定的因果关系，而在3月31日被告人李某离开餐馆至次日凌晨返回的过程中，并未出现其他介入因素导致因果关系的中断，因此可以认定，行为人李某毁坏车辆的行为是其寻衅滋事行为的延续。此外，被告人李某毁坏的车辆并未明显标识为系被害人之所有物，且犯罪场所为饭店门前的公共区域，因此，行为人李某的犯罪对象具有不特定性，犯罪场所亦具有公开性，其毁损财物行为不仅对被害人的财物具有危害性，对其他不特定的财物也存在一定的危害性。综上，行为人李某毁坏财物的行为宜被认定为寻衅滋事罪，而非故意毁坏财物罪。

编写人：北京市延庆区人民法院　李昭

22

寻衅滋事罪与以危险方法危害公共安全罪的界定

——李某寻衅滋事案

【案件基本信息】

1. 裁判书字号

北京市第三中级人民法院（2018）京03刑终1002号刑事裁定书

2. 案由：寻衅滋事罪

【基本案情】

被告人李某于2017年6月21日22时许，因北京市密云区××小区门口被堵，其驾驶的×××牌汽车无法进入小区，为发泄不满情绪，驾驶汽车横向停于×××小区门口南侧的××国道上（双闪指示灯开启），将后备箱内一箱北冰洋汽水玻璃瓶扔向国道，破碎玻璃散落在国道上，后其将停车警示牌放置于碎玻璃前方，引起50余人围观、道路堵塞，造成公共场所秩序严重混乱，22时56分国道恢复正常通行。

公诉机关最初以以危险方法危害公共安全罪定罪，后又变更起诉为寻衅滋事罪。

【案件焦点】

寻衅滋事罪与以危险方法危害公共安全罪的界定。

【法院裁判要旨】

北京市密云区人民法院经审理认为：

被告人李某为发泄不满情绪，在公共场所起哄闹事，引起公共场所秩序严重混乱，其行为已构成寻衅滋事罪，应予惩处。公诉机关指控被告人李某犯寻衅滋事罪成立，本院予以支持。被告人李某将车停放在国道上，开启双闪灯，向国道上扔玻璃瓶，放置警示牌，做事条理清楚，完全是意识清晰下所为，且有多名目击证人证实，足以认定其实施了寻衅滋事犯罪。被告人李某关于案发时其患病失去意识，其无罪的辩解，与事实、法律不符，本院不予采信。辩护人关于被告人李某系初犯，身患重病，犯罪未造成严重后果，建议对其从轻处罚的辩护意见成立，本院予以采纳。根据被告人李某犯罪的事实，犯罪的性质、情节和对社会的危害程度，不宜宣告缓刑，辩护人建议对被告人李某适用缓刑的辩护意见，本院不予采纳。据此，根据被告人李某的犯罪事实、犯罪的性质、情节和对于社会的危害程度，对被告人李某依照寻衅滋事罪判处拘役。

北京市密云区人民法院依照《中华人民共和国刑法》第二百九十三条第一款第四项、第四十二条、第四十四条、第六十一条、第六十四条的规定，判决如下：

一、被告人李某犯寻衅滋事罪，判处拘役六个月；

二、随案移送的汽水瓶一箱（内有19个汽水瓶）、三脚架一个，依法没收。

李某以原审认定事实和证据与实际不符、量刑过重为由提起上诉。

北京市第三中级人民法院经审理认为：李某所提原判认定事实不清、证据不足等上诉理由以及辩护人所提相关辩护意见，经查，在案有证人证言、被告人供述、现场勘验等证据，能够相互印证证明李某为泄愤，在公共场所起哄闹事，引起周边社会秩序严重混乱的事实，其行为、情节及后果均有证据证明；原判已考虑李某系初犯等酌定从轻处罚情节，量刑结果在法定幅度内，量刑并无不当。故李某的上诉理由不能成立，应予驳回。

北京市第三中级人民法院依照《中华人民共和国刑事诉讼法》第二百二十五条[①]第一款第一项之规定，裁定如下：

驳回上诉，维持原判。

【法官后语】

本案处理重点主要在于对寻衅滋事罪与以危险方法危害公共安全罪的界定。以危险方法危害公共安全罪是指使用放火、决水、爆炸、投放危险物质以外的其他方法，造成不特定多数人的上网或者公私财产重大损失，危害公共安全的，才构成本罪。李某将车辆停放在公共道路上阻碍交通，但同时又打开了双闪指示灯，足以引起过往车辆注意，且其在破碎玻璃前放置了三脚架，起到了一定的提示作用；事发

① 对应现行《刑事诉讼法》第二百三十六条。

路段系国道，与高速公路相比，可能引发的安全事故的概率相对较低；其阻拦交通的行为虽然影响了正常交通秩序，但显然与放火、决水、爆炸、投放危险物质等行为相比，危险性明显较低，达不到危害社会公共安全的程度。寻衅滋事罪是指在公共场所无事生非、起哄闹事，随意殴打、追逐、拦截、辱骂、恐吓他人，强拿硬要、任意损毁、占用公私财物，破坏公共秩序，情节恶劣或情节严重、后果严重的行为。本案中李某的行为就破坏了公共秩序，情节恶劣。上述概念中“造成公共场所秩序混乱的”，主要是指公共场所正常的秩序受到破坏，如本案中的正常交通秩序造成短时间拥堵，引起群众惊慌等混乱局面的。

犯寻衅滋事罪不排除可以造成交通堵塞、公共场所秩序混乱，甚至会造成工厂停工停产等，其在形式上与以危险方法危害公共安全罪、聚众扰乱公共场所秩序、交通秩序罪基本相同，主要区别在于：寻衅滋事的行为人多为无事生非，肆意挑起事端，具有要个人威风、寻求精神刺激的动机；而扰乱社会秩序罪、以危险方法危害公共安全罪，行为人往往是要达到某种个人目的，用扰乱交通秩序的行为达到危害公共安全的目的，没有寻衅滋事的动机。二者主要区别在于主观动机不同，需要综合全案证据综合考量犯罪动机，不能仅凭引发的客观现象或实施犯罪的手段行为定罪。本案中的证据没有能够证明李某的主观目的在于追求对不特定多数人的生命和财产安全的危害，而仅仅是为了泄愤或要威风，这无疑更加符合寻衅滋事罪的主观故意。给公共道路通行造成安全影响仅仅是其寻衅滋事行为可能引发的后果之一，且该后果尚不足以危及不特定多数人的生命和财产安全。另外，从罪责刑相适应的角度来看，本案如认定李某以危险方法危害公共安全罪，其量刑不能与其犯罪行为和所承担的罪责刑相适当。

本案的另一个争议焦点是，认定被告人实施犯罪行为时是否属于病发状态，是否必须进行专业鉴定。对于被告人在实施犯罪行为时是否属于病发状态，是否受疾病的影响而不足以控制或辨认自己的行为的问题，不应当仅仅依照被告人自己的陈述进行判断，还应该结合在案的其他证据予以考量，必要时可以启动精神鉴定。在本案的一审和二审阶段，被告人的辩护人均以被告人自己供述其在实施犯罪行为时意识不清、其曾有患病和就医记录为由，主张李某实施犯罪时精神状态存在问题，应对其从轻处罚或属于事实不清、证据不足。通过对在案证据的分析，证人证言显示李某与他人交流时未表现出明显异常或具有精神疾病，其在实施寻衅滋事行为的过程中，思路清晰、语言连贯、行为流畅，且在行为实施前处于情绪愤怒状态，在行为实施后也能够充分预见到行为可能产生的不良后果，为此还采取了打开双闪指示灯、放置警示三脚架等行为进行避免，足以看出其思维清晰，其既往的患病历史不足以影响到其在本案中实施犯罪行为。

因此法院有理由判断其在实施犯罪行为时具有完全刑事责任能力。另外，辩护人主张李某犯罪时失去意识的辩护意见仅依据被告人自己的供述，不排除被告人有主动脱罪的嫌疑。且被告人一方未就此向法院提交以往李某因患有精神疾病就诊的证据，因此，法院没有必要进行精神鉴定，直接对此项辩解不予采纳。

编写人：北京市密云区人民法院　苏小琴

23

严格区分合同纠纷中民事违约行为与刑事犯罪

——郭继某等寻衅滋事案

【案件基本信息】

1. 裁判书字号

北京市第三中级人民法院（2018）京03刑终736号刑事裁定书

2. 案由：寻衅滋事罪

【基本案情】

被告人郭继某、刘桂某系夫妻，郭某系二人之子。2009年，北京市顺义区后沙峪镇火神营村拆迁，被告人郭继某、刘桂某、郭某位于北京市顺义区后沙峪镇火神营村西×街×号的宅基地及地上房屋等属于拆迁范围，拆迁补偿方式为货币补偿。2009年6月9日，被告人郭继某、郭某分别签订集体土地拆迁货币补偿协议书，并获得协议约定的拆迁补偿款。2013年9月29日，被告人郭继某、刘桂某分别与北京市甲房地产开发有限公司签署《优惠价商品房购房确认书》，郭继某同意购买乙小区的回迁安置房（11号楼4单元102、11号楼4单元202），房屋总价款分别为人民币214305元、445159元，刘桂某同意购买乙小区的回迁安置房（11号楼4单元101），房屋总价款为人民币432690元，但均未支付房款，未办理正规入住手续。

2010年至2016年期间，被告人郭继某、刘桂某因不满拆迁补偿，先后向法院起诉北京市顺义区后沙峪镇人民政府、北京市甲房地产开发有限公司、北京市土地整理储备中心顺义区分中心、北京国地房地产土地评估有限公司等单位，其诉讼请求均未获得法院支持。

2016年5月，被告人郭继某、刘桂某任意损毁乙小区内11号楼2单元101、102、201、202和11号楼4单元201房屋的房门以及11号楼2单元301、302、401、402、501、502、701、702房门的门锁，后被告人郭继某、刘桂某强行占用上述13套房屋进行装修。同时，被告人郭继某、刘桂某自行进入其所选购的11号楼4单元101、102、202房屋并进行装修，现居住在11号楼4单元101、102房屋。其间，被告人郭某申请开通了上述房屋的水、电、燃气。经鉴定，上述涉案5套房屋被损坏的房门价值人民币5120元，8套房屋被损坏的门锁价值人民币216元。

被告人郭继某、刘桂某、郭某后被查获。

2017年11月10日，法院作出民事判决，就乙小区11号楼4单元101、102、202号房屋，确认郭继某、刘桂某与北京甲房地产开发有限公司签订的《优惠价商品房购房确认书》合法，判令郭继某、刘桂某分别给付北京市甲房地产开发有限公司相应的房屋购房款及自2016年8月1日起至实际给付之日止的利息，上述判决现已生效。

【案件焦点】

如何区分民事合同履行过程中的违约行为与刑事犯罪行为。

【法院裁判要旨】

北京市顺义区人民法院经审理认为，对于三被告人行为能否构成寻衅滋事罪。经查，北京市甲房地产开发有限公司系涉案房屋所在地块的国有土地建设用地使用权人，且获得了相关政府部门批准在该地块上建设定向安置房，并取得了建设用地规划许可证和建设工程规划许可证。根据我国物权法的规定，建设用地使用权人建造的建筑物、构筑物及其附属设施的所有权属于建设用地使用权人，但有相反证据证明的除外。综上，现涉案16套房屋虽未完成房屋所有权登记，但目前可以认定涉案房屋属于北京市甲房地产开发有限公司所有。但其中的3套住房，双方之间已经签署《优惠价商品房购房确认书》，三被告人虽未给付对价，也未办理相关入住手续，但其已实际占有，双方之间应为债权债务关系。

综上，北京市顺义区人民法院作出如下判决：

一、被告人郭继某犯寻衅滋事罪，判处有期徒刑一年四个月；

二、被告人刘桂某犯寻衅滋事罪，判处有期徒刑一年四个月缓刑二年；

三、被告人郭某犯寻衅滋事罪，判处有期徒刑八个月缓刑一年；

四、责令被告人郭继某、刘桂某、郭某于本判决生效之日起七日内将涉案房屋十三套腾退给被害单位北京市甲房地产开发有限公司。

宣判后，三被告人以原判认定事实错误，均不构成寻衅滋事罪为由提起上诉。北京市第三中级人民法院经审理支持一审法院裁判意见。

北京市第三中级人民法院依照《中华人民共和国刑事诉讼法》第二百二十五条①第一款第一项之规定，作出裁定：驳回上诉，维持原判。

【法官后语】

近年来，随着市场经济的繁荣发展，在交易过程中产生的纠纷呈上升趋势。在纠纷解决过程中，有部分当事人通过合法并有合同依据的私力救济来维护自身合法权益，亦有部分当事人采取极端方式，妄图谋取更大的不法利益。在此过程中，民事合同违约、侵权与刑事违法犯罪极易出现交叉、杂糅的情况。如何在保障当事人合法权益的同时打击违法犯罪，维护市场经济秩序和社会秩序，是法院面临的一大难题。

本案中，公诉机关指控三被告人对涉案16套房屋无理强占，并将其中3套房屋出租获取经济利益。但是，经法庭调查，该3套予以出租的房屋系被告人与北京甲房地产开发有限公司签订《优惠价商品房购房确认书》合同的标的物，被告人违反先合同义务予以占有的行为，与刑法上的任意毁损、占有他人财物，是有本质不同的。关于此3套房屋，已经人民法院民事判决确认合同有效，并由三被告人履行相关给付价款和违约金的行为，故应认定三被告人对此3套房屋的占有虽有瑕疵，但是有合同依据的。另外13套房屋，三被告人辩解称应当属于其回迁房，但其辩解没有任何法律依据和合同依据，即在案无证据证明涉案房屋系三被告人的合法财产。

在案证据可以证实三被告人在领取完拆迁补偿款，与北京甲房地产开发有限公

① 对应现行《刑事诉讼法》第二百三十六条。

司签订《优惠价商品房购房确认书》后，不满现有拆迁政策，在多次起诉北京市顺义区后沙峪镇政府及北京甲房地产开发有限公司等相关机构和部门未果后，郭继某、刘桂某、郭某在对选定的3套房屋未支付房款、未办理入住手续的情况下直接进行装修并居住，对同一栋楼的其余13套房屋房门及门锁任意损毁，并强行占用房屋，情节严重，侵犯了他人财产权益，破坏了社会秩序，应予以刑事制裁。其中，被告人郭某明知涉案房屋系被告人郭继某、刘桂某任意占有，仍积极配合完成水、电、燃气的开通，其主观上有积极追求占有、使用涉案房屋的意愿，客观上使涉案房屋达到使用条件，故三被告人的行为系在共同故意支配下的相互配合，三被告人任意毁损、占有他人不动产，情节严重，应当认定为寻衅滋事罪。

编写人：北京市顺义区人民法院　白玉龙　宗晓妍

24

抢劫罪与占用公私财物型寻衅滋事罪的区别

——牛某某寻衅滋事案

【案件基本信息】

1. 裁判书字号

河南省洛阳市嵩县人民法院（2018）豫0325刑初246号刑事判决书

2. 案由：寻衅滋事罪

【基本案情】

被告人牛某某与被害人路某某原系夫妻，2016年1月19日二人协议离婚。2017年7月17日，二人一起在嵩县城甲二手车有限公司店内，使用路某某的信用卡，以三万元的价格购买豫C80×××北京现代牌悦动轿车，登记在路某某名下。2018年1月29日19时许，被告人牛某某来到嵩县城关镇西关村乙小区路某某住处，提出要重新与路某某在一起生活，被路某某拒绝，二人在争吵中，牛某某将室内的电视柜、小太阳电暖器及凳子摔坏，后又从厨房拿出菜刀在路某某住室衣柜上、墙上、床头柜上乱砍，威胁路某某交出轿车钥匙，并将车开走。2018 年 1 月 31 日上午，路某某到嵩县公安局刑侦大队第五中队报案，2 月 3 日下午，牛某某将车交还被害人路某某。

案发后，被告人牛某某与被害人路某某达成和解协议，牛某某赔偿路某某经济损失 13000 元，路某某对牛某某的犯罪行为表示谅解。

公诉机关认为，被告人牛某某以非法占有为目的，对财物所有人当场使用暴力、胁迫方法，强行将他人财物抢走，应当以抢劫罪追究其刑事责任。

【案件焦点】

对牛某某的行为应以何罪论处。

【法院裁判要旨】

河南省洛阳市嵩县人民法院经审理认为：被告人牛某某在与被害人离婚后，以实现与被害人继续共同生活为目的，酒后到被害人家中寻衅滋事，并任意毁损被害人财物，以殴打、威胁手段强行占用被害人车辆，情节严重，其行为已构成寻衅滋事罪。公诉机关指控牛某某构成抢劫罪，因被告人与被害人原系夫妻关系，离婚后双方因孩子等原因存在着经济来往，其犯罪的主观意图是通过寻衅滋事行为达到继续与被害人共同生活的目的，因此其不具有抢劫罪的主观故意，故指控构成抢劫罪定性不当。根据牛某某的犯罪事实、性质、情节、对社会的危害程度，依照《中华人民共和国刑法》第二百九十三条第一款第三项、第六十一条之规定，经本院审判委员会讨论决定，判决如下：

被告人牛某某犯寻衅滋事罪，判处有期徒刑二年零六个月。

一审法院作出判决后，被告人未上诉，公诉机关未抗诉，判决已生效。

【法官后语】

此案公诉机关以被告人犯抢劫罪向法院提起公诉，最后法院以寻衅滋事罪对被告人定罪处罚，之所以有不同的观点，是因为抢劫罪和以占用公私财物为表现形式的寻衅滋事罪有很多相似之处，如都实际占有了公私财物，都有可能采取了暴力、胁迫等方式。这两种犯罪的区别主要体现以下三个方面：

1. 主观目的方面。抢劫罪必须具有非法占有他人财物的目的，且该目的是抢劫罪唯一的犯罪目的，暴力、胁迫等手段只是取财的方式，一般是为了满足个人的需要。而在占用公私财物型寻衅滋事犯罪中，行为人占用他人财物只是为了实现其真实目的而采取的手段。本案中，被告人与被害人原系夫妻关系，离婚后双方因子女抚养等原因存在经济往来，其犯罪的主观目的是通过占用被害人车辆达到继续与被害人共同生活的目的。其在案发后将车辆交还被害人，因此不具有抢劫罪非法占有财物的主观目的，不应当以抢劫罪定罪处罚。

2. 客观表现方面。抢劫罪行为人的客观行为一般表现为对公私财物现时的持有人当场使用暴力、胁迫等方式，使受害人身体受到强制，不能反抗或者不敢反抗。抢走财物或者迫使受害人交出财物，通常会选择在隐蔽场所，手段具有隐蔽性，影响的范围较小，仅限于财物持有人等特定的人。而占用公私财物型寻衅滋事罪的行为人在占用公私财物时，采取暴力、胁迫等方式虽然针对的也可能是现时的财物持有人，但在采取行动时，往往不避讳他人，且追求他人知道，追求或放任事态扩大进而影响社会秩序。结合本案，被告人并未当场劫取他人财物，而是首先向被害人提出共同生活的要求，在被拒绝后即开始打砸毁损被害人财物，占用被害人车辆。虽然实施上述行为的场所在私人住宅中，但该场所并未与外界完全隔离，被告人实施以上行为并没有刻意回避他人，主观上追求更多的人知道，客观上影响了他人的生活和安定有序的社会秩序。因此，应当以寻衅滋事罪定罪处罚。

3. 罪责刑相适应方面。寻衅滋事罪其实施的强制程度与抢劫罪的暴力威胁程度不同。抢劫罪作为刑法中的重罪，行为人使用暴力威胁以及其他方法对被害人所造成的精神强制及身体强制应当是明显的，由此造成的危害会在案发后持续影响被害人。如果被害人受到的精神强制或身体强制不够明显，且对被害人的后续影响较小，是不应认定为抢劫罪的。本案中，被告人虽然对被害人实施了暴力和威胁，但在被告人离开案发现场的第一时间，有机会报警但未报警，说明被害人第一时间造成的精神及身体强制是不明显的，且被害人在案发后第二天当面向被告人索要车辆来看，其后续影响也不明显。案发后，被告人主动将车辆交还被害人，其家属也赔偿了被害人的物质损失，取得了被害人的谅解。由此可知被告人上述行为的社会危害性并不大。如果以抢劫罪对被告人定罪处罚，按照现有的量刑标准，至少是三年有期徒刑，其罪其责其罚也将不相适应。因此，结合以上两点，应当以寻衅滋事罪对被告人定罪处罚。

编写人：河南省洛阳市嵩县人民法院　程亚川

25

关于利用“六合彩”揽注赌博行为与赌博罪、开设赌场罪、非法经营罪的认定

——赵某某赌博案

【案件基本信息】

1. 裁判书字号

福建省厦门市同安区人民法院（2018）闽0212刑初635号刑事判决书

2. 案由：赌博罪

【基本案情】

2017年10月2日开始，被告人赵某某在其经营的位于厦门市同安区的超市内，以营利为目的，利用“六合彩”揽注他人猜码参赌。经查，被告人赵某某揽注张本某、兰勇某等39人猜码参赌，接受投注金额共计人民币9919元。2017年10月17日，被告人赵某某在某超市接受彩民吴志某投注“六合彩”时被正在进行治安清查的民警当场抓获，并被缴获4张记账单、1张收款收据、1部用于接受彩民投注的手机以及现场赌资人民币50元。

归案后，被告人赵某某对其犯罪事实供认不讳。

【案件焦点】

关于利用“六合彩”揽注他人猜码参赌的行为应认定为赌博罪、开设赌场罪、还是非法经营罪。

【法院裁判要旨】

福建省厦门市同安区人民法院经审理认为：被告人赵某某以营利为目的，召集他人进行“六合彩”赌博活动，其行为已构成赌博罪。公诉机关指控的罪名成立。被告人赵某某归案后如实供述自己的犯罪事实，庭审时自愿认罪，依法可以从轻处

罚。依照《中华人民共和国刑法》第三百零三条第一款、第六十七条第三款、第六十四条以及《最高人民法院、最高人民检察院关于办理赌博刑事案件具体应用法律若干问题的解释》第一条第三项之规定，判决如下：

一、被告人赵某某犯赌博罪，判处拘役二个月，并处罚金人民币二千元；

二、随案移送的物证记账单4张、收款收据1张、手机一部，予以没收。

【法官后语】

在本案中被告人赵某某在其经营的位于厦门市同安区的超市内，以营利为目的，利用“六合彩”揽注他人猜码参赌。在司法实践中，关于以营利为目的利用“六合彩”进行揽注赌博的行为，一般会认定为赌博罪、开设赌场罪或非法经营罪，并没有统一的裁判标准。关于三种罪名如何认定，应综合分析三者的构成要件。赌博罪指以营利为目的，聚众赌博或者以赌博为业的行为。其构成要件为：(1) 侵犯的客体是社会主义的社会风尚；(2) 客观方面表现为聚众赌博或者以赌博为业的行为；(3) 主体为一般主体；(4) 主观方面为故意。开设赌场罪是指综合具有聚众赌博、开设赌场、以赌博为业的行为。其构成要件为：(1) 侵犯的客体是正常的社会管理秩序；(2) 客观万面表现为聚众赌博、以赌博为业和开设、经营赌场的行为；(3) 主体为一般主体；(4) 主观方面为故意。非法经营罪是指违反国家规定，有法律规定的非法经营行为之一的犯罪。其构成要件：(1) 侵犯的客体应该是市场秩序；(2) 客观方面表现为未经许可经营专营、专卖物品或者其他限制买卖的物品、买卖进出口许可证、进出口原产地证明以及其他法律、行政法规规定的经营许可证或者批准文件，以及从事其他非法经营活动，扰乱市场秩序，情节严重的行为；(3) 主体为一般主体；(4) 主观方面为故意。综合分析利用“六合彩”揽注他人猜码参赌的行为，其主要侵犯的客体应为社会风尚或社会管理秩序，而不应认定为侵犯市场秩序，因其是为法律所禁止的而非经任何途径可得法律许可而得以参与市场，其不能构成非法经营罪。关于利用“六合彩”揽注他人猜码参赌的行为具体应认定为赌博罪还是开设赌场罪，关键在于是否有明确设立、承包或租赁专门用于赌博的场所，若未有专门用于赌博的场所则不宜认定为开设赌场罪。即对于一般的利用“六合彩”揽注他人猜码参赌的行为宜认定为赌博罪，以赌博罪定罪量刑。本案中被告人赵某某在其经营的超市内，以营利为目的，利用“六合彩”揽注他人猜码参赌宜认定为赌博罪。

编写人：福建省厦门市同安区人民法院　杨明洁　李成武

26

区分赌博罪与开设赌场罪，应结合组织规模、时空等因素综合判断

——艾某甲等赌博案

【案件基本信息】

1. 裁判书字号

江苏省常州市武进区人民法院（2018）苏0412刑初529号刑事判决书

2. 案由：赌博罪

【基本案情】

2017年11月下旬至12月11日间，被告人艾某甲、杨某以营利为目的，纠集被告人徐某等人，在常州市武进漕桥镇金都歌舞厅一楼民房等地，多次组织他人以麻将牌“斗牛”的形式聚众赌博，从中非法获利人民币5万余元。其中，被告人艾某甲、杨某为赌博活动组织者；被告人徐某多次为赌博抽头，个人非法获利人民币3000元；被告人艾某乙多次为赌博望风，个人非法获利人民币3000元；被告人贾某多次接送赌客，个人非法获利人民币1700元。

另查明，2017年12月11日下午，被告人艾某甲等人再次组织他人在上述地点赌博时被公安机关当场查获，现场抓获涉赌人员24人，收缴赌资人民币51025元。

案发后，被告人艾某甲、徐某、贾某分别退出违法所得人民币42300元、3000元、1700元。

【案件焦点】

艾某甲等人构成赌博罪还是开设赌场罪。

【法院裁判要旨】

江苏省常州市武进区人民法院经审理认为，被告人艾某甲等人，以营利为目的

聚众赌博，其行为均已构成赌博罪，系共同犯罪。在共同犯罪中，被告人艾某甲、杨某起主要作用，系主犯；被告人徐某、贾某等起次要作用，系从犯，依法应当从轻处罚。五被告人归案后均能如实供述自己的罪行，依法均可从轻处罚。被告人艾某甲、徐某、贾某已退出违法所得，可酌情从轻处罚。被告人杨某有犯罪前科，应酌情从重处罚。依照《中华人民共和国刑法》第三百零三条第一款，第二十五条第一款，第六十七条第三款，第二十六条第一款、第四款，第二十七条，第七十二条第一款、第三款，第七十三条第二款、第三款，第五十二条，第五十三条第一款，第六十四条之规定，作出如下判决：

一、被告人艾某甲犯赌博罪，判处有期徒刑一年，缓刑二年，并处罚金人民币五万元；被告人杨某犯赌博罪，判处有期徒刑一年，并处罚金人民币五万元；被告人徐某犯赌博罪，判处有期徒刑八个月，缓刑一年，并处罚金人民币二万元；被告人艾某乙犯赌博罪，判处有期徒刑六个月，并处罚金人民币二万元；被告人贾某犯赌博罪，判处有期徒刑六个月，缓刑一年，并处罚金人民币二万元；

二、被告人艾某甲等人已退出的违法所得人民币47000元予以没收，上缴国库；尚未退出的违法所得人民币3000元继续追缴。

案件宣判后，被告人艾某甲等人未提出上诉，公诉机关未提出抗诉，本案判决已生效。

【法官后语】

本案的处理重点是案件定性，组织人员利用麻将牌“斗牛”等形式赌博，应如何定性，在司法实践中存在两种观点。

第一种观点认为构成赌博罪。一是从犯罪规模与组织规模看，组织规模相对较小，参赌人员相对固定，基于人际关系以“熟人介绍”的方式参与赌博，不具有开放性。二是从时间和空间上看，具有临时性、不固定性。赌博地点更换频率高，赌博时间不确定性，完全根据组织者安排随机决定。

第二种观点认为构成开设赌场罪。现有法律及司法解释对开设赌场罪未有明确的追诉标准，从立法本意来看，开设赌场罪是指开设以行为人为中心，在其支配下供他人赌博的场所的行为。至于开设的是临时性的赌场，还是长期性的赌场，不影响本罪成立。行为人提供场所组织他人参与赌博，且内部有分工，分别负责抽头、接送赌客、维护赌场秩序等，参与者按照事先约定获取报酬，应该认定为开设赌场罪。

笔者同意第一种观点。原因主要有以下三点：

1. 从犯罪规模和组织结构上，赌博罪中的赌博规模一般较小，开设赌博的规模一般较大，其营业场所大，赌博的工具齐全，赌博方式多样，有专门为赌场服务的人员，在赌场内负责望风、发牌、记账、收费等。在人员召集上，赌博罪的组织者往往是利用自己的人际关系和人际资源在一定范围内组织他人赌博，而开设赌场的经营者通常不亲自召集、组织人员参与赌博。本案中，赌博规模较小，在人员召集上多是通过组织者的人际关系拉拢赌客，在犯罪规模和组织结构上，更符合赌博罪的特征。

2. 从赌博行为的时间和空间上，赌博罪的时间和空间上不固定，具有临时性，短暂性的特点，赌博场所有时是临时租赁，有时临时在宾馆里开房，具有隐秘性，参赌人员聚在一起开始赌博，赌完后再散场，下一次再召集时另行聚集。而开设赌场的时间具有持续性和稳定性，一般具有固定的营业地点和场所，在特定时间内向赌博人员开放。本案的时间均具有临时性和短暂性的特点，赌博场所在公司、居民点等隐蔽空间内。

3. 从赌博规则的设定及赌具的来源上，赌博罪的赌博规则更加灵活多变，具有临时聚合性质，可以由所有参赌人员共同设定赌博规则，可以用不同的方式赌博，参赌人员可以“坐庄”，赌具来源也不太固定。而开设赌场罪中，规则由组织人员事先设定赌博规则，对赌博规则的设定具备绝对的操控力，赌具由赌场提供。本案的赌博抽头渔利由参赌人员设定，对赌博规则和方式都具有灵活性、临时性，而组织者并非具有绝对的操控力，更侧重于聚集赌客、组织人员赌博。

编写人：江苏省常州市武进区人民法院　周运　李艳伟

27

微信群群主利用微信抢红包赌博构成开设赌场罪

——周某、史某开设赌场案

【案件基本信息】

1. 裁判书字号

江苏省宿迁市宿豫区人民法院（2018）苏1311刑初325号刑事判决书

2. 案由：开设赌场罪

【基本案情】

2017年1月至2018年3月，被告人周某、史某与贾书某（另案处理）以营利为目的，建立微信群，邀请他人加入，雇佣郭惠某（另案处理）为“托儿”，并雇佣他人为“走势员”，由周某、史某、贾书某轮流坐庄，组织群内人员采用抢红包猜尾数下注的方式进行赌博。其中被告人周某坐庄期间参与人数达157人，涉及赌资人民币6592428.18元；被告人史某坐庄期间参与人数达346人，涉及赌资人民币6235541元。

【案件焦点】

群主建立微信群利用微信抢红包是否构成开设赌场罪。

【法院裁判要旨】

江苏省宿迁市宿豫区人民法院经审理认为，被告人周某、史某以营利为目的，通过邀请人员加入微信群的方式招揽赌客，并利用微信群进行控制管理，根据设定的赌博规则，以抢红包方式，在一段时间内持续组织网络赌博活动，其行为均已构成开设赌场罪。关于被告人周某的辩护人提出的被告人周某没有建立赌博网站，没有为赌博网站担任代理，仅以营利为目的，利用微信群组织多人进行网络赌博，不符合开设赌场经营性、组织性、开放性特征的意见。经查，微信群作为一种网络平台，虽然是一种虚拟的场所，但只要虚拟的场所具备赌场的功能特征，便可以成为赌场。被告人周某、史某建立的“梁山好汉”赌博群，通过拉拢赌博人员入群赌博、公布赌博规则等方式，为群成员赌博提供场所，符合普通赌场的功能特点；该赌博群具有明确的赌博规则，为了应对微信的监管，被告人周某、史某从他人处购买微信号用于每天建立新的赌博群。为了使赌客继续赌博，对于下注200元以上的赌客制定了“返水”激励措施。为经营该赌博群，雇佣专门人员发走势、雇佣“托”充当枪手参赌活跃气氛，收取管理费及押金用于支付群管理经营开支。综上，被告人周某、史某建立的赌博群有赌博规则、成员间有分工，并有一定的激励措施，从而实现运营下去持续牟利的目的，具有开设赌场经营性、组织性特征；被告人周某、史某以营利为目的建立该赌博群，将二维码放在群内任由他人扫码入群，所拉人员也并非双方的亲朋好友。相反，为增加赌客人数，被告人周某、史某找专门人员拉赌客进群参赌，每天群内人员近百人，参赌人员数十人，持续时间较长，具备不特定性和开放性的特点。因此，对被告人周某、史某及其辩护人关于系赌博而非开设赌场的意见不予采纳。

被告人周某、史某虽分时间段各自坐庄，但双方以营利为目的共同合意建立赌博微信群，相互提供平台，并共同雇佣“托儿”“走势员”为其提供帮助，被告人周某、史某共同故意犯罪，系共同犯罪。被告人周某、史某坐庄期间参赌人数累计达到120人以上，赌资数额累计达到30万元以上，情节严重。鉴于被告人周某、史某归案后如实供述犯罪事实，并积极退缴赃款，对其均予以从轻处罚。

江苏省宿迁市宿豫区人民法院依照《中华人民共和国刑法》第三百零三条第二款，第二十五条第一款，第二十六条第一款、第四款，第六十四条，第六十七条第三款之规定，作出如下判决：

一、被告人周某犯开设赌场罪，判处有期徒刑三年六个月，并处罚金人民币四万元；被告人史某犯开设赌场罪，判处有期徒刑三年，并处罚金人民币三万元；

二、将被告人周某、史某退缴的赃款共计人民币三十二万五千元以及扣押的作案工具“华为”手机两部、“苹果”手机一部、“vivo”手机一部，依法予以没收并上缴国库。

该案判决后，被告人周某、史某均未提起上诉，检察机关亦未提起抗诉。

【法官后语】

在当今社会，微信红包作为一种互联网金融的产物，已成为一种互联网社交的重要手段。在微信红包的功能设计下，用户可以自主设置金额，定向发给好友，也可以设置红包金额和数量后，由群内成员各自抢得。微信抢红包既满足了人们线上联络的社交目的，也极具“拼手气”的趣味性。区别于传统红包，微信红包具有较强的隐蔽性，而这一特性却成为了不法分子利用网络实施犯罪行为的避风港。借助微信红包、赌博网站等新型网络赌博犯罪不断滋生，给赌博犯罪的认定带来了新的挑战。《刑法修正案（六）》将开设赌场行为从赌博罪中独立出来，单独成罪为“开设赌场罪”。2010年9月，最高人民法院、最高人民检察院、公安部联合印发了《关于办理网络赌博犯罪案件适用法律若干问题的意见》（以下简称《意见》），首次对利用互联网、移动通讯终端等网上开设赌场犯罪的定罪量刑做出了具体的规定。由于2010年微信功能尚未研发普及使用，该意见并没有将利用微信群控制管理组织赌博活动的法律性质认定纳入其中。实践中，对于此类案件的判决，许多地区和法院判决标准不一，有的法院认定为赌博罪，有的法院认定为开设赌场罪，同类案件不同判现象削弱了司法公信力。

该类案件争议主要在于此种行为系聚众赌博还是开设赌场？微信群作为一种网络平台，虽然是一种虚拟的场所，但只要虚拟的场所具备赌场的功能特征，便可以成为赌场。周某、史某建立的赌博群，通过拉拢赌博人员入群赌博、公布赌博规则等方式，为群成员赌博提供场所，符合普通赌场的功能特点。周某、史某以营利为目的建立该赌博群，将二维码放在群内任由他人扫码入群，为增加赌客人数，周某、史某还找专门人员拉赌客进群参赌，每天群内人员近百人，参赌人员数十人，持续时间较长；为了使赌客继续赌博，对于下注200元以上的赌客制定了“返水”激励措施；为经营该赌博群，雇佣专门人员发走势、雇佣“托”充当枪手参赌活跃气氛，收取管理费及押金用于支付群管理经营开支。综上分析，周某、史某以营利为目的，通过邀请人员加入微信群的方式招揽赌客，并利用微信群进行控制管理，根据设定的赌博规则，以抢红包猜尾数的方式，在一段时间内持续组织网络赌博活动，其行为具有开设赌场罪的特征，应当认定为开设赌场罪。关于周某、史某是否系共同犯罪问题，虽然周某、史某分时间段各自坐庄，但双方以营利为目的共同合意建立赌博微信群，相互提供平台，并共同雇佣“托儿”“走势员”为其提供帮助，在共同建群管理群期间，具有共同犯罪的构成要件，应当认定为共同犯罪。

2018 年 12 月 25 日，最高人民法院将江西省赣州市章贡区人民法院审理的洪小某、洪礼某、洪清某、李志某开设赌场案及浙江省杭州市中级人民法院审理的谢检某、高某、高尔某、杨泽某开设赌场案，作为第 20 批指导性案例中的第 105 号、106 号案例予以发布，供在审判类似案件时参照。上述两个案例，对以营利为目的，通过邀请人员加入微信群的方式招揽赌客，设定赌博规则，利用微信群进行控制管理，以抢红包方式或根据竞猜游戏网站的开奖结果等方式进行赌博，在一段时间内持续组织网络赌博活动的行为，均认定属于《刑法》第三百零三条第二款规定的“开设赌场”。

编写人：江苏省宿迁市宿豫区人民法院　孙春梅

（二）妨害司法罪

28

虚假诉讼罪中溯及力问题及共同犯罪的认定

——孙某等虚假诉讼案

【案件基本信息】

1. 裁判书字号

广西壮族自治区南宁市西乡塘区人民法院（2018）桂 0107 刑初 260 号刑事判决书

2. 案由：虚假诉讼罪

【基本案情】

2007 年 3 月，被告人孙某与卓某登记结婚，2008 年 10 月，双方共同向被告人谢某借款 150 万元，2011 年 1 月已全部还清。2011 年 5 月 19 日卓某因身体原因被南宁市西乡塘区人民法院宣告为无民事行为能力人。2011年7月，在孙某与卓某进行离婚诉讼期间，孙某为多分共同财产，遂指使被告人单某某、谢某、陈某以银行倒账（由陈某向单某某转账243万元，单某某如数转给谢某，谢某再转给陈某）、签订虚假的债权债务转让协议等方式，虚构孙某、卓某二人欠谢某的借款尚未偿还，并将上述债权转让给单某某的事实。2012年10月，单某某以上述虚假证据向南宁市西乡塘区人民法院提起诉讼，要求孙某与卓某共同归还所欠本金243万元及相应利息。2013年3月，谢某向西乡塘法院提供虚假证言，谎称单某某确实已经代替孙某与卓某向其还款，后单某某胜诉。2014年8月，单某某向西乡塘法院申请强制执行卓某名下财产。后西乡塘法院于2015年7月将卓某所认购的位于南宁市青秀区某路×号3号楼负二层的停车位作价人民币125000元，交付给单某某，单某某将上述车位交给孙某侄子庄某使用。同年11月，西乡塘法院将拍卖卓某名下的某花园×号楼1401号房所得的款项清偿所欠银行部分后，剩余的执行款262465.26元全部交付给单某某，后单某某将上述钱款转入孙某账户，孙某又将其中25万元转至陈某账户中。

【案件焦点】

1.《刑法修正案（九）》规定对本案是否有溯及力；2. 本案中如何确定4名被告人在共同犯罪中分别所起的作用。

【法院裁判要旨】

广西壮族自治区南宁市西乡塘区人民法院经审理认为，被告人孙某、单某某、谢某、陈某四人以捏造的事实提起民事诉讼，妨害司法秩序并严重侵害他人合法权益，四被告人的行为已构成虚假诉讼罪，公诉机关指控罪名成立。虚假诉讼罪是2015年11月1日生效的《中华人民共和国刑法修正案（九）》新增的罪名，本案发生在2012年，是在2015年10月31日之前。无论根据《中华人民共和国刑法修正案（九）》还是其之前的法律规定，行为人行为都构成犯罪，但依据我国刑法适用从旧兼从轻的原则，应当以虚假诉讼罪对四被告人定罪处罚。

在共同犯罪中，单某某、谢某、陈某在孙某组织、安排下，各有分工，互相配合，均积极参与实施犯罪行为，起主要作用，均是主犯，应当按照其所参与的全部犯罪处罚。单某某、谢某、陈某在孙某指挥下参与实施犯罪，属于作用较小的主犯，陈某在共同犯罪中所起的作用又比单某某、谢某作用要小，因此，各被告人在犯罪中所起的作用在量刑时予以考虑。陈某的辩护人提出陈某不构成虚假诉讼罪的意见，本院不予采纳。相关辩护人提出单某某、陈某属于从犯的意见，与查明事实不符，本院不予采纳。单某某、谢某、陈某归案后如实供述自己的罪行，孙某当庭自愿认罪，可以从轻处罚。孙某、单某某、谢某、陈某均支付给被害人卓某赔偿款，并取得被害人的法定监护人的谅解，可以从轻处罚。相关辩护人基于上述提出对孙某、单某某、谢某、陈某从轻处罚的意见，本院予以采纳。

广西壮族自治区南宁市西乡塘区人民法院依照《中华人民共和国刑法》第三百零七条之一第一款，第二十五条第一款，第二十六条第一款、第四款，第五十三条，第六十七条第三款，第七十二条，第七十三条之规定，判决如下：

一、被告人孙某犯虚假诉讼罪，判处有期徒刑八个月，并处罚金人民币五万元；

二、被告人单某某犯虚假诉讼罪，判处有期徒刑六个月，缓刑一年，并处罚金人民币三万元；

三、被告人谢某犯虚假诉讼罪，判处有期徒刑六个月，缓刑一年，并处罚金人民币三万元；

四、被告人陈某犯虚假诉讼罪，判处拘役四个月，缓刑六个月，并处罚金人民币二万元。

【法官后语】

本案的处理焦点主要在于：（1）孙某等四被告人的行为定性，《刑法修正案（九）》的规定对于四被告人的行为是否有溯及力；（2）四被告人的行为是否构成共同犯罪。若成立，如何认定被告人的分工情况。

1. 刑法对孙某等四被告人的行为有溯及力

2015 年施行的《刑法修正案（九）》增设了虚假诉讼罪，而关于溯及力，《最高人民法院关于〈中华人民共和国刑法修正案（九）〉时间效力问题的解释》，第七条规定，对于 2015 年 10 月 31 日以前以捏造的事实提起民事诉讼，妨害司法秩序或者严重侵害他人合法权益，根据修正前刑法应当以伪造公司、企业、事业单位、人民团体印章罪或者妨害作证罪等追究刑事责任的，适用修正前刑法的有关规定。但是，根据修正后刑法第三百零七条之一的规定处刑较轻的，适用修正后刑法的有关规定。

具体到本案，2012年10月被告人单某某用虚假的债权转让约定等证据向法院提起诉讼，要求孙某与卓某共同归还所欠本金243万元及相应利息，审理期间，谢某提供虚假证言，谎称单某某已经代替孙某与卓某向其还款，后单某某胜诉，并依此判决于2015年得到执行。本案的行为开始时间早于《刑法修正案（九）》的生效时间2015年11月1日，但是公诉机关于2018年3月13日向法院提起公诉，致使四被告人行为的定性上需要考虑溯及力的问题，即四被告人的行为是按照妨害作证罪定罪量刑还是按新罪名虚假诉讼罪处理。就虚假诉讼罪与妨害作证罪相比较而言，虚假诉讼罪与妨害作证罪的主刑最高刑期均为七年有期徒刑，但虚假诉讼罪的最低刑是管制或者单处罚金，妨害作证罪的最低刑则是拘役，故虚假诉讼罪系较轻的罪名。四被告人的行为无论是按照修正案还是之前的规定都属于犯罪，依据刑法从旧兼从轻的原则，四被告人的行为应该适用虚假诉讼罪，故辩护人提出的辩护意见没有法律依据，应不予采纳。

2. 孙某等四被告人构成共同犯罪的分工认定

虚假民事诉讼案件主要锁定在债权纠纷、物权纠纷、婚姻纠纷这三种类型上。婚姻案件中虚假民事诉讼多存在于离婚纠纷中，夫或妻一方为了多分夫妻共同财产与第三人进行恶意串通；或者一方为债务人，意图在法院执行分配中减少债务的清偿而与另一方虚构债权债务系。本案属于原告与被告串通损害他人合法权益的情形。本案中被害人卓某已经被法院宣告为无民事行为能力人，更为民事案件中单某某胜诉、孙某多分得婚姻中共同财产提供了更大的可能。

因为披着“合法的外衣”，及虚假诉讼行为自身的特性，虚假诉讼的案发情况经常是多个行为人进行共同犯罪的情形。成立虚假诉讼共同犯罪需要各行为人在主观上认识到正在进行虚假诉讼的实行行为，且各行为人之间存在犯意联络。具体到本案中，根据在案证据可以证实四被告人的行为构成虚假诉讼罪的共同犯罪，且都是共同犯罪中的实行犯。即孙某等四被告人均参与了“捏造事实”，孙某某与单某某、谢某签订了债权转让协议，陈某参与到倒账行为，都是正犯；均积极参与实施犯罪行为，起主要作用，均是主犯。就案件的证据来看，孙某在犯罪中起到的作用最大，指挥单某某、谢某和陈某如何实施犯罪，而这三人中陈某参与倒账的行为在共同犯罪中相较于他人又较小，为此在量刑上有所区分。

综上，孙某等四被告人在共同实行虚假诉讼罪的意思下，分担实行行为，相互利用，补充对方的行为，使各行为人的行为成为一个整体，成立共同犯罪，又因为被告人积极赔偿被害人的损失得到被害人及其家属的谅解和到案后如实陈述自己的罪行等酌定量刑情节，对被告人判处三年以下有期徒刑刑罚，并处罚金，实现社会效果和法律效果的统一。

编写人：南宁市西乡塘区人民法院　孙仁玲　李密

29

在法庭内进行的、与庭审密切相关的诉讼活动的秩序属于刑法意义上的法庭秩序

——潘某某等扰乱法庭秩序案

【案件基本信息】

1. 裁判书字号

江苏省镇江市中级人民法院（2018）苏11刑终113号刑事裁定书

2. 案由：扰乱法庭秩序罪

【基本案情】

2017年10月11日上午，镇江市中级人民法院在该院第十法庭公开开庭审理原告广东甲文化传播有限公司诉被告丹徒区乙超市侵害著作财产权纠纷案件，被害人即原告的委托诉讼代理人福建丙律师事务所律师彭某某、被告人即被告的经营者潘某某等人到庭参加诉讼。开庭前，法庭宣布了法庭纪律。当天中午12时许，当事人及诉讼代理人在法庭阅读庭审笔录期间，参与本庭庭审旁听人员被告人张某某、叶某某、黄某、胡某某等人未经准许进入审判区，与被告人潘某某一起殴打被害人彭某某，在法官谢毅某出面制止的情况下，上述被告人仍追打彭某某至隔壁第九法庭，将彭某某打倒在地，致法庭秩序严重混乱。

2017年10月19日、20日，被告人潘某某、叶某某分别被公安机关抓获。同

年10月30日、11月5日，被告人胡某某、黄某、张某某经电话通知，分别至公安机关投案。

【案件焦点】

庭审结束后诉讼参与人在等待阅读、签字庭审笔录期间殴打诉讼参与人，致使法庭秩序严重混乱，是否构成扰乱法庭秩序罪。

【法院裁判要旨】

江苏省镇江市京口区人民法院经审理认为：法庭是人民法院代表国家审理案件的专门场所。诉讼参与人、社会公众进入法庭，参与或者旁听案件审理，应当遵守法庭纪律，自觉维护法庭秩序，这是尊重法治权威、保障审判活动正常开展、保护法庭安全的当然要求，也是维护当事人诉讼权利的当然要求。毫无疑问，庭审活动属于法庭安全和法庭秩序的核心利益，同时围绕特定庭审活动而进行的、与庭审活动紧密相连的准备阶段、中间休庭阶段、等待阶段、评议阶段以及庭审结束后阅读庭审笔录阶段、法庭内人员离开法庭阶段，也属于我国刑法所要保护的法庭安全和法庭秩序范畴，仍然是扰乱法庭秩序罪所要保护的法益。本案中，五名被告人在审判长宣布庭审活动结束后，诉讼参与人等待阅读庭审笔录期间，不能控制情绪而大闹法庭，殴打诉讼参与人，且不听承办法官制止，继续追打诉讼参与人，属于侵害我国刑法所保护的法庭安全和法庭秩序的行为。五被告人的行为造成法庭秩序严重混乱，均构成扰乱法庭秩序罪。

江苏省镇江市京口区人民法院依据《中华人民共和国刑法》第三百零九条第二项，第二十五条第一款，第六十七条第一款、第三款，第七十二条第一款，第七十三条第二款、第三款之规定，判决如下：

一、被告人潘某某犯扰乱法庭秩序罪，判处有期徒刑一年六个月；

二、被告人张某某犯扰乱法庭秩序罪，判处有期徒刑一年二个月；

三、被告人叶某某犯扰乱法庭秩序罪，判处有期徒刑一年三个月；

四、被告人黄某犯扰乱法庭秩序罪，判处有期徒刑一年，缓刑一年四个月；

五、被告人胡某某犯扰乱法庭秩序罪，判处有期徒刑一年，缓刑一年。

上诉人潘某某、张某某、叶某某以量刑过重为由提出上诉。潘某某、叶某某的辩护人提出二上诉人的行为发生在审判活动结束之后、当事人与旁听人员离开法庭前的阶段，认定扰乱法庭秩序罪证据不足以及二上诉人构成自首的辩护意见。

江苏省镇江市中级人民法院经审理认为：扰乱法庭秩序不仅仅针对法官宣布开庭后的审理期间，也包括法庭上为开庭进行的各项准备工作及与庭审紧密相连的休庭等待、庭审结束后阅读笔录签字等阶段。上诉人潘某某、叶某某的行为均已构成扰乱法庭秩序罪。案发当天，公安机关接警后至现场将潘某某带至公安机关进行调查，叶某某亦与他人自行前往公安机关，但二人均未主动供述其参与殴打被害人的犯罪事实。后经公安机关进一步侦查，确定潘某某、叶某某等人系犯罪嫌疑人，抓获后其二人才如实供述了自己的罪行，其行为不符合自首成立的要件，不能认定为自首。原审判决认定事实清楚，证据确实充分，适用法律正确，量刑适当，审判程序合法。

江苏省镇江市中级人民法院依照《中华人民共和国刑事诉讼法》第二百二十五条①第一款第一项之规定，裁定如下：

驳回上诉，维持原判。

【法官后语】

本案的争议焦点在于庭审结束后诉讼参与人在等待阅读、签字庭审笔录期间殴打诉讼参与人致使法庭秩序严重混乱的行为，是否构成扰乱法庭秩序罪。

法庭秩序是指为了保障法庭开庭审理诉讼案件的各种活动得以正常顺利进行，要求诉讼参与人及旁听群众共同遵守和维护的秩序。严重干扰法庭秩序，是一种藐视国家权力、粗暴践踏法律的行为，不仅破坏法庭审理活动的正常进行，而且对诉讼参与人的人身安全和公私财产带来极大的威胁和损害。有鉴于此，《刑法修正案（九）》进一步扩展了扰乱法庭秩序犯罪的行为方式和行为对象，将“殴打诉讼参与人”等情形增加规定为犯罪，为严肃法庭纪律、提升司法权威提供有力保障，也加强了对诉讼参与人人身权利的保护。

但在司法实践中，针对扰乱法庭秩序罪的理解、适用还存在不同认识，一定程度上影响了对扰乱法庭秩序行为的打击力度和效果。本案中所反映出的关于法庭秩序的时空范围的认定便是其中之一。

1. 法庭秩序的时间范围。法庭秩序并不仅限于庭审秩序，还包括在法庭内进

---

① 对应现行《刑事诉讼法》第二百三十六条。

行的围绕庭审活动并与庭审活动密切相关的开庭准备、中途休庭、法庭宣判、阅签庭审笔录等相关诉讼活动的秩序。从文义解释的角度看，法庭秩序与庭审秩序不同，前者的涵义明显要广于后者，法庭秩序强调的是在法庭这一特定场所内进行相关审判活动时的秩序。从目的解释的角度看，保障庭审活动正常进行、保障诉讼参与人依法行使诉讼权利、方便公众旁听以及促进司法公正彰显司法权威是法庭秩序存在的目的。庭审秩序虽然是法庭秩序的核心，但如果将法庭秩序过分狭隘地限定或等同于庭审秩序，将法庭内进行的，与庭审活动密切相关的其他诉讼活动的秩序排除在法庭秩序之外，反而不利于该目的的实现。

2. 法庭秩序的空间范围。扰乱法庭秩序罪中的法庭，应当是指正在进行审判活动的法庭。其空间范围，既包括用于审理案件的正规的固定场所，如审判法庭等，也包括非正规的临时性审理案件场所，如巡回法庭、临时法庭；既包括设在室内的开庭场所，也包括设在室外的开庭场所，如公审使用的法庭。扰乱法庭秩序的行为既包括全部犯罪行为均发生在法庭之内，也包括部分行为发生在法庭之内，后又发展延续到法庭之外。

本案中，在审判长宣布庭审活动结束后诉讼参与人未离开原告审判席并在等待阅读、签字庭审笔录期间，系处于在法庭内进行的、与庭审密切相关的诉讼活动。潘某某等五人不能控制情绪而大闹法庭，未经准许进入审判区，且不听承办法官制止，殴打诉讼参与人，在诉讼参与人逃离到隔壁法庭后继续追打，严重侵害我国刑法所保护的法庭安全和法庭秩序，造成了恶劣影响。一、二审法院均认定潘某某等五人构成扰乱法庭秩序罪，体现了刑事审判打击违法犯罪、维护司法权威的使命职责。在量刑时，充分考虑到本案五名被告人的犯罪事实、情节及危害程度，作出罪责刑相适应的处罚。

编写人：江苏省镇江市中级人民法院　张云　王禹　姜莹莹

30

拒不执行判决、裁定罪中情节特别严重的认定

——陈宗某拒不执行判决案

【案件基本信息】

1. 裁判书字号

福建省泉州市中级人民法院（2018）闽05民终140号刑事裁定书

2. 案由：拒不执行判决罪

【基本案情】

被告人陈宗某与陈今某股权转让纠纷一案，福建省泉州市洛江区人民法院于2015年3月19日作出（2014）洛民初字第1323号民事判书，判决被告人陈宗某应支付陈今某股权转让款人民币（币种，下同）32.5万元及相关利息。判决后，被告人陈宗某不服，提起上诉。福建省泉州市中级人民法院于2015年8月6日作出（2015）泉民终字第2438号民事判决书，判决：驳回上诉，维持原判。该案已于2015年8月12日发生法律效力。又有，被告人陈宗某与吴超某、吴金某增资纠纷一案，泉州市洛江区人民法院于2015年6月17日作出（2015）洛民初字第96号民事判决书，判决陈宗某、吴超某应返还吴金某投资款161万元及利息。判决后，被告人陈宗某不服判决，提起上诉。泉州市中级人民法院于2015年11月10日作出（2015）泉民终字第4143号民事裁定书，裁定上诉人按自动撤诉处理，双方按原审判决执行。该裁定已于2015年12月17日发生法律效力。上述案件判决生效后，被告人陈宗某仅偿还陈今某5万元，尚有188.5万元还款义务未继续履行。

上述股权转让纠纷案的二审审理期间及增资纠纷案判决生效后，被告人陈宗某虚造购房交易的银行流水将其位于福建省泉州市丰泽区刺桐西路北段甲广场A幢×××室及A幢××车库分别于2015年9月6日、2015年9月28日与陈招某签订买卖合同并办理过户手续，将该房产和车库在名义上转移至陈招某名下，后授意陈招某于

2016年11月23日将该房产及车库以258万元的价格出售给王瀚某，实际出售所得均归其所有，能履行而未履行法院的上述生效判决，致使法院的判决无法执行。

【案件焦点】

被告人陈宗某的行为是否构成拒不执行判决罪中的情节特别严重。

【法院裁判要旨】

福建省泉州市洛江区人民法院经审理认为，被告人陈宗某对人民法院的判决有能力执行而拒不执行，情节特别严重，其行为已构成拒不执行判决罪。公诉机关指控成立。被告人陈宗某归案后能如实供述自己的犯罪事实，系坦白，依法可以从轻处罚。庭审时认罪态度较好，酌情从轻处罚。

福建省泉州市洛江区人民法院依照《中华人民共和国刑法》第三百一十三条第一款、第六十七条第三款的规定，作出如下判决：

被告人陈宗某犯拒不执行判决罪，判处有期徒刑三年，并处罚金五千元。

一审判决后，被告人陈宗某不服，提出上诉。

福建省泉州市中级人民法院经审理认为，上诉人陈宗某明知人民法院已作出的具有执行内容的判决、裁定发生法律后，其财产可能被人民法院强制执行，故意隐藏、转移财产，将其位于泉州市丰泽区刺桐西路北段甲广场A幢××××室和A幢××车库在名义上先行过户至其亲戚陈招某的名下，并在人民法院强制执行期间授意陈招某将上述房产出售，所得258万元款项归其所有并用于他用，导致188.5万元的债务无法归还，属于恶意转移财产，主观上系有能力履行而故意不履行人民法院的生效判决，客观上已造成具有执行内容的判决、裁定无法执行的严重后果，其行为符合拒不执行判决罪的构成要件，且根据其犯罪情节及造成的危害后果，应当认定为犯罪情节特别严重。原审法院根据案件的事实、情节作出判决，量刑适当，审判程序合法。

福建省泉州市中级人民法院依照《中华人民共和国刑法》第三百一十三条第一款、第六十七条第三款及《中华人民共和国刑事诉讼法》第二百二十五条[①]第一款第一项规定，裁定如下：

驳回上诉，维持原判。

---

① 对应现行《刑事诉讼法》第二百三十六条。

【法官后语】

拒不执行判决、裁定罪属情节犯，情节严重的才构成犯罪。为解决困扰法院工作、有损法院权威的执行难沉疴，加大对拒执犯罪的惩治力度，2015 年 8 月 29 日，全国人大常委会在通过的《刑法修正案（九）》对原《刑法》第三百一十三条进行了修改，除补充规定单位可以构成拒执罪外，增加了情节特别严重处三年以上七年以下有期徒刑这一量刑档次。

由于立法规定较为笼统，司法解释又未能及时对拒不执行判决、裁定罪中“情节特别严重”作出明确统一的裁判标准，导致如何认定情节特别严重成为实务中拒执罪案件审理的难点之一，各地对此掌握的标准不尽一致。

就福建省而言，福建省高级人民法院、福建省人民检察院、福建省公安厅于 2017 年 3 月 27 日联合印发《关于办理拒不执行判决、裁定刑事案件若干问题的指导意见》（闽高法〔2017〕80 号，以下简称《指导意见》）。该《指导意见》第八条规定：《全国人大常委会关于〈中华人民共和国刑法〉第三百一十三条的解释》及《最高人民法院关于审理拒不执行判决、裁定刑事案件适用法律法律若干问题解释》关于“有能力执行而拒不执行，情节严重”情形中规定“致使判决、裁定无法执行的”包括以下情形：“（一）被执行人隐藏、转移、故意毁损或者无偿转让财产额达到执行标的额的 10%，但个人未达到 5 万元、单位未达到 25 万元的除外；……（五）其他致使判决、裁定无法执行的拒不执行行为。”同时规定，“拒不执行判决、裁定，情节特别严重的”，可参照上述“情节严重”数额标准的五倍执行。本案中，被告人陈宗某被执行标的总额为 188.5 万元，恶意转移财产额为 258 万元，且该转移财产额达到执行标的额 136.9%，符合《指导意见》规定的情节特别严重情形。一审、二审法院综合考虑被告人陈宗某的犯罪事实、危害程度等以“情节特别严重”对其判处有期徒刑三年，并处罚金五千元，属于罚当其罪，彰显了法律的权威，具有重要的导向作用。

值得一提的是，2018 年 7 月 23 日，福建省高级人民法院、福建省人民检察院、福建省公安厅对《指导意见》进行了修改，上述第八条第一项五倍执行的“情节特别严重”情形之内容经修改后，成为第十八条第一项第一款规定：“被执行人隐藏、转移、故意毁损或者无偿转让财产额达到执行标的额的 30%，但个人未达 25 万元、单位未达 100 万元的除外。”两相比较，在隐藏、转移、故意毁损或者无偿转让财产额占执行标的额问题上，新《指导意见》调低了该情形由“情节严重”升级进档为“情节特别严重”的要求，由原来的五倍标准降为现在的“三倍”（30%）标准。而在《最高人民法院、最高人民检察院关于办理危害计算机信息系统安全刑事案件应用法律若干问题的解释》《最高人民法院、最高人民检察院关于办理非法采矿、破坏性采矿刑事案件适用法律若干问题的解释》《最高人民法院、最高人民检察院、公安部、国家安全部关于依法办理非法生产销售使用“伪基站”设备案件的意见》等多部司法解释中，均有达到“情节严重”的数量、数额五倍以上的应当认定为“情节特别严重”的相关规定，故上述调整是否符合司法实际和预期，值得商榷。为此，建议最高人民法院尽快出台相关司法解释加以规范，以统一拒不执行判决、裁定罪“情节特别严重”的裁判尺度。

编写人：福建省泉州市洛江区人民法院　林前枢　戴宇楠

31

执行案件中被执行人先行履行其他债务行为性质的认定

——陈绪某拒不执行判决、裁定案

【案件基本信息】

1. 裁判书字号

湖北省宜昌市中级人民法院（2019）鄂0502刑终13号刑事裁定书

2. 案由：拒不执行判决、裁定罪

【基本案情】

马晓某及其妻子张某诉陈绪某民间借贷纠纷一案，宜昌市西陵区人民法院于2016年8月1日以（2016）鄂0502民初834号民事判决书判决陈绪某偿还马晓某、张某借款本金692500元及相应利息。上述判决生效后，经马晓某申请，宜昌市西陵区人民法院向陈绪某下达了（2016）鄂0502执1007号执行裁定书，但陈绪某仍不履行判决确定的义务。

2017年11月1日，陈绪某与刘某为儿子办周岁酒宴，陈绪某共收取礼金29万元。上述礼金中，刘某拿走9万元，其余被陈绪某用于餐费、烟酒、住宿、娱乐等宴席开支之后，又付了熊启某租金6万元，剩余2万余元被陈绪某用于消费。

2017年11月16日，宜昌市西陵区人民法院以陈绪某涉嫌拒不执行人民法院生效判决、裁定罪为由，作出（2016）鄂0502执1007号《移送公安机关侦查函》，将案件相关材料移送宜昌市公安局西陵区分局。2018年2月1日，宜昌市公安局西陵区分局决定不予立案。自诉人马晓某遂向宜昌市西陵区人民法院提起自诉，要求以拒不执行判决、裁定罪追究被告人陈绪某的刑事责任。

【案件焦点】

执行案件中被执行人先行履行其他债务的行为如何认定，以及这一行为是否符合《全国人民代表大会常务委员会关于〈中华人民共和国刑法〉第三百一十三条的解释》所规定的“有能力执行而拒不执行，情节严重”的情形，是否可以认定为拒不执行判决、裁定罪。

【法院裁判要旨】

湖北省宜昌市西陵区人民法院经审理认为，陈绪某作为被执行人有能力执行而拒不执行，情节严重，其行为已构成拒不执行判决、裁定罪。马晓某指控的罪名成立。陈绪某作为马晓某诉陈绪某民间借贷纠纷一案中的被执行人，法院已判决陈绪某应在判决生效后十五日内偿还马晓某借款692500元及相应利息，法院生效判决一经做出即发生强制性的法律效力，相比其他普通债务而言具有强制性和优先性。在该案进入强制执行阶段后，陈绪某收取礼金后剩余8万余元完全有能力执行法院判决、裁定，其明知应当履行法院生效判决、裁定，而将该款用于其他个人消费性支出及偿还他人债务，其行为已严重妨害了正常的司法秩序，属于对人民法院的判决、裁定“其他有能力执行而拒不执行，情节严重的情形”。马晓某诉陈绪某民间借贷纠纷一案在强制执行阶段，本院已将陈绪某涉嫌拒不执行判决、裁定罪的相关线索移交公安机关侦查，公安机关不予立案出具《不予立案通知书》，马晓某以陈绪某的行为侵犯自己的财产权利为由提起自诉并提交了相关证据，符合《中华人民共和国刑事诉讼法》关于自诉案件受理条件的相关规定。

湖北省宜昌市西陵区人民法院依照《中华人民共和国刑法》第三百一十三条、

第六十七条第三款及《全国人民代表大会常务委员会关于〈中华人民共和国刑法〉第三百一十三条的解释》第二款第五项规定，作出如下判决：

被告人陈绪某犯拒不执行判决、裁定罪，判处有期徒刑一年。

马晓某以原判认定被告人陈绪某犯罪数额错误，遗漏量刑情节，判处的刑罚畸轻为由提出上诉。

陈绪某以原判认定事实错误，量刑过重为由提出上诉。

陈绪某的辩护人提出以下辩护意见：陈绪某家庭困难，没有稳定的经济收入，本案证据不能充分证明其本人具有执行能力。陈绪某被司法拘留后，主动将一辆奥迪牌轿车移交法院处理，未隐瞒或转移财产。法院判决确认的债权不具优先性，其履行债务没有先后顺序。

湖北省宜昌市中级人民法院经审理认为：原判事实清楚，定罪准确，量刑适当，应予维持。

湖北省宜昌市中级人民法院依照《中华人民共和国刑法》第三百一十三条、第六十七条第三款及《全国人民代表大会常务委员会关于〈中华人民共和国刑法〉第三百一十三条的解释》第二款第五项，《最高人民法院关于审理拒不执行判决、裁定刑事案件适用法律若干问题的解释》第一条、第二条第八项，《中华人民共和国刑事诉讼法》第二百三十六条第一款第一项之规定，裁定如下：

驳回上诉，维持原判。

【法官后语】

拒不执行判决裁定罪是指对人民法院的判决、裁定有能力执行而拒不执行，情节严重的行为。何为情节严重，何种情况下构成刑事犯罪，《全国人民代表大会常务委员会关于〈中华人民共和国刑法〉第三百一十三条的解释》对本罪的“情节严重”做出了明确解释。具体到本案，被告人陈绪某作为与马晓某民间借贷纠纷一案中的被执行人，在该案强制执行期间举办喜宴收取29万元部分用于偿还他人债务，部分用于支付房租，部分用于婚礼当天消费和开支。本案关键在于被告人陈绪某的上述行为是符合《全国人民代表大会常务委员会关于〈中华人民共和国刑法〉第三百一十三条的解释》所规定的“有能力执行而拒不执行，情节严重”的情形。因陈绪某的行为并不符合上述解释中第一项至第四项规定的情形，是否能够按照解释的第五项兜底条款规定的“其他有能力执行而拒不执行，情节严重的情形”定罪，合议庭产生了分歧。一种意见认为，陈绪某收取的礼金均用于正常开支、消费和偿还真实债务，并无逃匿、隐藏、转移财产等情节严重的行为，虽然其作为被执行人有履行法院生效判决确定债务的义务，但法院判决确定的债务与其他正常开支和正常债务相比，是否具有“优先受偿权”法律上并无明确规定，故被告人陈绪某的行为不构成犯罪。另外一种意见认为，陈绪某的行为已经达到了上述解释中“其他有能力执行而拒不执行，情节严重的情形”。法院生效判决一经做出即发生强制性的法律效力，相比其他普通债务而言有强制性和优先性，在该案进入强制执行阶段后，陈绪某收取了29万余元的礼金，完全有能力执行法院判决、裁定，在其明知应当履行法院生效判决、裁定的情况下，却将该款用于其他消费性支出或者偿还他人债务，其行为已严重妨害了正常的司法秩序，属于对人民法院的判决、裁定“其他有能力执行而拒不执行，情节严重的情形。”

笔者同意合议庭第二种意见。(1) 法院生效判决裁定确定的债权具有权威性，确定性。人民法院是代表国家行使审判权的唯一机关，经过法院生效判决确定的债务受法律保护，是人民法院以事实和法律为依据作出的判决，任何人无权改变，当事人必须遵照法院生效判决确定的内容履行各自义务。而普通债权债务仅是通过当事人之间口头或者书面协商确立的，可以随时补充、修改、撤销，甚至可能无效，普通债务无论在形式上或者效力上均具有随意性和不确定性，亦无对外公示效力。(2) 法院生效判决确定的债权具有强制执行力。法院的判决生效后，对不履行债务的当事人，法律赋予了债权人可以通过申请强制执行的手段执行被执行人的财产，通过司法机关来帮助债权人实现自己的债权，维护自身利益。而普通债权只能靠当事人之间自行协商来完成双方各自的权利义务，不具有强制性，发生纠纷后需要诉诸法院或者仲裁解决。(3) 法院生效判决确定的债权相对于普通债权来说应当具有优先性。也正是因为前述两个特点，法院生效判决确认的债权是司法机关确认的受法律保护的债权，在债务人履行债务时尤其是进行强制执行阶段后，亦应当首先将财产优先用于偿还法院生效判决确定的债务，这也是被执行人应当履行的法定义务。否则，所有被执行人均可以此方式选择性偿还债务，当事人申请强制执行也无实际意义，其债权是否能得到偿还或者能否全部得到偿还完全取决于被执行人意愿，导致法院生效判决无法得到切实有效的执行，严重影响司法判决的权威性。

编写人：湖北省宜昌市西陵区人民法院　彭军

（三）妨害国（边）境管理罪

32

对组织他人偷越国（边）境人数较多的认定

——罗某某等组织他人偷越国（边）境案

【案件基本信息】

1. 裁判书字号

云南省红河哈尼族彝族自治州中级人民法院（2018）云25刑终143号刑事裁定书

2. 案由：组织他人偷越国（边）境罪

【基本案情】

2017年2月8日，被告人罗某某、三某某组织19名缅甸籍人员想到中国广东打工，准备偷渡入境中国；同日罗某某与被告人赵某电话联系，罗某某等21人入境至中国清水河后由赵某安排车辆将罗某某等21人送至广东。2月9日，罗某某、三某某组织19名缅甸籍人员偷渡入境至清水河后，赵某联系周某某（另案处理）安排他人驾驶车辆将罗某某等21人送往昆明。2月10日，罗某某等21人被送至昆明，并由赵某安排入住于赵某经营的甲招待所。2月10日20时许，赵某联系张某某安排罗某某等21人坐上昆明至广东的客车。2月11日1时许，该客车行至弥勒市腻落江服务区时被查获。

【案件焦点】

三名被告人是否应认定为组织他人偷越国境“人数众多”的情形。

【法院裁判要旨】

云南省开远市人民法院经审理认为：组织他人偷越国（边）境罪是指领导、策划、指挥他人偷越国（边）境或者在首要分子指挥下，实施拉拢、引诱、介绍他人偷越国（边）境的行为。本案被告人罗某某、三某某、赵某违反国家出入国（边）境管理法规，非法组织他人偷越我国国（边）境，其行为均已触犯了法律，依法应予以惩处。公诉机关指控的事实清楚、证据确实充分、定性准确，本院予以支持。被告人罗某某、三某某在本案中起主要作用，系主犯。被告人赵某对本案偷越国（边）境行为起辅助作用，系从犯，依法可以从轻或减轻处罚。被告人罗某某、三某某在服务区被排查过程中主动供述自己没有护照，偷渡到中国的犯罪事实并且在原地等候公安机关的处罚，应认定为自首，依法对其减轻处罚。辩护人提出被告人赵某无罪的辩护观点，于法无据，本院不予采信。为维护国家边境的安全及正常工作秩序，依法惩治犯罪，根据被告人罗某某、三某某、赵某的犯罪事实、性质、情节以及对社会的危害程度，云南省开远市人民法院依照《中华人民共和国刑法》第三百一十八条第一款第二项、第二十五条第一款、第二十六条第一款、第二十七条、第五十二条、第五十三条、第六十七条第一款、第六十四条、第三十五条之规定，判决如下：

一、被告人罗某某犯组织他人偷越国（边）境罪，判处有期徒刑三年，并处罚金人民币15000元，款于判决生效之日一次性缴纳；被告人罗某某刑满释放后驱逐出境；

二、被告人三某某犯组织他人偷越国（边）境罪，判处有期徒刑二年，并处罚金人民币10000元，款于判决生效之日一次性缴纳；被告人三某某刑满释放后驱逐出境；

三、被告人赵某犯组织他人偷越国（边）境罪，判处有期徒刑二年，并处罚金人民币10000元，款于判决生效之日一次性缴纳；

四、随案移送赃款人民币7050元，依法没收，上缴国库。

云南省开远市人民检察院抗诉提出：1. 被告人罗某某、三某某乘坐昆明开往广州的客车行至弥勒市腻落江服务区时因超载被查获后，先后经客运中心工作人员询问和公安民警盘问均沉默，直至弥勒市公安局出入境管理大队民警到场进行人身检查发现罗某某、三某某等乘客身上携带的缅甸国身份证件而再次盘问后，罗某某才表明其等二十一人系缅甸国人，后在被拘留审查过程中罗某某、三某某才供述二人组织他人偷越国（边）境的事实。罗某某、三某某虽如实供述犯罪事实，但无投案的主动性和自愿性，不符合法律关于认定自首的相关规定。一审法院认定被告人罗某某、三某某构成自首属认定事实及适用法律错误。2. 本案三名被告人系共同犯罪，在实施犯罪过程中分工不同，但都必不可少，因此本案不宜区分主、从犯。原判对本案三名被告人区分主、从犯属认定事实及适用法律错误。3. 根据《中华人民共和国刑法》第三百一十八条第一款第二项的规定，组织他人偷越国（边）境人数众多的，处七年以上有期徒刑或者无期徒刑，并处罚金或者没收财产。最高人民法院、最高人民检察院《关于办理妨害国（边）境管理刑事案件应用法律若干问题的解释》第一条规定：组织他人偷越国（边）境人数在十人以上的，应当认定为刑法第三百一十八条第一款第二项规定的“人数众多”。本案被告人罗某某、三某某、赵某组织偷越中缅边境的人数为十九人，为人数众多，依法应在有期徒刑七年以上进行量刑，一审对三被告人的量刑明显畸轻。4. 原判对被告人三某某刑期计算错误。本案判决书第二项判决：被告人三某某犯组织他人偷越国（边）境罪，判处有期徒刑二年，并处罚金人民币10000元，款于判决生效之日一次性缴纳；被告人三某某刑满释放后驱逐出境（刑期从判决执行之日起计算。判决执行之前先行羁押的，羁押一日折抵刑期一日，即自2017年3月2日起至2019年2月19日止，原羁押9日已折抵刑期）。本案中，弥勒市公安局于2017年2月11日对被告人三某某作出拘留审查决定，并于同年3月2日转为刑事拘留。根据《中华人民共和国行政处罚法》第二十八条第一款的规定，拘留审查时间应当折抵计算在刑期内，故被告人三某某的刑期应当为“自2017年2月11日起至2019年2月10日止”。综上，开远市人民法院（2018）云2502刑初1号判决书认定事实及适用法律错误，对被告人量刑畸轻，刑期计算错误，请予纠正。红河州人民检察院出庭履行职务的检察员发表履职意见，认为被告人罗某某经盘查供述他们是缅甸人没有护照，在拘留审查期间罗某某、三某某如实供述了组织他人偷越国（边）境的犯罪事实，可视为自首；被告人赵某系本案从犯；原审未认定本案三名被告人组织他人偷越国（边）境“人数众多”，对被告人罗某某、三某某、赵某量刑畸轻，对被告人三某某的刑期计算错误，建议二审依法予以纠正。

原审被告人（上诉人）赵某上诉提出：罗某某与其联系时未说明自己的国籍身份，不知道罗某某等人是外国人，自己也没有进行相关组织他人偷越边境的行为。

辩护人杨成某认为，赵某是在不明知罗某某等人是缅甸人的情况下帮罗某某等人安排前往广东打工的车子，其时罗某某、三某某组织他人偷越边境的行为已经发生，不能认定赵某有罪；赵某在本案中系从犯，但一审对其判处刑罚与主犯三某某一致，明显对赵某量刑过重。

云南省红河哈尼族彝族自治州中级人民法院经审理认为：上诉人（原审被告人）赵某、原审被告人罗某某、三某某违反我国国家出入国（边）境管理法规，非法组织他人偷越我国国（边）境，人数众多，其行为均已构成组织他人偷越国（边）境罪。在共同犯罪中，原审被告人罗某某、三某某起主要作用，系主犯；上诉人赵某起辅助作用，系从犯，依法应当从轻、减轻处罚。罗某某、三某某在被采取强制措施但公安机关尚未掌握其犯罪事实前即供述组织他人偷越国（边）境的犯罪事实，可视为自首，依法可从轻、减轻处罚。经查，罗某某、张某某均证实上诉人赵某明知罗某某等人是没有护照的缅甸人，且罗某某与赵某联系时已告知对方自己是在缅甸，需入境到中国广东，赵某依然实施了联系车辆、安排入住等一系列行为，故上诉人赵某关于"罗某某与其联系时未说明自己的国籍身份，不知道罗某某等人是外国人，自己也没有进行相关组织他人偷越边境的行为"的上诉理由和辩护人杨成某关于"赵某是在不明知罗某某等人是缅甸人的情况下帮罗某某等人安排前往广东打车的车子，其时罗某某、三某某组织他人偷越边境的行为已经发生，不能认定赵某有罪"的上诉理由和辩护意见，与本院查明事实及国家法律规定不符，本院不予采纳。本案三名被告人组织十九人偷越国（边）境，根据最高人民法院、最高人民检察院《关于办理妨害国（边）境管理刑事案件应用法律若干问题的解释》第一条之规定，应当认定为刑法第三百一十八条第一款第二项规定的"人数众多"，抗诉机关关于原审未认定本案被告人组织他人偷越国（边）境"人数众多"的抗诉意见成立，本院予以采纳。但经查明，罗某某、三某某组织他人偷越边境的目的是到中国广东打工，原审充分考虑本案犯罪事实、情节及社会危害性对三被告人所作量刑并无不当。抗诉机关关于原审对本案区分主、从犯，认定罗某某、三某某成立自首属认定事实及适用法律错误，对三被告人量刑畸轻的抗诉意见均不能成立，本院不予采纳。原审对被告人三某某刑期计算有误，但不属于案件事实认定和适用法律及审判程序错误，应由一审裁定更正。

综上，原审认定事实清楚、适用法律正确、量刑适当。审判程序合法。据此，依照《中华人民共和国刑事诉讼法》第二百二十五条[①]第一款一项之规定，裁定如下：

驳回上诉，维持原判。本裁定为终审裁定。

【法官后语】

组织他人偷越国（边）境罪，是指非法组织他人偷越国（边）境的行为。其构成要件是：(1) 本罪主体是一般主体，没有国别和居住地限制，可以是中国人也可以是外国人。(2) 主观方面表现为直接故意，一般是以营利为目的，但是不以牟利为构成要件。(3) 本罪侵犯的客体是国家对国（边）境的正常管理秩序。(4) 客观方面表现为非法组织他人偷越国（边）境的行为。根据2012年《最高人民法院关于审理组织、运送他人偷越国（边）境等刑事案件适用法律若干问题的解释》第一条规定，是指领导、策划、指挥他人偷越国（边）境或者在首要分子的指挥下，实施拉拢、引诱、介绍他人偷越国（边）境。组织，一般表现为煽动、串联、拉拢、策划、联络他人偷越国（边）境以及为偷越进行准备、制造条件的行为。例如，安排运输工具、拟定具体行动路线、确定偷越时间、为偷越行为出谋划策等。

本案争议的焦点是三名原审被告人是否应认定为组织他人偷越国境人数众多。《出境入境边防检查条例》、《外国人入境出境管理法》和《公民出境入境管理法》等一系列法律法规均明确规定，任何人出入我国国（边）境，必须依照法律规定，履行必要的申办手续，经有关部门签发出入国（边）境的证件，在规定的时间、地点出入我国国（边）境。可见，组织他人偷越国边境中的“偷越”行为既包括未经办理有关出国、出境证件和手续在未设关口处秘密越境的情形，也包括使用伪造、变造证件或骗取合法证件作非法用途如以非法劳务为目的使用旅游签证等其他欺骗手段在规定口岸、关卡蒙混出境的情形，其本质是在不具备法律规定的具体出入境条件的情况下，以欺骗手段越境，侵犯了国（边）境管理秩序，属于偷越国（边）境行为的一种。因此，对于组织者而言，实施上述组织他人偷越国边境的行为即构成组织他人偷越国（边）境罪。在本案中，上诉人（原审被告人）赵某、原审被告人罗某某、三某某主观上基于组织19名缅甸籍人员到中国广东打工的目的，客观上实施了组织、运输缅甸籍人员进入内地的行为。故对罗某某、三某某、

① 对应现行《刑事诉讼法》第二百三十六条。

赵某三人应以组织他人偷越国（边）境罪定罪处罚且组织他人偷越国境人数为19人。根据《最高人民法院、最高人民检察院关于办理妨害国（边）境管理刑事案件应用法律若干问题的解释》第一条之规定，组织他人偷越国（边）境人数在10人以上的，应当认定为刑法第三百一十八条第一款第二项规定的“人数众多”。二审在认定三名原审被告人组织他人偷越国（边）境人数众多的基础上，基于考虑三名原审被告人具有法定从宽处罚情节，一审量刑并无不当，所以维持原判。

编写人：云南省红河哈尼族彝族自治州中级人民法院　王立峰

（四）危害公共卫生罪

33

取得乡村医生执业资格但行医行为超出执业许可证所确定执业范围的认定

——王在某被诉非法行医宣告无罪案

【案件基本信息】

1. 裁判书字号

天津市第二中级人民法院（2018）津02刑终331号刑事裁定书

2. 案由：非法行医罪

【基本案情】

被告人王在某于2004年取得乡村医生执业证书。2010年经河北省沧县卫生局许可在沧县崔尔庄镇前乔庄村经营沧县崔尔庄镇前乔庄卫生室，诊疗科目为内科，具有收费资格。2014年6月，被告人王在某来到天津市东丽区华明街甲小区，租赁××号楼×门101室经营乙诊所，开展诊疗活动。12月12日，被害人谷吉某先后两次到王在某经营的诊所就诊，王在某使用了盐酸林可霉素、替硝唑氯化钠注射液、5%葡萄糖注射液、地塞米松磷酸钠注射液、维生素C注射液等药物为其打针、输液治疗。治疗后17时30分许谷吉某回到家中。当晚18时30分许，被告人谷吉某在家中晕倒，后经抢救无效死亡。经鉴定，被害人谷吉某系冠心病发作导致猝死，死者生前使用的盐酸林可霉素、替硝唑氯化钠注射液、5%葡萄糖注射液、地塞米松磷酸钠注射液、维生素C注射液等药物和谷吉某的死亡没有直接关系，但王在某的诊疗行为及用药不规范（无病历记录、未行相应检查、无用药记录、未明确诊断），在客观上对谷吉某的死亡起到了延误诊断和治疗的作用。

另查明，被害人谷吉某为本市非农业人口，其家庭成员有妻子许振某、长子谷某旺、长女谷某君。为抢救被害人和进行鉴定，其家属支付医疗费516元、尸检费6000元。

【案件焦点】

对于已经取得乡村医生执业资格的人，未向卫生行政部门注册，未取得《医疗机构执业许可证》，即擅自行医并造成就诊人死亡的，是否构成非法行医罪。

【法院裁判要旨】

天津市东丽区人民法院经审理认为：被告人王在某于2004年取得乡村医生执业证书，在批准的执业地点行医。2014年，被告人王在某离开执业地点来到天津市东丽区华明街行医，但未在东丽区卫生行政管理部门注册，未取得《医疗机构执业许可证》。根据2008年5月9日施行的最高人民法院《关于审理非法行医刑事案件具体应用法律若干问题的解释》第一条第二项规定：个人未取得《医疗机构执业许可证》开办医疗机构的，应认定为“未取得医生执业资格的人非法行医”，按照该解释的规定，被告人王在某的行为构成犯罪。2016年最高人民法院做出了修改该解释的决定，删除了该解释第一条第二项，本着从旧兼从轻的原则，对被告人王在某未取得《医疗机构执业许可证》开办医疗机构的行为，不应认定为“未取得医生执业资格的人非法行医”。我国刑法规定，未取得医生执业资格的人非法行医，情节严重的，构成非法行医罪。该罪的犯罪主体为未取得医生执业资格的人。被告人王在某已取得乡村医生执业证书，具有医生执业资格，具备一定的医学知识并多年从事医疗活动，不符合非法行医罪主体方面的要求，其行为不构成非法行医罪。

虽然被告人王在某的上述行为不构成犯罪，但是由于被告人王在某的诊疗行为对被害人的死亡有延误诊断和治疗的责任，故应对被害人家属因此遭受的合理经济损失承担相应的过错责任，结合本案的情况，法院确定由王在某承担10%的民事责任。

综合以上分析，根据《中华人民共和国刑事诉讼法》第一百九十五条第二项、《中华人民共和国侵权责任法》第六条、第十五条第六项，《最高人民法院〈关于审理人身损害赔偿案件适用法律若干问题的解释〉》第十七条、第十九条、第二十二条、第二十七条、第二十八条、第二十九条之规定，判决如下：

一、被告人王在某无罪；

二、被告人王在某于本判决生效后十日内赔偿刑事附带民事诉讼原告人许振某、谷某旺、谷某君经济损失人民币81165.1元。

原审被告人王在某、原审附带民事诉讼原告人许振某、谷某旺、谷某君不服，均提出上诉。天津市东丽区人民检察院提出抗诉。

天津市第二中级人民法院经审理认为：天津市人民检察院第二分院撤回抗诉的要求，符合法律规定；鉴于王在某申请撤回上诉，应予准许。裁定准许王在某撤回上诉，准许天津市人民检察院第二分院撤回抗诉。

【法官后语】

本案的关键在于三个问题：一是被告人王在某取得的乡村医生执业证书，是否属于刑法所规定的取得医生执业资格；二是若被告人王在某取得了医生执业资格，其超出执业许可证所确定的执业范围的行医行为是否属于非法行医；三是若确定被告人王在某的行医行为属于非法行医，该非法行医行为属于行政违法还是刑事违法。上述三个问题是层层递进的。

关于第一个问题。在现行医疗方面的行政管理规范中，很难找到医生执业资格这个名词。但对于医师的规定，主要有两个规定，即《执业医师法》和《乡村医生从业管理条例》。《执业医师法》第八条第二款规定："医师资格统一考试的办法，由国务院卫生行政部门制定。医师资格考试由省级以上人民政府卫生行政部门组织实施。"其效力及于全国范围内。而《乡村医生从业管理条例》第三条第二款规定："县级以上地方人民政府卫生行政主管部门负责本行政区域内乡村医生的管理工作。"其效力仅限于本县范围内。结合《乡村医生从业管理条例》第十五条的规定："乡村医生经注册取得执业证书后，方可在聘用其执业的村医疗卫生机构从事预防、保健和一般医疗服务。未经注册取得乡村医生执业证书的，不得执业。”可以分析出，乡村医生取得执业证书后，应当具备执业资格，但还不能明确是否属于具有医生执业资格的人。非法行医罪的典型主体是没有医师资格的人从事医疗服务活动。根据最高人民法院2016年12月16日发布的《最高人民法院关于审理非法行医刑事案件具体应用法律若干问题的解释》，该罪的犯罪主体还包括“未取得或者以非法手段取得医师资格从事医疗活动的；被依法吊销医师执业证书期间从事医疗活动的；未取得乡村医生执业证书，从事乡村医疗活动的；家庭接生员实施家庭接生以外的医疗行为的。”其中与本案相关的是第三种类型，即未取得乡村医生执业证书，从事乡村医疗活动的。而已经取得乡村医生执业证书的人就不构成非法行医罪。结合本案，被告人王在某属于已经取得了乡村医生执业证书的人，应当排除在非法行医的主体范围之外。通过上述三个法律、法规和司法解释的规定，可以总结出具有医生执业资格的人包括三类：一是取得执业医师资格的人；二是取得执业助理医师资格的人；三是取得乡村医生执业资格的人。结合本案，被告人王在某在诊所内接受和治疗的病人并未超出其审核核定的科目和门类。综上，已经取得乡村医生执业证书的被告人，不属于未取得医生执业资格的人。

关于第二个问题。首先，沧县卫生局给被告人颁发的《医疗机构执业许可证》允许其在河北省沧州市崔尔庄镇乔庄行医，而其在天津行医时并未得到当地卫生局的准许。其次，从被告人用药来看，并未超出其诊疗科目。而且，本案的另一关键点在于被害人死亡与被告人的诊疗行为没有因果关系。最后，2001年最高人民法院就非法行医主体问题向卫生部进行过咨询。卫生部在复函中明确指出，“除随急救车出诊或随采血车采血、对病人实施现场急救、经批准的家庭病床、卫生支农、承担政府交办任务的及卫生部门批准义诊情况外，乡村医生超出其申请执业地点的，应视为非法行医。”按照卫生部的回复，可见被告人的跨区域行医的行为属于非法行医行为。因此，被告人王在某应当受到行政处罚而非刑事处罚。

关于第三个问题。2008年4月28日最高人民法院审判委员会通过《关于审理非法行医刑事案件具体应用法律若干问题的解释》，2016年12月16日最高人民法院通过了《最高人民法院关于修改〈关于审理非法行医刑事案件具体应用法律若干问题的解释〉的决定》，取消了“（二）个人未取得《医疗机构执业许可证》开办医疗机构的”情形。由此可见，有行医资格的乡村医生跨区域行医属于行政违法行为。换个角度，违法行为分为行政违法和刑事违法两种。刑事违法属于犯罪构成要件（社会危害性、刑事违法性、应受惩罚性）之一。从《刑法》第三百三十六条规定来看，非法行医罪的刑事违法性必须是“未取得医生执业资格的人”，这个问题已在第一个问题中加以解决，即应视为被告人是具备医生执业资格的人。因此，被告人违反行医范围的行为属于违反行政管理法规的行为，不能据此认定为犯罪。

编写人：天津市东丽区人民法院　王立鑫

（五）破坏环境资源保护罪

34

造成生态环境特别严重损害的认定

——温州市某环保工程有限公司等污染环境案

【案件基本信息】

1. 裁判书字号

浙江省青田县人民法院（2018）浙 1121 刑初 221 号刑事附带民事判决书

2. 案由：污染环境罪

【基本案情】

青田某污水处理有限公司（以下简称青田某公司）委托温州市某环保工程有限公司（以下简称温州某公司）负责处理某电镀园区的污水处理。2018 年 3 月 9 日至 2018 年 4 月 27 日期间，经温州某公司法定代表人覃某、股东李某商议决定，与温州某公司委派至青田某公司的厂长徐某、车间主任周某合伙以偷接管道的方式将污水排放至瓯江，累计排放量达 33393.8 吨。经对现场废水采集检测，均远超过《电镀污染物排放标准》，其中总铬浓度最高超过国家规定达标排放标准的 913 倍，总镍浓度最高超过国家规定达标排放标准的492倍，总铜浓度最高超过国家规定达标排放标准的1300倍。2018年7月6日，绍兴市环保科技服务中心评估认定被告人排放至瓯江水系的废水与青田某公司废水中的污染物具有同源性，经核算违法排放废水造成的生态环境污染损害数额为265.6477万元。

【案件焦点】

被告单位、被告人污染环境行为是否属于后果特别严重。

【法院裁判要旨】

浙江省青田县人民法院经审理认为：被告单位温州某公司为节约成本，非法排放含严重超标重金属的有毒废水，且造成生态环境特别严重损害，后果特别严重；被告人覃某、徐某、周某、李某共同商议非法排放有毒废水，作为直接负责的主管人员和其他直接责任人员，其行为均已构成污染环境罪。被告人李某前往公安机关提供材料时如实供述了自己的犯罪事实，是自首，且其在单位犯罪中所起的作用相对较小，依法予以从轻处罚并适用缓刑。被告人覃某、徐某、周某归案后在后面的供述中如实供述犯罪事实，庭审中认罪态度较好，依法予以从轻处罚。被告单位的犯罪行为损害了社会公共利益，除应负刑事责任外，对其犯罪行为造成的生态环境损害，依法应承担侵权责任。被告青田某公司作为排污主体，负有依法排污的责任，其对被告单位委托运营期间污染环境行为造成的损害应承担连带责任。附带民事公益起诉人要求被告青田某公司、温州某公司连带赔偿生态环境损害费265.6477万元、并承担鉴定评估费10万元的诉讼请求，予以支持。

浙江省青田县人民法院依据《中华人民共和国刑法》第三百三十八条，第三百四十六条，第二十五条第一款，第六十七条第一款、第三款，第五十二条，第七十二条，第七十三条第二款、第三款，第三十七条之一，《最高人民法院、最高人民检察院关于办理环境污染刑事案件适用法律若干问题的解释》第三条第六项，《中华人民共和国水污染防治法》第十条、第三十九条，《中华人民共和国环境保护法》第四十二条第四款、第六十四条，《中华人民共和国侵权责任法》第四条、第十五条、第六十五条、第六十八条，《中华人民共和国民事诉讼法》第五十五条第二款和《最高人民法院、最高人民检察院关于检察公益诉讼案件适用法律若干问题的解释》第二十条规定，作出如下判决：

一、被告单位温州市某环保工程有限公司犯污染环境罪，判处罚金人民币70万元；

二、被告人覃某犯污染环境罪，判处有期徒刑五年，并处罚金人民币15万元；

三、被告人徐某犯污染环境罪，判处有期徒刑四年，并处罚金人民币6万元；

四、被告人周某犯污染环境罪，判处有期徒刑三年六个月，并处罚金人民币4万元；

五、被告人李某犯污染环境罪，判处有期徒刑三年，缓刑五年，并处罚金人民币10万元；

六、禁止被告人覃某、徐某、周某自刑罚执行完毕之日或者假释之日起三年内从事污水处理及相关经营性活动；禁止被告人李某在缓刑考验期限内从事污水处理及相关经营性活动；

七、被告单位温州市某环保工程有限公司、被告青田某污水处理有限公司于本判决生效后十日内连带赔偿生态环境损害费265.6477万元，并支付鉴定评估费10万元，共计275.6477万元。

【法官后语】

《刑法》第三百三十八条规定，违反国家规定，排放、倾倒或者处置有放射性的废物、含传染病病原体的废物、有毒物质或者其他有害物质，严重污染环境的，处三年以下有期徒刑或者拘役，并处或者单处罚金；后果特别严重的，处三年以上七年以下有期徒刑，并处罚金。

本案合议庭曾对损害后果的定性问题存在分歧。第一种意见认为，本案已造成生态环境特别严重损害，属于后果特别严重；第二种意见认为，本案应按照“严重损害”来量刑更为妥当。

综合全案，合议庭最终认定该案造成生态环境特别严重损害。理由是本案违法排污行为持续时间长、违法排污数量达到33393.8吨，排放的废水含有重金属铬、镍、铜等经市政雨水管网排入瓯江水系，其中总铬浓度最高超过国家规定达标排放标准913倍，总镍浓度最高超过国家规定达标排放标准的492倍，总铜浓度最高超过国家规定达标排放标准1300倍，造成的生态环境损害数额达265.6477万元。现有司法解释没有规定超过规定多少倍以上的，属于对“生态环境造成特别严重损害”。司法解释规定了造成公私财产损失100万元以上的，属于后果特别严重。《突发环境事件应急处置阶段环境损害评估推荐方法》和《环境损害鉴定评估推荐方法（第Ⅱ版）》均规定了环境污染损害包括生态环境损害。中共中央办公厅、国务院办公厅印发的《生态环境损害赔偿制度改革方案》中规定了环境有价损害担责的原则，体现了环境资源生态功能价值，促使赔偿义务人对受损的生态环境进行修复。生态环境损害无法修复的实施货币赔偿，用于替代修复。污染修复费用作为恢复受损环境的必要支出，实际上也是一种财产损失，如未将污染修复费纳入公私财产，不仅修复环境所产生的支出无法得到弥补，在法理上，环境本身的损失也得不到《刑法》的保护，背离了立法的初衷。从环境修复的技术角度来看，该案采用生态环境部环境损害鉴定评估推荐的虚拟治理成本法将损害进行量化，且由被告公司的设计单位作出具体说明，被告公司平均每吨废水处理成本为28元，后续仍需进行二次处理才可排放，故以15.91元/吨作为单位虚拟治理成本符合实际。在该案中，污染环境的行为不仅对水体本身造成污染，还对案涉流域水生物及沿岸居民亦产生了一定的危害。而且，如果将修复过程中的人力和时间，甚至其他事务性费用全部囊括在内的话，其265.6477万元的修复费用远远无法满足恢复环境原态的资金需求。

同时，被告单位及被告人作为污水处理运营的企业及责任人员，实施违法排污行为，其性质尤为恶劣，并造成上游企业停工停产。被告的污染环境行为被媒体曝光后，社会关注度高，影响恶劣。结合瓯江系当地居民的主要用水来源等实际情况，将本案按照“后果特别严重”来量刑，同时发出浙江省首份污染环境类刑事附带民事公益诉讼行业禁止令，社会效果更好，更符合全国法院推进检察公益诉讼审判工作会议要求的严肃追究被告人及被告企业刑事及民事责任的精神。

编写人：浙江省青田县人民法院　林伟芬

35

环境污染案件中认定被告人主观过错应综合判断

——上海甲复合材料有限公司等环境污染案

【案件基本信息】

1. 裁判书字号

江苏省常州市武进区人民法院（2018）苏0412刑初1057号刑事判决书

2. 案由：环境污染罪

【基本案情】

被告单位上海甲复合材料有限公司在生产过程中产生的钢板清洗废液，因含有重金属成分，属于危险废物，可能对环境造成危害，需要委托有资质的专门机构予以处置，跨省、市区域转移的需填写危险废物转移联单并经相关部门批准。2016年3月至2017年12月间，被告人乔某作为被告单位的总经理，全面负责日常生产及管理工作，被告人陶某作为被告单位工作人员，负责案涉钢板清洗液的采购和钢板清洗废液的处置。被告人乔某、陶某在明知被告人贡某无危险废物经营许可资质的情况下，未填写危险废物转移联单并经相关部门批准，多次要求被告人贡某将被告单位产生的钢板清洗废液拉回常州市并处置。2016年3月至2017年1月期间，被告人贡某多次驾驶卡车将被告单位的钢板清洗废液运至常州市乙纺织印染有限公司用于中和该公司的碱性废液；2017年2月至2017年12月期间，被告人贡某多次驾驶卡车将被告单位的钢板清洗废液运至常州市，非法倾倒于常州市新北区春江路与辽河路交叉口附近污水井、常州市新北区罗溪镇黄河西路附近等处；2017年12月30日，被告人贡某驾驶卡车从被告单位运载钢板清洗废液至常州市新北区黄河西路×××号附近停靠至非机动车道，利用塑料管引流将钢板清洗废液非法倾倒至下水道，造成兰陵河水体被严重污染，经江苏省泰洁检测技术有限公司常州分公司抽样检测，兰陵河增光桥断面河水超过Ⅳ类地表水环境质量标准。上述期间，被告人贡某非法倾倒案涉钢板清洗废液67.33吨。经常州市高新区（新北）环境保护局认定：涉案钢板清洗废液属于《国家危险废物名录》中的金属表面（酸洗）除锈产生的废槽液等，类别HW17，废物代码336－064－17。案发后，被告单位上海甲复合材料有限公司已支付处置、修复费用1824300元。2018年7月31日，常州市新北区罗溪镇人民政府出具刑事谅解书。

【案件焦点】

本案如何认定被告人的主观过错。

【法院裁判要旨】

江苏省常州市武进区人民法院经审理认为，被告单位上海甲复合材料有限公司明知被告人贡某无危险废物经营许可证，为单位利益违反国家规定，委托其处置危险废物，被告人贡某非法倾倒危险废物三吨以上，严重污染环境，构成污染环境罪。被告人乔某作为被告单位直接负责的主管人员，被告人陶某作为被告单位的直接责任人员，被告人贡某作为实施者，其行为均已构成污染环境罪，应以共同犯罪论处。关于被告人乔某、陶某主观恶意性小的辩护意见，法院认为，被告人乔某作为被告单位直接负责的主管人员，被告人陶某作为被告单位的具体负责案涉危险废物处理的人员，明知本单位产生的危险废物需要有资质的单位来处理，且跨省市区域转移需填写危险废物转移联单并经相关部门批准，仍通过与有资质的单位签订合同但不实际处理，并同意将危险废物交由无资质的被告人贡某无偿运回常州市处理，放任对环境造成危害，故对相关辩护意见不予采信。依照《中华人民共和国刑法》第三百三十八条、第三百四十六条、第二十五条第一款、第三十条、第三十一条、第五十二条、第六十七条第一款、第三款、第七十二条、第七十三条第二款、第三款，最高人民法院、最高人民检察院《关于办理环境污染刑事案件适用法律若干问题的解释》（法释〔2016〕29号）第一条第二项、第七条之规定，作出如下判决：

一、被告单位上海甲复合材料有限公司犯污染环境罪，判处罚金三十万元（已预缴）；被告人乔某犯污染环境罪，判处有期徒刑一年，缓刑二年，并处罚金五万元；被告人陶某犯污染环境罪，判处有期徒刑一年，缓刑二年，并处罚金五万元；被告人贡某犯污染环境罪，判处有期徒刑一年三个月；

二、禁止被告人乔某、陶某在缓刑考验期内从事与排污工作有关的活动。

案件宣判后，被告单位及三名被告人均未提出上诉，公诉机关未提出抗诉，本案已生效。

【法官后语】

为解决办理环境污染刑事案件遇到的新问题、新情况，统一法律适用，指导司法办案，推进行政执法与刑事司法有效衔接，最高人民法院、最高人民检察院、公安部、司法部、生态环境部联合发布了《关于办理环境污染刑事案件有关问题座谈会纪要》，并公布了五起典型环境污染犯罪案例。这是“两高三部”首次就办理环境污染刑事案件有关问题联合出台专门文件。本案已入选上述典型案例。

本案是一起跨区域环境污染案件，被告单位在生产过程中产生的危险废物需要处置，按法律规定需委托有资质的专门机构，且跨省、市区转移的需填写危险废物转移联单并经相关部门批准。案件的典型意义在于准确认定被告人的主观过错。司法实践中，判断犯罪嫌疑人、被告人是否具有环境污染犯罪的故意，应当依照任职情况、职业经历、专业背景、培训经历、本人因同类行为受到行政处罚或刑事追究情况以及污染物种类、污染方式、资金流向等证据，结合其供述，进行综合分析判断。本案中，被告人乔某、陶某明知本单位产生的危险废物需有资质的单位来处理，且跨省、市区域转移需填写危险废物转移联单并经相关部门批准，仍通过与有资质的单位签订合同但不实际处理，多次要求无资质的贡某将危险废物运至常州处置，放任对环境造成危害。被告人贡某在无危险废物经营许可资质的情况下，跨省、市区域运输危险废物并非法倾倒，严重污染环境，故法院认为三名被告人均具有环境污染犯罪的故意。

编写人：江苏省常州市武进区人民法院　潘建伟

36

污染环境罪中如何认定犯罪情节轻微

——巫某锋污染环境案

【案件基本信息】

1. 裁判书字号

广东省惠州市惠东县人民法院（2018）粤1323刑初288号刑事附带民事判决书

2. 案由：污染环境罪

【基本案情】

2017年6月9日，被告人巫某锋以每年租金1000元向惠东县安墩镇宝安村委老楼村村民小组租用了该村白石岗上的一块地，租期为3年。同年6月22日，巫某锋伙同巫某武（另案处理）与邓某海签订了一份《污泥填埋协议》，同意邓某海在其租用的白石岗地块倾倒从深圳一污水处理厂出来的污泥，而邓某海则要支付给巫某锋每车200元作为填埋费。同年6月27日，双方又签订了补充协议，进一步明确各自的权责。同年7月30日下午，经过邓某海联系，先后共有五辆拖挂车从深圳观澜污水处理厂运载污泥来到上述由巫某锋租用的地块进行倾倒，后被当地村民发现并制止，现场扣押了两辆拖挂车，其中一辆车尚未倾倒。经鉴定，所倾倒的污泥含有重金属锌、镍、铬等物质，应当认定为"有毒物质"。经环境保护部华南环境科学研究所鉴定，此次环境污染事件造成相关经济损失共计601895元，其中应急处置费用26400元、污泥清理处置费用258495元、事务性费用197000元、区域生态环境损害费用120000万元。同年9月8日，巫某锋被依法传唤至公安机关接受调查。

惠东县安墩镇人民政府及相关职能部门因处置有毒污泥实际支出费用327680元，为环境损失评估实际支出费用150000元，区域生态环境损害待支出费用120000元。以上费用共计597680元。

【案件焦点】

污染环境犯罪中，被告人巫某锋对造成的损失已作出赔偿，能否认定为情节轻微。

【法院裁判要旨】

广东省惠州市惠东县人民法院经审理认为，对于辩护人提出的被告人巫某锋不具有污染环境罪的从重情节的辩护意见，根据《最高人民法院、最高人民检察院关于办理环境污染刑事案件适用法律若干问题的解释》第四条第一项的规定，阻挠环境监督检查或者突发环境事件调查，尚不构成妨害公务等犯罪的，应当从重处罚。本案中，张某文、陈某科等人是惠东县安墩镇环卫所的工作人员，而环卫所并不具备环境监督检查或突发环境事件调查的职能，故对辩护人提出的该项辩护意见，本院依法予以采纳。辩护人提出的被告人巫某锋主观恶性较小、系初犯、当庭认罪认罚，请求从轻处罚的辩护意见，经查属实，本院予以采纳。辩护人提出的被告人巫某锋造成的损失刚达到立案标准且污泥已及时清理、消除污染，未造成损失扩大或人员伤亡，属情节轻微的辩护意见，根据《最高人民法院、最高人民检察院关于办理环境污染刑事案件适用法律若干问题的解释》第五条的规定，实施刑法第三百三十八条规定的行为，刚达到应当追究刑事责任的标准，需同时具备及时采取措施，防止损失扩大、消除污染，全部赔偿损失，积极修复生态环境，且系初犯，确有悔罪表现的，才能认定为情节轻微。本案污泥清理处置工作系由相关政府及职能部门完成且预付费用，受污染土壤尚未恢复原状，被告人巫某锋虽预交民事赔偿款，但不能以此认定其犯罪情节轻微。辩护人提出该项辩护意见与查明事实不符，本院不予采纳。对于被告人巫某锋的辩护人提出的被告人积极寻求办法赔偿，应当认为被告人积极修复受污染环境，请求免予刑事处罚的辩护意见，本院不予采纳。

本案中惠东县安墩镇人民政府及相关职能部门因处置有毒污泥而造成的经济损失，应当由侵害人赔偿。刑事附带民事公益诉讼起诉人诉请被告人巫某锋赔偿非法倾倒污泥造成的相关经济损失共计477680元，被告人巫某锋未提出异议，本院予以支持。因被告人巫某锋尚未对受污染土壤恢复原状，且其已主动预交污染环境民事赔偿款，刑事附带民事公益诉讼起诉人请求恢复生态环境损害费用120000元从被告人巫某锋预交的民事赔偿款中予以抵扣，被告人巫某锋未提出异议，本院予以支持。

广东省惠州市惠东县人民法院依照《中华人民共和国刑法》第三百三十八条、

第六十四条、第五十二条、第五十三条，《最高人民法院关于适用财产刑若干问题的规定》第五条，《最高人民法院、最高人民检察院关于办理环境污染刑事案件适用法律若干问题的解释》第一条第九项，《中华人民共和国环境保护法》第六条、第六十四条，《中华人民共和国侵权责任法》第六十五条，《最高人民法院关于审理环境民事公益诉讼案件适用法律若干问题的解释》第十八条、第十九条、第二十条、第二十二条，《中华人民共和国刑事诉讼法》第九十九条[①]第二款及《中华人民共和国民事诉讼法》第六十四条之规定，作出如下判决：

一、被告人巫某锋犯污染环境罪，判处有期徒刑一年二个月，并处罚金人民币六万元；

二、随案移送的作案工具灰色红米手机一部、金色苹果6手机一部，依法予以没收，上缴国库；

三、被告人巫某锋于本判决生效后十日内一次性赔偿非法倾倒污泥造成的应急处置费用、污泥清理处置费用、鉴定评估费用等相关经济损失及生态环境损害费用共计597680元，赔偿款支付至惠东县财政局专用账户。

【法官后语】

《刑法修正案（八）》对《刑法》第三百三十八条的罪状进行了修改，罪名也相应由“重大污染事故罪”改为“污染环境罪”。该罪客观构成要件中三个要素也相应进行了调整：一是排放、倾倒、放置的对象不再仅限于土地、水体和大气；二是概括性的将“其他危险物质”改为“其他有害物质”；三是危害结果由“造成重大环境污染事故，致使公私财产遭受重大损失或者人身伤亡的严重后果”改为“严重污染环境”。本案中，被告人巫某锋未取得环保部门审批，违反国家规定，擅自提供场地让他人非法倾倒有毒物质，严重污染环境的行为。关于严重污染环境的认定，《最高人民法院、最高人民检察院关于办理环境污染刑事案件适用法律若干问题的解释》第一条中列举了相应情形，本案符合其中的第九项，可以认定为严重污染环境。而根据该司法解释第五条之规定，实施刑法第三百三十八条规定的行为，刚达到应当追究刑事责任的标准，需同时具备及时采取措施，防止损失扩大、消除污染，全部赔偿损失，积极修复生态环境，且系初犯，确有悔罪表现的，才能认定

① 对应现行《刑事诉讼法》第一百零一条。

为情节轻微。具体到本案，被告人系初犯，且已赔偿全部损失，但其赔偿行为均发生在案件审理阶段，本案污泥清理处置工作系由相关政府及职能部门完成且预付费用，期间被告人未支付过赔偿款或雇请他人进行清理，不具有防止损失扩大的行为，且已受污染土壤尚未恢复原状，后期仍需一段时间和费用投入，故人民法院未认定被告人的犯罪情节轻微。

在过去的司法实践中，环境污染类违法行为的入刑率较低，即便入刑大多均适用缓刑进行惩戒，处罚力度小、威慑力不足、违法成本低是相关违法主体不思悔改、继续污染环境的重要原因。当前，我国的生态环境形势日益严峻，环境退化压力不断加大，对污染环境罪的惩处力度也在相应加大。因此，在审理环境污染犯罪案件时应从严把握“情节轻微”及相关量刑标准。污染人作出赔偿是其从轻处罚的情节，但不应放宽标准再次对其行为进行评价，应严格把握对司法解释的理解和适用，进一步体现当前从严打击环境污染犯罪的立法精神。

编写人：广东省惠州市惠东县人民法院　朱宇锋

37

污染环境罪中虚拟治理成本法的应用

——江阴市甲五金制造有限公司等污染环境案

【案件基本信息】

1. 裁判书字号

江苏省江阴市人民法院（2018）苏0281刑初507号刑事附带民事判决书

2. 案由：污染环境罪

【基本案情】

2010年12月6日，朱文某、沈俊某（系夫妻）未经环评审批，开办江阴市甲五金制造有限公司（以下简称甲公司），经营范围包括五金制造、加工和销售。甲公司主要从事黑色金属铸造件的生产，工序中包括使用不锈钢抛丸对铸件进行抛光。2017年5月至6月期间，沈俊某为节约生产成本，与朱文某商量后，多次使用硝酸液在塑料酸槽对不锈钢铸件进行酸洗，并使用水枪对酸洗后的铸件进行清水冲洗，冲洗后的废水未经处理通过墙洞直接排放至房屋南墙与围墙形成的过道中，排放废水200余公斤。

2017年6月7日，江阴市环境监测站执法人员在现场检查时，甲公司员工正在对酸洗后的铸件进行清洗，积存在过道中的废水呈现淡蓝绿色；执法人员当即在墙壁排放口采集水样、测试PH值。6月19日出具的《水质监测报告》载明：排放废水中总铬排放浓度超标25倍、总镍排放浓度超标66倍。6月22日，江阴环保局向甲公司送达《责令改正违法行为决定书》，责令甲公司立即停止违法排污行为。6月26日，江阴环保局执法人员进行现场检查，发现甲公司已将酸槽填埋，过道中堆积了碎砖和砂石。

2017年8月18日，江阴环保局以甲公司涉嫌犯污染环境罪移送江阴市公安局，江阴市公安局于同日立案侦查，侦查人员电话通知朱文某并转告沈俊某一起到青阳派出所接受调查。朱文某、沈俊某于当日下午接受公安机关讯问时如实供述自己的罪行。

本案审理期间，公益诉讼起诉人为了确定涉案环境修复费用，委托江南大学环境与土木工程学院编制修复方案，并支付编制费20000元。该《环境修复技术方案》载明：（1）甲公司采用石灰乳中和方式，对酸洗废水进行了处理，处理后的固废转移到酸洗池中，监测数据显示总镍为14.9mg/L、总锰为5.32mg/L。（2）2018年5月，经过监测站两次监测，该区域（过道）未检出酸洗废水中的重金属含量，经过应急和自然衰减过程，该环境实现了自我修复。（3）在应急处置前，排放酸洗废水对外环境污染造成的损失，该方案根据预测的酸洗池中固废和土壤修复工程量，对修复费用进行估算，主要包括两部分：其中酸洗池中有毒有害固体废物0.9吨，按实际处理量计算修复成本为3150元；渗坑所处的受污染土壤6.4吨，根据《突发环境事件应急处置阶段环境损害评估推荐方法》（环办〔2014〕118号），目标土壤适用（GB15618－1995）Ⅲ类的土壤修复标准，采用“虚拟治理成本法”，虚拟治理成本为治理已排放的污染物应该花费的成本（卫生填埋处置），每吨有毒有害固废的成本约3500元，按照3倍估算为67200元。

甲公司、朱文某、沈俊某自愿预缴生态环境修复费和罚金共计15万元（暂扣于法院保管款账户）。

【案件焦点】

1. 执法人员对水污染源的采样程序是否合法；2. 被告单位是否存在通过渗坑排放有毒物质的情形；3. 两被告人朱文某、沈俊某是否构成自首；4. 生态环境修复费用如何确定。

【法院裁判要旨】

江苏省江阴市人民法院经审理认为：被告单位甲公司违反环境保护相关法律规定，未经相关环境影响评价从事金属铸件生产，在对酸洗后的不锈钢铸件冲洗过程中，通过渗坑排放含铬、镍、铜等重金属的废水，其中铬、镍分别超过国家污染物排放标准3倍和10倍以上，应认定为严重污染环境，被告单位甲公司已构成污染环境罪。被告人朱文某、沈俊某作为被告单位甲公司直接负责的主管人员和其他直接责任人员，也应承担污染环境罪的刑事责任。

关于执法人员对水污染源采样程序的合法性问题。经查，监测站执法人员对甲公司进行暗查时发现企业存在违法行为，对排放废水进行采样，采样结束后通知企业负责人现场确认；甲公司员工沈某在采样记录表上签字，并注明“情况属实”。根据《最高人民法院、最高人民检察院关于办理环境污染刑事案件适用法律若干问题的解释》（法释〔2016〕29号）第十二条第一款的规定，“环境保护主管部门及其所属监测机构在行政执法过程中收集的监测数据，在刑事诉讼中可以作为证据使用。”本案中，具有执法和采样资格的执法人员在采样时，虽然企业负责人未在现场，但执法人员现场拍摄的视频对取样的全过程予以固定，可以确定取样地点在甲公司车间墙洞排放口。因此，对该水样检测得出的相关数据客观可信，可以作为认定甲公司超标排放含有重金属污染物的有效证据。辩护人提出的采样程序不合法等相关辩护意见不能成立，不予采纳。

关于甲公司是否存在通过渗坑排放有毒物质的情形。经查，环保执法人员在甲公司进行现场采样记录时，明确载明废水去向为“渗坑”，提供的现场检查情况说明也明确“过道底部有部分沉泥，无防渗防腐措施”。被告人朱文某、沈俊某也多次供述，排放废水未作处理积聚在过道后会蒸发或渗透到泥土里。根据《行政主管部门移送适用行政拘留环境违法案件暂行办法》第五条第三款规定，“渗井、渗坑是指无防渗漏措施或起不到防渗作用的、封闭或半封闭的坑、池、塘、井和沟、渠等”甲公司排放废水的过道符合该规范性文件判断渗坑的标准，应当认定甲公司冲洗铸件的废水未经处理直接排放到过道中，属于“通过渗坑逃避监管的方式排放含有重金属的有毒物质”的情形。朱文某辩护人提出过道不能认定为渗坑的辩护意见不能成立，不予采纳。

关于朱文某、沈俊某是否构成自首。经查，环保执法人员在对甲公司进行执法检查中，经过水样监测和调查认为甲公司有污染环境犯罪嫌疑，并移送公安机关，其间对公司法定代表人朱文某进行了调查询问。公安机关受案登记表、立案决定书均载明以甲公司涉嫌污染环境罪立案侦查。因此，公安机关根据环保部门移送材料能够确定法定代表人朱文某有犯罪嫌疑，朱文某经电话通知到所接受调查和讯问，不符合自动投案的情形，依法不能认定为自首。因环保行政机关并未对沈俊某进行调查，公安机关也并未掌握沈俊某实施污染环境犯罪的基本事实而确定为犯罪嫌疑人。沈俊某经朱文某转告公安机关电话通知后，即到青阳派出所接受调查和讯问，符合自动投案的归案情形，沈俊某在公安机关首次讯问即如实供述自己的罪行，应当认定为自首。对朱文某辩护人提出朱文某构成自首的辩护意见不予采纳，沈俊某辩护人提出沈俊某构成自首的辩护意见予以采纳。

关于辩护人提出朱文某、沈俊某案发后及时采取措施防止损失扩大，并愿意赔偿损失、积极修复生态环境，具有较好的认罪悔罪态度，建议从轻处罚并适用缓刑的辩护意见。经查，甲公司在环保部门现场检查取样后，采取了石灰乳中和的方式对排放废水进行应急处理，并将处理后的固废转移至酸洗池中，客观上避免了污染损失扩大，本案审理中自愿预缴修复方案确定的生态环境修复费用；加上沈俊某有自首情节，两被告人归案后均能如实供述自己的罪行且当庭自愿认罪，并自愿预缴罚金，确有悔罪表现，予以从轻处罚。

被告单位甲公司严重污染环境，损害了社会公共利益，依法应承担侵权民事责任。对于酸洗池中有毒有害固体废物，应及时进行合法处置或承担相关处置费用；对于根据排水量确定的受污染土壤，根据公益诉讼起诉人及甲公司意见，结合本案具体情况，可采用“虚拟治理成本法”确定生态环境修复费用。

江苏省江阴市人民法院依照《中华人民共和国刑法》第三百三十八条、第三百四十六条、第二十五条第一款、第三十条、第三十一条、第六十七条第一款、第三款、第七十二条、第七十三条第二款、第三款，第五十二条、第五十三条，《最高人民法院、最高人民检察院关于办理环境污染刑事案件适用法律若干问题的解释》（法释〔2016〕29号）第一条第三项、第四项、第五项、第十一条、第十五条第三项，《最高人民法院关于处理自首和立功具体应用法律若干问题的解释》第一条，《中华人民共和国侵权责任法》第四条、第五条、第十五条、第六十五条，《最高人民法院关于审理环境民事公益诉讼案件适用法律若干问题的解释》第十五条、第二十二条、第二十三条之规定，作出如下判决：

一、被告单位甲公司犯污染环境罪，判处罚金人民币三万五千元；

二、被告人朱文某犯污染环境罪，判处有期徒刑八个月，缓刑一年，并处罚金人民币八千元；

三、被告人沈俊某犯污染环境罪，判处有期徒刑九个月，缓刑一年三个月，并处罚金人民币一万元；

四、禁止被告人朱文某、沈俊某在缓刑考验期限内从事与酸洗相关的生产经营活动；

五、附带民事公益诉讼被告甲公司于本判决生效之日起一个月内将酸洗池中的0.9吨有毒有害固体废物按要求处理完毕；逾期不能处理的，由本院选定有资质的机构代为处理，费用由甲公司承担；

六、附带民事公益诉讼被告甲公司于本判决生效之日起十日内赔偿生态环境修复费人民币67200元，支付至无锡市环境保护公益金专项资金账户；

七、本案环境修复方案编制费用20000元，由甲公司承担。

【法官后语】

1. 本案采用七人制合议庭的背景

本案立案后，正逢《人民陪审员法》通过并公布实施，该法对人民陪审员制度作出了重大改革，突出了“随机抽选”“七人合议庭”等规定。《人民陪审员法》第十六条规定了适用人民陪审员和法官组成七人合议庭审判的案件包括：(1) 可能判处十年以上有期徒刑、无期徒刑、死刑，社会影响重大的刑事案件；(2) 根据民事诉讼法、行政诉讼法提起的公益诉讼案件；(3) 涉及征地拆迁、生态环境保护、食品药品安全，社会影响重大的案件；(4) 其他社会影响重大的案件。本案是涉及生态环境保护的刑事附带民事公益诉讼案件，受到社会的广泛关注，符合上述法律规定，可采用七人合议庭审判。采用七人制合议庭也是解决陪审员“陪而不审，审而不议”困境的有效举措。《人民陪审员法》第二十二条规定，陪审员参加七人合议庭审判案件，对事实认定，独立发表意见，并与法官共同表决；对法律适用，可以发表意见，但不参加表决。为充分发挥司法民主，保障各方诉讼权益，本案通过摇号随机抽取3名人民陪审员，并邀请1名有相关专业知识的人民陪审员，与3名审判员共同组成合议庭，提升了审判结果的社会公信力。

2. 采用“虚拟治理成本法”确定环境修复费用

修复受损环境的前提是要确定污染对环境造成的损害，并以此制定修复方案、计算修复费用。但在很多环境污染个案中，有时污染物已通过环境的自净能力被分解、吸收，或通过流动的空气、水流被扩散、稀释，或通过人为的活动被中和，致使在污染排放地检测到的污染行为造成的损害并不严重，或者完全检测不到。例如，本案中受污染的土壤经过酸碱中和处理后重金属已不超标，但这并不能掩盖环境已受到损害的事实。污染对环境的影响是日积月累、长期叠加的过程，污染的累积必然会超出环境承载能力，最终造成不可逆转的环境损害。根据“谁污染，谁治理”的原则，行为人必须为自己的污染行为负责，承担环境修复的责任。因此，虚拟治理成本法应运而生。虚拟治理成本为治理已排放的污染物应该（即必然需要）花费的成本。本案公益诉讼起诉人为确定涉案环境修复费用，委托江南大学环境与土木工程学院编制修复方案，确定了具体的修复费用。本案污染企业甲公司积极缴纳了环境修复费用，也是参与践行生态环境修复的恢复性司法理念的行为。

3. 环境修复实践中存在的问题

本案中行为人积极缴纳了生态环境修复费，但酸洗池中的0.9吨有毒有害固体废物仍然要按照法律规定和《环境修复技术方案》的要求处理完毕，逾期不能处理的，由法院选定有资质的机构代为处理，费用由行为人承担。事实上，行为人很难自行找到有资质的机构进行处理，也不具有分辨资质的能力，实践中大多都需要法院联系环保部门寻找符合资质的机构代为处理。通过本案来看，目前环境修复实践中存在的几个问题日益凸显：首先，寻找有资质的机构并不容易，符合要求且愿意处理的机构很少，选择单一。其次，实际所需的处理价格（机构报价）与专家编制的修复方案中确定的价格相差甚远，远超行为人的心理预期。以本案为例，专家编制方案时确定的0.9吨固废按实际处理量计算修复成本为3150元，而最终修复时机构报价为30000元，虽然经法院沟通协调后以18000元处理，但已经超过预估价格多倍，行为人一般无法接受，给法院践行环境修复工作增加难度。此外，实践中还存在编制方案费用超过修复费用等情况，不利于环境修复工作的开展。鉴于目前我国对环境修复机构的管理、报价、处置等并无相关法律法规规定，市场上鱼龙混杂，并无统一的标准，建议有关方面制定统一适用的标准予以规范。

编写人：江苏省江阴市人民法院　黄剑　李宇璐

38

污染环境罪中“有毒物质”的认定

——孙某污染环境案

【案件基本信息】

1. 裁判书字号

北京市第一中级人民法院（2018）京01刑终396号刑事判决书

2. 案由：污染环境罪

【基本案情】

2016年3月至2017年9月，被告人孙某在北京市海淀区世纪城立马关帝庙北侧北京甲汽车俱乐部内提供汽车美容、保养等服务，并经营洗车服务。依据《北京市人民政府关于调整市级地下饮用水水源保护区范围的通知》，该地区为北京市市级地下饮用水水源二级保护区。其间，孙某将洗车产生的废水经洗车房内的沟槽排入洗车房北侧非法挖掘的渗坑进行处置。被告人称不是其挖掘的，之前是垃圾场，渗坑在围墙里面，长3.5米，宽2米，深1米，被告人称在渗坑内部贴了水泥砖，并在底部垫了塑料布，洗车产生的废水一部分顺着路边流走，一部分流入渗坑。后经北京市海淀区环境保护局监测站检测鉴定，渗坑内水样中含氨氮8.31mg/L、化学需氧量78mg/L，锌0.132mg/L，总铬<0.03mg/L，铅<0.1mg/L，镉<0.05mg/L，镍<0.007mg/L，铜<0.04mg/L。北京市海淀区环境保护局出具说明：取样的液体中含有锌等重金属物质，应认定为有毒物质。

海淀区环保局将此案报送至海淀区检察院侦查监督部门，检察院认为应当移送。故海淀环保局将此线索移交公安机关，公安机关立案侦查，于2017年11月7日，被告人孙某被公安机关抓获归案，后如实供述了上述作案过程。

【案件焦点】

1.《最高人民法院、最高人民检察院关于办理环境污染刑事案件适用法律若干问题的解释》第十五条第三项规定“含重金属的污染物”属于“有毒物质”，“有毒物质”应做实质解读还是形式解读，即“含重金属的污染物”应当限于浓度超过相应标准的含重金属的污染物，还是只要污染物中含有重金属即可；2. 若认定孙某构成污染环境罪，其行为是否符合上述司法解释第五条规定的可定罪免刑的情形。

【法院裁判要旨】

北京市海淀区人民法院经审理认为，被告人孙某违反国家规定，排放有毒物质，严重污染环境，其行为已构成污染环境罪，应予惩处。北京市海淀区人民检察院指控被告人孙某犯有污染环境罪的事实清楚，证据确实、充分，指控罪名成立。鉴于被告人孙某到案后及在庭审过程中均能够如实供述自己的罪行，认罪态度较好，且系初犯，故本院对其依法从轻处罚。辩护人的相关辩护意见，本院酌予采纳。依照《中华人民共和国刑法》第三百三十八条、第六十七条第三款、第五十三条之规定，判决如下：

被告人孙某犯污染环境罪，判处有期徒刑十个月，罚金人民币二万元。

被告人孙某不服原判，提起上诉。孙某的上诉理由为：原判量刑过重。

孙某的辩护人的辩护意见为：原判量刑过重，被告人系初犯，且能关停俱乐部，及时消除危险；犯罪情节轻微，始终真诚认罪悔罪；一贯表现良好，案发前多次为社会做贡献，希望对被告人免予刑事处罚或判处缓刑。

北京市第一中级人民法院经审理认为，上诉人孙某违反国家规定，排放有毒物质，严重污染环境，其行为已构成污染环境罪，依法应予惩处。鉴于上诉人孙某到案后及在庭审过程中均能够如实供述自己的罪行，认罪悔罪态度较好，且系初犯，确有悔改表现，属于犯罪情节轻微，可依法对其免予刑事处罚。一审法院根据孙某犯罪的事实、犯罪的性质、情节及对于社会的危害程度所作出的判决，定性准确，审判程序合法，但量刑不当，应予改判。对于北京市人民检察院第一分院的意见，本院予以采纳。对于上诉人孙某所提上诉理由及其辩护人所提相关辩护意见，本院予以采纳。北京市第一中级人民法院依照《中华人民共和国刑事诉讼法》第二百二十五条[①]第一款第二项，《中华人民共和国刑法》第三百三十八条、第三十七条、第六十七条第三款、第六十一条之规定，判决如下：

一、撤销北京市海淀区人民法院（2018）京0108刑初389号刑事判决的主文；

二、孙某犯污染环境罪，免予刑事处罚。

【法官后语】

1. 本案焦点问题

依据《刑法》第三百三十八条及《最高人民法院、最高人民检察院关于办理环境污染刑事案件适用法律若干问题的解释》（以下简称《解释》）第一条第五项，通过暗管、渗井、渗坑、裂隙、溶洞、灌注等逃避监管的方式排放、倾倒、处置有毒物质的，构成污染环境罪。《解释》第十五条第三项规定“含重金属的污染物”属于上述所称“有毒物质”的范畴。本案中，孙某通过渗坑排放的洗车废水中检测出重金属锌0.132mg/L，低于《水污染综合排放标准》中锌的排放浓度1.0mg/L，也低于生活饮用水卫生标准规定的锌含量不超过1.0mg/L的标准。这种浓度低于相应标准的含重金属的污染物是否应认定为“有毒物质”为本案的焦点之一。这涉及对司法解释规定的“有毒物质”应做实质解读还是形式解读，即“含重金属的污染物”应当限于浓度超过相应标准的含重金属的污染物，还是只要污染物中含有重金属即可。本案的另一个焦点为，若认定孙某构成污染环境罪，其行为是否符合《解释》第五条规定的情形，即“刚达到应当追究刑事责任的标准，但行为人及时采取措施，防止损失扩大、消除污染，全部赔偿损失，积极修复生态环境，且系初犯，确有悔罪表现的，可以认定为情节轻微，不起诉或者免予刑事处罚”。上述两个焦点问题决定本案的定罪量刑，下文将具体分析。

2. 对“有毒物质”作实质理解和形式理解的区别

本案的争议焦点之一在于对“有毒物质”应作实质理解还是形式理解。形式理解即对“含有重金属的污染物”作字面意义上的解读，只要污染物中含有重金属，不论重金属的含量，也不论是否会对环境造成实质上的污染，均应认定为有毒物质。本案中北京市海淀区环境保护局即采取对“有毒物质”形式上的理解，认为洗

① 对应现行《刑事诉讼法》第二百三十六条。

车废水是污染物，又从洗车废水中检测出了重金属锌，虽然锌的含量没有超标，仍然认定其为有毒物质。本案一审法院也持相同的思路，即认定孙某通过渗坑等逃避监管的方式排放有毒物质，构成污染环境罪。

实质理解则要求“含重金属的污染物”应当限于浓度超过相应标准的含重金属的污染物，这样才会对环境造成实质上的污染，才能认定为“有毒物质”。最高人民法院研究室法官喻海松即持此观点，由于法律允许在规定标准范围内排放污染物，对于此类污染物不宜纳入“有毒物质”的范畴。基于此，应对“有毒物质”作实质把握。以此为基础，对于司法实践中业已出现的通过暗管、渗井、渗坑、裂隙、溶洞、灌注等逃避监管的方式排放含重金属的物质，但经监测发现浓度并未超标的案件，通常不宜认定为“通过暗管、渗井、渗坑、裂隙、溶洞、灌注等逃避监管的方式排放有毒物质”，不应以犯罪论处①。

对“有毒物质”做实质理解还是形式理解，决定本案被告人孙某是否构成污染环境罪。

3. 形式理解与实质理解兼顾：本案属于“可以认定为情节轻微，免予刑事处罚”的情形

一是关于本案定罪分析。本案中，关于“含重金属的污染物”是否应考虑重金属含量的问题，北京市海淀区环境保护局出具了《关于甲汽车俱乐部一案的说明》：《北京市水污染综合排放标准》适用于向地表水和公共污水处理系统等法律允许的污染物排放行为，本案中通过渗坑等逃避监管方式排放污水的情形为法律明确禁止的排污行为，不适用于此标准。北京市环保局意见与海淀环保局意见一致。通过合法的方式排放，才需要参考污水排放标准，只要有渗坑，就不需要再看污水综合排放的标准。渗坑是逃避监管的行为，环保是一个长期的过程，即使当时检测没有超标，但是累积起来也是很严重的，逃避监管的行为属于失控，行为很恶劣。

针对孙某通过渗坑逃避环保部门监管，排放污水废弃物的行为，鉴于市、区两级环保部门均认为无需参照《北京市水污染物综合排放标准》及在最高人民法院、最高人民检察院目前尚未对排放有毒物质标准作出明确司法解释的情况下，一审法院依据《刑法》第三百三十八条及《最高人民法院、最高人民检察院关于办理环

---

① 喻海松：《污染环境罪若干争议问题之厘清》，载《法律适用》第2017年第6期。

境污染刑事案件适用法律若干问题的解释》第十五条第一款第三项、第一条第五项的规定，认定本案构成污染环境罪无疑议。

二是关于本案量刑分析。虽然孙某的行为构成污染环境罪，但污水中仅检测出锌这一种金属物质，且其含量远低于饮用水标准的含量，且其积极配合环保局的调查，及时采取措施关停了洗车俱乐部，防止环境污染进一步扩大，因此，从实质上评价他的行为对环境造成的污染是有限的，且鉴于上诉人具有认罪认罚的态度及其一贯热衷社会公益事业的良好表现，考虑其主观恶性及初犯等酌定情节，上诉人的行为属于《解释》第五条规定的“刚达到应当追究刑事责任的标准，但行为人及时采取措施，防止损失扩大、消除污染，全部赔偿损失，积极修复生态环境，且系初犯，确有悔罪表现的，可以认定为情节轻微，不起诉或者免予刑事处罚；确有必要判处刑罚的，应当从宽处罚”的情形，故二审法院依法改判孙某构成污染环境罪，免于刑事处罚。

4. 司法解释应进一步明确对“有毒物质”的理解

本案经合议庭多次合议并上法官会议讨论研究后才达成一致意见。之所以会产生诸多争议，是因为司法解释对“有毒物质”的规定尚不明确。因此，笔者认为为了进一步明确法律适用，统一裁判标准，司法解释应对“有毒物质”作明确的理解，即应当限于浓度超过相应标准的含重金属的污染物。从文理解释看，污染物是指进入环境后使环境的正常组成发生变化，直接或间接有害于生物和环境的物质。以金属锌为例，其在一定的含量内为人体所必须的微量元素，北京市生活饮用水卫生标准规定饮用水中锌含量不超过1.0mg/L都算符合标准，即浓度达标的含重金属锌的水体进入环境中，并不会直接或间接有害于生物和环境，不宜认定为污染物。从目的解释看，法律允许在规定标准范围内排放污染物，其处罚的是超过排污标准排放污染物的行为，对于含有重金属但其含量未超过排放标准的污染物不宜纳入“有毒物质”的范畴。从体系解释看，《解释》第十五条除了规定“含有重金属的污染物”属于“有毒物质”外，还罗列了其余三类：一是危险废物，是指列入国家危险废物名录，或者根据国家规定的危险废物鉴别标准和鉴别方法认定的，具有危险特性的废物；二是《关于持久性有机污染物的斯德哥尔摩公约》附件所列物质；三是其他具有毒性，可能污染环境的物质。这四种“有毒物质”对环境都有不同程度的破坏，即或具有危险性，或产生持久性有机污染或者具有其他毒性，而对于含量极低又没有超过排放标准的含重金属的污染物，其危害成程度明显低于其他几种情形，不宜认定为“有毒物质”。笔者通过检索、整理北京市范围内通过暗管、渗井、渗坑、裂隙、溶洞、灌注等逃避监管的方式排放、倾倒、处置含有重金属的污染物被认定构成污染环境罪的案例，发现大多也都是从废水中检测出重金属，而且重金属含量超标，才认定行为人构成污染环境罪。

编写人：北京市第一中级人民法院　李洁　陈淼璐

39

非法占用农用地主观故意的认定与生态异地修复模式的探索

——福建甲生态农业股份有限公司、江某某非法占用农用地案

【案件基本信息】

1. 裁判书字号

福建省闽侯县人民法院（2018）闽0121刑初32号刑事判决书

2. 案由：非法占用农用地罪

【基本案情】

2008年6月至2014年4月，被告单位福建甲生态农业股份有限公司、被告人江某某在闽侯县洋里乡××村××自然村甲生态农业股份有限公司所在地，扩大养猪场过程中，超出林业部门审批的占用林地红线，占用林地面积共计118.3亩扩建养猪场，其中29.8亩已建成建筑或硬化。经现场勘查和福建智立司法鉴定所鉴定：审批用地红线外占用林地面积共计118.3亩，其中29.8亩已建成建筑或硬化，88.5亩山体已开挖，占用林地小班均未涉及生态公益林，占用范围内植被已全部灭失。

2017年6月27日，被告人江某某到闽侯县公安局接受调查，2017年8月2日，被告人江某某经公安机关电话通知主动到公安机关接受传唤。

另查明，被告单位福建甲生态农业股份有限公司、被告人江某某承诺人工造林355亩，与权属人陈丁某、陈德某、陈某就签订种植复绿协议书，在闽侯县洋里乡

绅带村桥里山场种植油茶、阔叶林229.1774亩，与权属人江欣某签订种植复绿协议书，约定在闽侯县洋里乡岭兜村斗笠坑鸭头格、坑尾黄土墩山场种植油茶、阔叶林125.9929亩。承诺2018～2019年种植，2020年后两年抚育成林，成活率90%以上。被告单位正在闽侯县洋里乡政府的指导下，按照相关部门要求完成中央环保督查整改任务。

【案件焦点】

被告单位及其法定代理人非法占用农用地是否具备刑法上犯罪构成的主观故意要件，如何界定涉农企业非法占用行为的主观故意。

【法院裁判要旨】

福建省闽侯县人民法院经审理认为，被告单位福建甲生态农业股份有限公司违反土地管理法等法律、法规规定非法占用118.3亩的林地，改变林地用途，毁坏林地原有植被，数量较大，其行为已构成非法占用农用地罪；被告人江某某作为该单位的法定代表人，对被告单位的犯罪行为负有直接责任，依法应以非法占用农用地罪追究其刑事责任。公诉机关指控的罪名成立，适用法律准确，本院予以支持。被告单位福建甲生态农业股份有限公司的法定代表人被告人江某某主动到案并如实供述自己的罪行，均系自首，依法均可从轻或减轻处罚。被告单位福建甲生态农业股份有限公司、被告人江某某积极进行补种复绿，承诺在闽侯县洋里乡绅带村桥里山场、闽侯县洋里乡岭兜村斗笠坑鸭头格、坑尾黄土墩山场种植油茶、阔叶林等355亩，并提供保证人保证其实施补种复绿，本院酌情予以从轻处罚。综合被告单位福建甲生态农业股份有限公司、被告人江某某的犯罪事实及量刑情节，本院依法对被告单位福建甲生态农业股份有限公司、被告人江某某从轻处罚。

依照《中华人民共和国刑法》第三百四十二条、第六十七条第一款、第三十条、第三十一条、第七十二条第一款、第三款、第七十三条第二款、第三款及《最高人民法院关于审理破坏林地资源刑事案件具体应用法律若干问题的解释》第一条、第六条、《最高人民法院关于处理自首和立功具体应用法律若干问题的解释》第一条第一款第一项、第三条之规定，判决如下：

一、被告单位福建甲生态农业股份有限公司犯非法占用农用地罪，判处罚金人民币五十万元；

二、被告人江某某犯非法占用农用地罪，判处有期徒刑二年，缓刑三年六个月，并处罚金人民币三十万元。

【法官后语】

本案争议的焦点在于被告单位及其法定代理人非法占用农用地是否具备刑法上犯罪构成的主观故意要件，即如何界定涉农企业非法占用行为的主观故意。

被告单位有审批相关项目的林业用地具体位置，审批系被告单位选址后，请设计单位制作需要征占林地位置范围图即红线图，经政府或相关部门立项，报林业部门审核审批，被告单位是明知其所审批林地的具体“四至”，其虽有办理相应占用林地的审批手续，但其在实际建设办公大楼、猪舍的位置时没有按照所审批的位置进行建设，而是超出林业部门审批范围占用林地，占用林地面积共计118.3亩扩建养猪场。不论被告单位主观上直接故意还是间接故意，均是非法占用农用地的主观故意，即行为人明知自己非法占用农用地的行为可能造成林地的大量毁坏，而放任这一危害结果的发生。综上，被告单位的行为符合刑法中非法占用农用地罪的犯罪构成要件。

被告人江某某是被告单位的法定代表人，是单位的主管负责人，对于公司的所有经营性行为理应是明知的，相关证人与被告人江某某的供述亦能证实被告人江某某明知公司的建设事项，且没有使用GPS设备进行辅助施工，相关证人有向其报告公司建设的情况，且证人江道某和周谟某的相关证言与被告人江某某的供述能相互印证被告单位没有使用GPS设备进行辅助施工，在建设时对建设范围存在一定的疏忽，造成超出审批范围的事实，被告人江某某属刑法上的直接负责的主管人员，应承担刑事责任。

该案对于打击实践中利用生态案件特殊性而以各种方式规避查处的企业或个人具有一定的启示性意义。同时，在办案中注重恢复性生态修复和异地复绿工作，除了占用地块复绿外，被告单位异地复绿355亩，且因地制宜通过多部门联动协调机制制定复绿方案，在注重法律效果和生态效果的情况下，兼顾当地群众经济发展的诉求，扎实有效修复生态环境，当事人息诉服判，具有良好的社会示范效应。

编写人：福建省闽侯县人民法院　林孔亮　洪烨

40

非法采矿罪中鉴定程序合法性的判断及疑罪从轻原则的适用

——李某乙非法采矿案

【案件基本信息】

1. 裁判书字号

广西壮族自治区北海市中级人民法院（2018）桂05刑终字第172号刑事裁定书

2. 案由：非法采矿罪

【基本案情】

2016年5月，北海市铁山港区南康镇里头塘村委会晚姑娘村十二队村民全体会议一致同意将位于晚姑娘村十二队南面集体所有土地（面积约500亩）出租给北海甲新能源投资有限公司（以下简称甲公司），租期从2016年5月8日至2035年5月7日。甲公司还与晚姑娘村十二队队长李某甲达成协议，由被告人李某乙负责平整土地。之后李某乙在未取得采矿许可证的前提下，雇请他人在该幅土地非法开采粘土矿。

2016年12月9日，经北海市铁山港区国土资源执法监察大队委托广西壮族自治区北海市水文工程矿产地质勘查研究院，对广西北海市铁山港区南康镇里头塘村委会晚姑娘村地块非法采矿造成的矿产资源破坏价值进行鉴定。2017年4月，广西北海市地质勘查院出具《北海市铁山港区南康镇里头塘村委晚姑娘村非法开采砖瓦用粘土矿造成矿产资源破坏价值鉴定报告》（以下简称《鉴定报告》），确定里头塘村委晚姑娘村地块非法采矿区范围有采坑A、采坑B，其中A坑破坏价值为24.013726万元（1.3151万立方米×18.26元/立方米），B坑破坏价值为404039.02元（2.2127万立方米×18.26元/立方米）。该地块非法采矿造成矿产资源破坏总价值为人民币64.4176万元。2018年4月3日，广西壮族自治区国土资源厅（以下简称广西国土资源厅）对《鉴定报告》予以审查通过并出具鉴定结论。

另查明，粘土（砖瓦用）属于可按招标拍卖挂牌方式出让采矿权类矿产（第三类）。被告人李某乙没有依法登记，也没有依法获得探矿权和采矿权。

【案件焦点】

1.《鉴定报告》程序是否合法有效；2. 被告人李某乙破坏矿产资源价值是多少。

【法院裁判要旨】

广西壮族自治区北海市铁山港人民法院经审理认为：

一、《鉴定报告》程序合法有效

公诉机关依据《鉴定报告》指控被告人李某乙破坏矿产资源总价值为64.4176万元，而李某乙的辩护人则认为“鉴定报告主体是市级单位，程序不合法”。关于《鉴定报告》程序问题，经查，本案《鉴定报告》虽系铁山港区国土资源执法大队委托广西北海市地质勘查院进行，但之后经北海市国土资源局上报广西国土资源厅进行审查，广西国土资源厅作出批复：同意专家组的审查意见，决定对《鉴定报告》予以审查通过。根据国土资源部《非法采矿、破坏性采矿造成矿产资源破坏价值鉴定程序的规定》第五条“省级以上人民政府国土资源主管部门设立非法采矿、破坏性采矿造成矿产资源破坏价值鉴定委员会，负责审查有关鉴定报告并提出审查意见”的规定，本案《鉴定报告》经报广西国土资源厅进行审查并予以通过，鉴定程序合法有效，本院予以采信。辩护人提出的《鉴定报告》鉴定程序不合法的辩护意见，与本院查明事实不符，不予采纳。

二、被告人李某乙破坏矿产资源价值

本案的《鉴定报告》是在公安机关对被告人李某乙立案侦查前由铁山港区国土资源执法大队委托进行的。《鉴定报告》确定里头塘村委会晚姑娘村非法采矿区范围有采坑A、采坑B，其中A坑破坏价值为24.013726万元（1.3151万立方米×18.26元/立方米）、B坑破坏价值为40.403902万元（2.2127万立方米×18.26元/立方米）。铁山港区国土分局北铁国土〔2016〕72文件（落款日期：2017年5月31日）证实至该局发文之日，尚未找到破坏该土地的违法主体。该文件是《鉴定报告》出具后由于违法主体未明确，故行政执法部门建议铁山港公安分局对涉案土地被非法开采进行立案侦查。而对涉案土地进行鉴定时，未确定李某乙为违法主体，故其未到场指认。公安机关对李某乙涉嫌非法采矿行为立案侦查后，于2018年1月26日将李某乙带到现场指认。但现场勘查笔录及指认照片，未标明案发现场被非法开采的坑数以及李某乙指认的具体位置与鉴定报告中非法采矿鉴定区范围是否为同一处。本案在侦查阶段，办案机关亦未将鉴定报告中相关材料及鉴定价值结论告知李某乙。而本案证人成某、石日某、郑月某的证言以及李某乙的供述，则可证实李某乙组织工具挖掘该地块之前，该地块已经出现一个大坑，大坑旁边堆放有白泥的事实。本案中，没有充分证据指向《鉴定报告》中的B坑为李某乙非法开采。庭审中，李某乙承认《鉴定报告》中的A坑是其开采的，从有利于被告人的原则考虑，本院认定李某乙非法开采粘土破坏矿产资源总价值为人民币24.013726万元。

被告人李某乙违反矿产资源法的规定，未取得采矿许可证擅自采矿，造成矿产资源破坏，情节严重，其行为已构成非法采矿罪。公诉机关指控的罪名成立，依法应处三年以下有期徒刑、拘役或者管制，并处或者单处罚金。李某乙虽对涉案价值进行辩解，但不影响如实供述的成立，在量刑时依法可以从轻处罚。粘土依法属于国家规定的矿产品种，开采应办理相关合法手续，取得采矿权才能开采。虽然李某乙是经村民开会讨论同意才开采，获取利益由全体村民享有，但是不能成为其擅自开采的理由。辩护人提出的与本院查明事实及法律不相符的辩护意见，不予采纳。被告人李某乙私挖国家矿产资源，其行为已构成非法采矿罪，依法应予惩处。

广西壮族自治区北海市铁山港人民法院依照《中华人民共和国刑法》第三百四十三条第一款、第六十七条第三款、第五十二条、第五十三条，《最高人民法院、最高人民检察院〈关于办理非法采矿、破坏性采矿刑事案件适用法律若干问题〉的解释》第三条第一款第一项的规定，判决如下：

被告人李某乙犯非法采矿罪，判处有期徒刑二年十个月，并处罚金人民币三十万元。

李某乙对原审判决不服，提起上诉。提出其非一己私利非法采矿，而是在村民会议集体开会讨论决定后组织采矿。

广西壮族自治区北海市中级人民法院经审理认为：被告人李某乙私自开挖国家矿产资源，其行为已构成非法采矿罪，依法应予惩处。经查，本案在案证据充分证实李某乙犯非法采矿罪的事实，原审法院量刑适当。故李某乙的上诉理由不能成立，应予驳回。

广西壮族自治区北海市中级人民法院依照《中华人民共和国刑事诉讼法》第二百二十五条①第一款第一项的规定，作出如下裁定：

驳回李某乙的上诉，维持原判。

【法官后语】

本案处理重点在于《鉴定报告》程序是否合法有效，以及被告人李某乙破坏矿产资源价值如何认定。

《非法采矿、破坏性采矿造成矿产资源破坏价值鉴定程序的规定》第五条对鉴定做了专门的规定。本案一、二审法院都认为，《鉴定报告》虽系铁山港区国土资源执法大队委托广西北海市地质勘查院进行，但之后经北海市国土资源局上报广西国土资源厅进行审查，广西国土资源厅作出同意的批复，对《鉴定报告》予以审查通过。根据《非法采矿、破坏性采矿造成矿产资源破坏价值鉴定程序的规定》第五条“省级以上人民政府国土资源主管部门设立非法采矿、破坏性采矿造成矿产资源破坏价值鉴定委员会，负责审查有关鉴定报告并提出审查意见”的规定，本案《鉴定报告》经报广西国土资源厅进行审查并予以通过，属合法程序。因此，一、二审法院认为，该鉴定程序合法有效，对《鉴定报告》予以采纳。

鉴定意见一般是刑事诉讼当中常见的证据类型之一，是为了解决案件中专门性的问题，专门指派或者聘请相应的专业人员进行鉴定并提出相关意见或得出相应结论的行为。鉴定意见一般从科学、技术的角度提出分析意见，内容仅仅是局限于案件事实本身，与案件当事人没有利害关系。因此，鉴定意见对法官审理查明案件事实具有重要的审判辅助作用。

对涉案土地进行鉴定时，结合本案的相关书证和证人证言以及被告人自己的供述，可证实李某乙在组织工具挖掘该地块之前，该地块已经出现一个大坑，大坑旁边堆放有白泥的事实。本案中，没有充分证据指向《鉴定报告》中的B坑为李某乙非法开采，仅认定A坑为被告人非法开采。从存疑时有利于被告人的原则考虑，法院认定李某乙非法开采粘土破坏矿产资源总价值为人民币24.013726万元。

证据学中有“孤证不能定案”的原则，即证据存在疑问时，如果不能达到排除

① 对应现行《刑事诉讼法》第二百三十六条。

合理怀疑的程度，那么在案件事实中应该做出有利于行为人的判断。在刑事审判中，法庭上能够确定的事实不能够达到完全复原过去时间点事实发生的本身，法官只能通过在过去的时间点里遗留的证据中，构建完整的证据链，达到排除合理怀疑的程度，这样的证据链才能具有较大的说服力。因此，实践中凡是证据本身存在疑问不能作为定罪量刑依据的，都应该作出有利于行为人的判断。法无明文规定不为罪，法无明文规定不处罚。本案中被告人李某乙构成非法采矿罪，但是不能因为不能确定B坑的行为主体而归咎于案件行为人本身。

编写人：广西壮族自治区北海市铁山港人民法院　覃韦莹

41

环境侵权公益诉讼中的责任承担方式与范围

——程某滥伐林木案

【案件基本信息】

1. 裁判书字号

安徽省绩溪县人民法院（2018）皖1824刑初75号刑事附带民事判决书

2. 案由：滥伐林木罪

【基本案情】

2016年至2017年，被告人程某先后收购了“坞头”山场、“门科”山场等处林木，其办理的林木采伐许可证批准的采伐方式为“择伐”，数量为杉树采伐蓄积7.68立方米，出材量5立方米；松树采伐蓄积4.61立方米，出材量3立方米。2017年5月，程某将所购山场林木承包给鲍某，要求鲍某将指界的山场“一刀光”砍伐。另外，程某明知鲍某为方便运树架设索道需要砍伐索道沿线有碍作业的树木，既未办理相关林木采伐许可证，亦未对鲍某进行有效约束，造成附近多户村民林木被砍伐，其中部分为退耕还林地林木。经林业工程师鉴定，程某超数量、无证采伐林木259株，蓄积27.148立方米，折合材积17.647立方米，违法所得为

9930.28元。2018年6月4日，程某被民警电话通知到案，到案后如实供述了自己的罪行。2018年7月17日，针对程某滥伐林木后对环境资源和林木生态服务功能是否产生影响、影响程度及生态环境损害赔偿等问题，绩溪县人民检察院委托鉴定机构进行评估。同年8月15日，鉴定机构作出《程某滥伐林木生态环境损害专门性和技术问题评估意见书》（以下简称《评估意见书》），认为："程某对三个山场进行滥伐，计滥伐林木259株，立木蓄积27.148立方米，滥伐材积17.647立方米，其违法行为造成了区域涵养水源、净化空气、固土保肥价值降低，森林生物多样性发生改变，水分流失、边坡失稳等自然灾害加剧的风险非常大。为了尽早恢复区域林木生态功能，需采取措施及时补种288株树木，补种苗木必须符合林木一级苗标准，并进行有效抚育。另须偿付由其滥伐行为造成的生态环境损害折合人民币25521.29元"。据此，公诉机关暨附带民事公益诉讼起诉人安徽省绩溪县人民检察院建议以滥伐林木罪追究程某刑事责任，同时请求：1. 判令程某在滥伐区域补种树木（按一级苗木标准）288株，并进行抚育，以恢复生态环境资源；2. 判令程某赔偿生态环境损失费用25521.29元。

被告人程某对指控的事实及罪名，以及对附带民事公益诉讼请求均无异议，当庭表示愿补种树木、赔偿损失。其辩护人暨附带民事公益诉讼委托诉讼代理人认为，刑事附带民事的赔偿范围仅限于犯罪行为遭受的直接损失，生态环境损失属于间接损失，请求驳回第二项诉讼请求。

【案件焦点】

生态环境服务功能损失费用是否属于附带民事赔偿范围。

【法院裁判要旨】

安徽省绩溪县人民法院经审理认为：森林是国家和人民的宝贵资源，是人类生存环境的重要保障。为了防止滥伐森林的现象发生，森林法规定了限额采伐的原则和核发采伐许可证制度。程某违反森林法的规定，超出林木采伐许可证规定的数量、方式或在未办理林木采伐许可证的情况下，采伐林木27.148立方米，数量较大，其行为已构成滥伐林木罪。程某被公安民警电话通知到案，到案后如实供述自己的罪行，系自首，依法可以从轻或者减轻处罚。程某系初犯、偶犯，综合其犯罪事实、悔罪态度及社区影响评估意见，本院决定对其从轻处罚并适用缓刑。《最高人民法院关于审理环境民事公益诉讼案件适用法律若干问题的解释》（以下简称环境公益诉讼解释）第十八条规定，对污染环境、破坏生态，已经损害社会公共利益或者具有损害社会公共利益重大风险的行为，原告可以请求被告承担恢复原状、赔偿损失等民事责任。程某滥伐林木的行为，经《评估意见书》认定造成了一定的损害后果。为尽早恢复区域林木生态功能，需采取措施及时补种树木，并进行有效抚育。附带民事公益诉讼起诉人据此主张被告人恢复原状，将生态环境修复到损害发生之前的状态和功能，在滥伐区域补种一级苗木 288 株并进行抚育之诉请，符合法律规定，应予以支持。

关于生态环境服务功能损失费用是否属于附带民事赔偿范围。因环境公益诉讼解释第二十一条规定，原告请求被告赔偿生态环境受到损害至恢复原状期间服务功能损失的，人民法院可以依法予以支持。程某滥伐林木且部分为退耕还林地林木，使森林生态系统自受到损害之日至恢复原状期间服务功能受损或丧失。该期间损失并非被告代理人所称的间接损失，且意见书根据砍伐区演替的时代特征和周边环境状况，折算出经济损失为 25521.29 元，附带民事公益诉讼起诉人据此主张的请求于法有据，依法应予支持。综上法院判决：

一、程某犯滥伐林木罪，判处有期徒刑九个月，缓刑一年，并处罚金人民币一万元；

二、没收程某违法所得 9930.28 元，上缴国库；

三、程某于本判决生效后一年内在滥伐区域补种一级苗木 288 株，并进行抚育；

四、程某于本判决生效后十日内赔偿由其滥伐行为造成的生态环境损失费用人民币 25521.29 元，上缴财政专户，用于修复被损害的生态环境。

【法官后语】

1. 环境民事公益诉讼中侵权责任方式的适用

污染环境和破坏生态造成损害的，应承担侵权责任。在环境民事公益诉讼中，《侵权责任法》第十五条列明的八种责任方式并非全部可以适用。因被告的行为表现为对生态环境的侵害，不是对财产的非法占有。原告与损害结果没有直接的利害关系，并非物权所有人，其不能行使物权请求权，故《侵权责任法》中“返还财产”责任方式，在环境民事公益诉讼中不能适用。“消除影响、恢复名誉”责任方式属于人格权范畴，主要适用于侵害名誉权的情形，在环境民事公益诉讼中也无适用之处，故上述两种责任方式自然排除在环境民事公益诉讼之外。赔礼道歉主要适用于生命权、健康权等人身权益被侵犯的情形，针对他人的精神造成伤害的侵权行为。在环境民事公益诉讼中，不涉及特定受害人的人身权、财产权受到损害的问题，不存在对特定受害人赔礼道歉的问题。然而，污染环境、破坏生态的行为可能导致损害发生后到恢复原状前生态环境服务功能的损害，该损害的一个内容就是社会公众享有美好生态环境精神利益的损失。从这个角度而言，相关司法解释将赔礼道歉纳入环境公益诉讼的责任方式也确有一定道理，但履行的形式应以在有相应影响的公开媒体上进行书面道歉为宜。

2. 环境侵权民事公益诉讼中赔偿范围的确定

环境侵权赔偿范围一般包括：一是为防止生态环境损害的发生和扩大采取合理预防、处置措施而发生的费用；二是生态环境修复即恢复原状的费用；三是生态环境修复期间服务功能损失的费用；四是其他合理费用。关于本案争议的生态环境受到损害至恢复原状期间服务功能损失的费用，即期间损失。主要表现为生态环境损害发生至生态环境恢复到基线状态期间，生态环境因其物理、化学或生物特性改变而导致向公众或其他生态系统提供服务的丧失或减少，即受损生态环境从损害发生到其恢复至基线状态期间提供生态系统服务的损失量。恢复原状的责任方式无法包含对于这部分损害的赔偿，如果责任人对此部分损害不予赔偿，社会公共利益就不能得到完全的救济，两个责任方式是可以并用的。对期间损失的计算方法涉及比较专业的技术问题，根据专业的计算方法作出的鉴定结论，人民法院应审查鉴定报告是否具有科学性、合理性，防止轻易地采信违背常理的“专业”鉴定结论，造成不良影响。

3. 生态环境损失的赔偿费用应当确立专户管理使用

如何有效管理使用环境公益诉讼资金，确保生态环境修复费用和服务功能损失等款项实际用于修复生态环境和开展公益诉讼，是环境公益诉讼面临的重要问题之一。目前，对于生态环境修复费用、服务功能损失等款项存放何处、如何使用？环境公益诉讼解释以及其他相关司法解释均未作出明确规定。司法实践中，各地做法不一，有的支付到地方财政账户，有的放在法院执行账户，还有的考虑建立基金，将该款项纳入基金账户。本案在审理过程中，法院与检察院经过协商，决定由检察机关发出检察建议书，建议地方政府建立相应制度，明确专项资金的性质、来源、用途、管理方式、使用对象、以及申请程序、审核使用、审计监督等问题。在地方财政部门设立独立的“环境公益诉讼专项资金账户”，接收法院审理环境公益诉讼案件的赔偿款或环境修复费用，实行专款专用，并指定地方环境保护部门为“专项资金账户”的管理人，统一管理使用专项资金。在资金的使用上，由环境保护部门提出意见，将使用意见及各种依据资料报财政部门审核后拨付，审计部门负责对专项资金管理使用进行监督。

编写人：安徽省绩溪县人民法院　辛先海

42

滥伐林木罪中被告人主观故意的认定

——王某某滥伐林木案

【案件基本信息】

1. 裁判书字号

湖南省桑植县人民法院（2019）湘0822刑初50号刑事判决书

2. 案由：滥伐林木罪

【基本案情】

2017年11月份，被告人王某某分别购买宋某桥、宋某章、宋某明位于澧源镇某村某组的责任山林。随后在没有办到林木采伐证的情况下，请帮工陈某贵、陈某理、陈某树、王某岩、贵某红、陈某华等人砍伐运输，将滥伐的林木部分销往永定区覃某某的木材加工厂，得到赃款8350元人民币。经鉴定，王某某砍伐的树木总蓄积为50.4908立方米。桑植县森林公安局于2017年12月18日扣押被告人王某某非法所得人民币8350元，2017年12月16日扣押被告人王某某木材141件，材积9.318立方米，变卖得木材款6000元。被告人王某某于2019年2月在桑植县瑞塔铺镇某村种植了600株树苗。

【案件焦点】

被告人王某某能否以不知情为由否认主观上有滥伐林木的故意。

【法院裁判要旨】

湖南省桑植县人民法院经审理认为，被告人王某某违反森林法的规定，未经林业主管部门批准并核发林木采伐许可证，任意采伐购买他人山林林木，数量较大，其行为已构成滥伐林木罪。犯罪事实清楚，证据确实、充分，公诉机关指控的罪名成立。被告人王某某经口头传唤自动到案，并能如实供述自己的犯罪行为，系自首，可以从轻处罚。被告人王某某犯罪后主动缴纳违法所得，积极补种树木，有悔罪表现，可酌情从轻处罚。综合本案犯罪事实、情节及被告人的悔罪表现，参考桑植县司法局社区矫正调查评估意见，可以对被告人宣告缓刑。依照《中华人民共和国刑法》第三百四十五条第二款，第六十七条第一款，第七十二条第一款、第三款，第七十三条第二款、第三款，第五十二条，第六十四条之规定，判决如下：

一、被告人王某某犯滥伐林木罪，判处有期徒刑八个月，缓刑一年，并处罚金人民币三千元；

二、扣押被告人王某某违法所得款人民币8350元，木材变价款6000元，由扣押机关依法处理。

【法官后语】

《森林法》《森林法实施细则》等法律法规明确规定，采伐林木必须申请采伐许可证，并严格按照许可证的规定进行采伐。值得强调的是林木的所有权、使用权和采伐权实行“三权分离”，即个人或单位不能因对林木拥有所有权或使用权而不经相关部门许可就进行采伐，否则可能构成滥伐林木罪。根据《刑法》的规定，滥伐林木罪是指违反森林法及其他保护森林法规，未经林业行政主管部门及法律规定的其他主管部门批准并核发采伐许可证，或者虽持有采伐许可证，但违背采伐证所规定的地点、数量、树种、方式而任意采伐本单位所有或管理的，以及本人自留山上的森林或者其他林木，情节严重的行为。这种犯罪行为破坏了森林资源，严重危害生态平衡和经济的可持续发展。

本案的争议焦点在于被告人王某某主观上是否存在滥伐林木的故意。根据《刑法》第十四条的规定，“明知自己的行为会发生危害社会的结果，并且希望或者放任这种结果发生，因而构成犯罪的，是故意犯罪”，可见主观故意存在认识和意志两个方面。在认识方面，行为人明知自己的行为违法且会发生危害社会的结果；在意志方面，行为人对行为将致危害结果的发生抱希望或者放任的心理态度，即积极追求或听之任之。本案中，被告人王某某辩称其已委托宋某桥代办林木采伐许可证并支付相关费用，以为是在已有林木采伐许可证的情况下进行的采伐，认为自己没有滥伐林木的故意。实际上，在被告人王某某雇佣的伐木工人去宋某桥家的责任山林时，宋某桥告知林木采伐许可证还未办理好但单方承诺“未批先伐”没有问题，受雇于被告人王某某的伐木工人砍伐了树木，后被告人王某某将被伐树木运输销售。被告人王某某作为办证委托人，有先行确认的义务，在决定采伐林木前应核实伐木许可证的代办情况，确保已获行政许可后再在许可范围内严格按要求进行采伐。而其雇佣的伐木工人去宋某桥家的责任山林时，宋某桥也告知了林木采伐许可证还未办好。由此可认定，作为雇主的王某某对无证情况及行为的违法性应当是明知的。被告人王某某对整个事件具有主导作用，在明知无证的情况下对雇工采伐行为不加以阻止，为追求经济利益有意识的放任危害结果的发生，宋某桥作出的单方免责承诺并不能成为无证伐木行为违法性的阻却事由。被告人王某某事后对被伐林木进行运输销售更是用行动认可了无证伐木行为，应认定其主观上存在滥伐林木的故意。

编写人：湖南省桑植县人民法院　龙昕秀

（六）走私、贩卖、运输、制造毒品罪

43

贩毒人员住处查获的毒品数量的认定

——李某贩卖毒品案

【案件基本信息】

1. 裁判书字号

福建省泉州市中级人民法院（2018）闽05刑终567号刑事裁定书

2. 案由：贩卖毒品罪

【基本案情】

2017 年 2 月 11 日，被告人李某在其南安市水头镇蟠龙小区租房，贩卖 0.6 克海洛因给彭志某。同日，在南安市水头镇康店村新区 × × 号店面的公路旁，欲将 6 克海洛因贩卖给张志某时被查获，并在其随身携带的手提包内缴获海洛因 6.01 克，在其身上文胸处缴获海洛因 1.16 克，在其南安市水头镇康店村新区 × × 号 × × × 室租房里的黑色行李箱内缴获海洛因 11.57 克，从吸毒人员彭志某身上缴获海洛因 0.6 克。共计缴获海洛因 19.34 克。被告人李某被扣押手机二部、电子秤一台。

【案件焦点】

关于被告人李某贩卖海洛因数量的认定。

【法院裁判要旨】

福建省安溪县人民法院经审理认为，被告人李某明知是毒品海洛因而故意贩卖十克以上，其行为已构成贩卖毒品罪。公诉机关指控被告人李某犯贩卖毒品罪的罪名成立。辩护人黄生某关于被告人李某到案后均供述毒品掺杂药粉，应对毒品含量进行鉴定，建议对被告人李某减轻处罚的辩护意见，与法律规定不符，不予采纳。被告人李某明知是毒品海洛因而故意贩卖十克以上，其行为已构成贩卖毒品罪。公诉机关指控被告人李某犯贩卖毒品罪的罪名成立。辩护人黄生某关于被告人李某到案后均供述毒品掺杂药粉，应对毒品含量进行鉴定，建议对被告人李某减轻处罚的辩护意见，与法律规定不符，不予采纳。

福建省安溪县人民法院依据《中华人民共和国刑法》第三百四十七条第一款、第三款、第三百五十七条、第六十四条之规定，判决如下：

一、被告人李某犯贩卖毒品罪，判处有期徒刑七年二个月，并处罚金人民币三万元；

二、缴获的海洛因及扣押的作案工具予以没收。

李某对判决不服，提起上诉。

福建省泉州市中级人民法院经审理裁定：驳回上诉，维持原判。

【法官后语】

毒品犯罪是一类特殊的刑事犯罪。审判实践中经常发生现场缴获的毒品数量少，住处搜出的毒品数量大的情况。对于毒品犯罪嫌疑人住处查获的这部分毒品，涉及如何定罪的问题：究竟应该定非法持有，还是认定为贩卖毒品？2015 年 5 月 18 日，最高人民法院印发的《全国法院毒品犯罪审判工作座谈会纪要》（以下简称《武汉会议纪要》），对这一问题作出了规范①，在审判实践中适用这一规范时不宜简单机械的套用，应注意以下问题：

1. 将毒贩住处等地查获的毒品数量计入贩卖数量是一种事实推定

事实推定是根据已知的基础事实，依据经验法则和常识，推断未知的推定事实存在，并允许当事人提出反证加以推翻的证明方法。将毒贩住处等地查获的毒品数量计入贩卖数量是基于贩卖的目的而进行的司法推定，其实质是根据被抓获的行为人的现场贩卖行为，以此证明其具有贩卖目的。《武汉会议纪要》之所以采用这一认定原则，是因为毒品犯罪隐蔽性强、取证难度大，犯罪分子往往具有较强的反侦查意识，尤其是有吸毒情节的贩毒人员，对于从其住所等处查获的毒品通常辩称系用于吸食；然而，从实践情况来看，从贩毒人员住所等处查获的毒品确实多系用于贩卖，如果严格按照普通刑事案件的证明方法及要求，运用在案证据证明从贩毒人员住所等处查获的毒品系用于贩卖，往往会因为无法收集到足够的证据而出现举证困难或举证不能的现象，不利于有效打击毒品犯罪。

2. 贩毒人员的住处应做广义的理解

基于事实推定的方法，《武汉会议纪要》中所指的住处，既包括犯罪分子有房屋所有权证的城镇住宅或宅基地所有权证的农村住宅，也包括犯罪分子的租住地，甚至临时寄居的宾馆，还包括涉案人员的其他毒品藏匿地点，只要能根据被抓获的贩毒人员的现场贩卖行为，证明其具有贩卖目的，这些场所查获的毒品都应认定为其贩毒的数量。本案被告人李某身上文胸处被查获红、绿、紫包装的海洛因五个共 1.16 克，因李某被抓获时有贩卖毒品并被人赃俱获的行为，且其身上查获的毒品的包装符合贩卖的毒品特征，因此，应认定为其贩卖毒品的数量。

3. 用作推定前提的基础事实必须有确凿的证据证明

如果没有确实、充分的证据证明毒品系从贩毒人员的住所等处查获，则毒品与贩毒人员之间不具有关联性，亦不能运用推定认定系其用于贩卖。在贩卖毒品案件中，

---

① 贩毒人员被抓获后，对于从其住所、车辆等处查获的毒品，一般均应认定为其贩卖的毒品。确有证据证明查获的毒品并非贩毒人员用于贩卖，其行为另构成非法持有毒品罪、窝藏毒品罪等其他犯罪的，依法定罪处罚。

贩毒人员通常不承认从其住所等处查获的毒品系用于贩卖，而毒品犯罪隐蔽性强，犯罪分子的主观目的往往难以通过其他证据加以证明，因而有必要运用事实推定。本案中，李某到案后多次供述出租房内被查获的毒品系一男子留给其由其处理，并称会介绍人来购买，尽管李某辩称没有贩卖毒品，但在案证据充分证明被查获的租房处于李某的控制下，且查获的毒品和其有关联性，因此应将该地点查获的毒品计入贩卖的数量。

4. 当事人提出反证是否能推翻推定事实

当事人既可以就基础事实提出反证，也可以就推定事实提出反证。因此，若贩毒人员提出的反证证明其没有贩卖毒品的基础行为或其与查获的毒品之间不存在关联，或查获的毒品并非用于贩卖，在其住处查获的毒品就不能认定为其贩毒毒品的数量。本案中，被告人李某提出，×××室出租房里搜查到的毒品与其无关，但侦查机关是在李某的带领下，使用李某手提包内查获的钥匙打开×××室，该租房处于李某控制下，且李某到案后多次供述租房内的毒品系他人留下由其处理的。因此，可以认定租房内被扣押海洛因11.57克为李某所持有，应计入李某贩卖毒品的数量。

编写人：福建省安溪县人民法院　周水金　林懿娴

44

贩卖毒品案中被告人翻供后贩毒事实如何认定

——卫某子贩卖毒品、容留他人吸毒案

【案件基本信息】

1. 裁判书字号

广东省惠州市惠东县人民法院（2018）粤1323刑初138号刑事判决书

2. 案由：贩卖毒品罪、容留他人吸毒罪

【基本案情】

被告人卫某子自2017年4月开始以人民币50元至200元不等的价格将毒品甲

基苯丙胺或海洛因多次贩卖给吸毒人员林某沿、林某志、刘某民、梁某武、江某强等人吸食，由被告人卫某子在交易前临时确定交易地点，多数在被告人卫某子租住的惠东县平海镇平海居委上中村一横巷××号房内及惠东县平海镇西门桥附近交易。

2017年6月9日，侦查人员在卫某子位于惠东县平海镇平海居委上中村一横巷××号租房内缴获晶体二包，其中一包经送检检出甲基苯丙胺成分（净重为16.5克），另一包未检出常见毒品和易制毒化学成分。2017年12月4日，侦查人员在惠东县平海镇电影院对面大排档前抓获卫某子，并当场在其身上缴获晶体二包（经送检均检出甲基苯丙胺成分，净重为0.51克和2.63克）、粉末一包（未检出常见毒品和易制毒化学成分）和块状物一包（经送检检出海洛因成分，净重为0.23克）。

被告人卫某子在其位于惠东县平海镇平海居委上中村一横巷××号租房内，多次留容吸毒人员梁某武、江某强、刘某民等人吸食毒品冰毒，并提供吸毒工具。

【案件焦点】

贩卖毒品犯罪中，被告人卫某子庭审时翻供，拒不承认有贩卖毒品行为，且部分吸毒人员证实其未吸食毒品，如何根据在案证据定罪。

【法院裁判要旨】

广东省惠州市惠东县人民法院经审理认为，对于被告人卫某子庭审时提出其是与他人一起合资购买毒品吸食，并未贩卖毒品，证人刘某民和林某沿均指证其尿检结果为未吸毒的情况下，现有证据未能证明其持有16克毒品的辩解意见。经查，吸毒人员林某沿、林某志、刘某民、梁某武、杜某标、江某强的证言均证实曾多次向被告人卫某子购买毒品的事实，且被告人卫某子归案后也多次稳定供认其多次贩卖毒品给林某沿、林某志、刘某民、梁某武、江某强的事实，且有通话清单等证据给予佐证，能形成证据链条，足以证实被告人卫某子贩卖毒品的事实；另据公安机关的现场勘验笔录、扣押清单、称重笔录等证实被告人卫某子持有的毒品数量，且上述证据程序合法。综上，被告人卫某子庭审时提出的辩解意见与本案实际不符，不予采纳。被告人卫某子明知是毒品甲基苯丙胺、海洛因而贩卖给他人吸食，数量较大，且提供场所多次容留他人吸食毒品，其行为构成贩卖毒品罪和容留他人吸毒罪。被告人卫某子如实交待容留他人吸毒，酌情予以从轻处罚。被告人卫某子曾因犯贩卖毒品罪、非法持有毒品罪被判有期徒刑，五年内又犯毒品之罪，属累犯和毒品再犯，依法应当从重处罚。被告人卫某子身犯数罪，依法应当数罪并罚。

广东省惠州市惠东县人民法院依照《中华人民共和国刑法》第三百四十七条第三款、第三百五十四条、第三百五十六条、第六十九条、第六十五条、第六十四条、第五十二条、第五十三条以及《最高人民法院关于适用财产刑若干问题的规定》之规定，作出如下判决：

一、被告人卫某子犯贩卖毒品罪，判处有期徒刑十三年，并处罚金人民币九万元；犯容留他人吸毒罪，判处有期徒刑八个月，并处罚金人民币五千元；总和刑期有期徒刑十三年八个月，并处罚金人民币九万五千元；决定执行有期徒刑十三年三个月，并处罚金人民币九万五千元；

二、随案移送的摩托车一部，退回公安机关，由公安机关查明权属后依法处理；随案移送现金人民币七百六十元，依法予以没收，抵作罚金；扣押在案的作案工具手机一部，由公安机关依法予以没收，上缴国库；查扣在案的19.87克毒品甲基苯丙胺、海洛因，由扣押的公安机关依法没收并销毁。

【法官后语】

证据是案件的灵魂，是认定犯罪事实的依据。贩毒犯罪属于智力型犯罪，其犯罪手段均较为隐蔽，在取证上较之一般刑事犯罪困难。特别是一些零星、数额较小的贩毒案件，很难获得直接有力的证据证明贩毒人的罪行，因此运用间接证据来审理这类贩毒案件就显得非常重要。具体到本案中，法院认为被告人卫某子构成贩卖毒品罪的理由主要基于以下几点：一是被告人归案后所作的讯问笔录中大部分情况下承认其有贩毒事实，仅次数和人数上与起诉书指控事实存在差异；二是本案有多名吸毒人员指证其曾多次向被告人购买毒品且能辨认出被告人；三是公安机关从被告人身上及其住所缴获有毒品，且被告人有贩毒前科。综上，被告人卫某子庭审时虽辩称其未贩卖毒品，但上述证据已构成一个完整的证据链条，并排除其他可能性结论，足以证实被告人卫某子多次向多人贩卖毒品。本案毒品犯罪分别处于毒品交易链条的中、末端，被告人卫某子从他处购买毒品后，不仅向下贩卖毒品，而且还容留购毒者吸毒，是典型的“零包贩卖+容留吸毒”的末段毒品犯罪。结合被告人卫某子有贩毒前科，其反侦察意识更强，被告人贩毒时间不短，从贩毒人数和次数可知，其流入社会的毒品数量并不少，加速了毒品的扩散蔓延，社会危害性很大，且其系累犯、毒品再犯，是依法从严惩处的对象，故人民法院在对被告人量刑时，依照量刑指导意见在被告人罪责所对应的法定量刑幅度内对被告人判处较重限度的刑罚。

编写人：广东省惠州市惠东县人民法院　朱宇锋

45

居间介绍买卖毒品和居中倒卖毒品的区别

——易某、肖某贩卖毒品案

【案件基本信息】

1. 裁判书字号

湖南省长沙市芙蓉区人民法院（2018）芙刑初字第1115号刑事判决书

2. 案由：贩卖毒品罪

【基本案情】

2018年5月15日下午，吸毒人员董某某（已被行政处罚）向被告人肖某求购1000元毒品甲基苯丙胺（冰毒）和甲基苯丙胺片剂（俗称“麻古”）。被告人肖某随即联系被告人易某购买毒品。易某随后将1.8克左右毒品甲基苯丙胺和2粒甲基苯丙胺片剂放在长沙市芙蓉区甲小区13楼楼梯间垃圾桶角落后离开，并将藏毒的地点告诉肖某。肖某再将藏毒地点告诉董某某。董某某通过微信向肖某转账900元，现金支付肖某100元，然后自行到上述地点将毒品取走。肖某随后将该1000元毒资通过微信转账给易某。

2018年5月21日上午，董某某向易某求购毒品。易某将2000元毒品甲基苯丙胺和甲基苯丙胺片剂放在长沙市芙蓉区甲小区13楼楼梯间一个废弃的电脑桌隔层中，然后将藏毒地点告诉董某某，收取董某某2000元毒资，董某某自行到上述地点将毒品取走。

2018年5月21日22时左右，董某某再次联系易某购买毒品，易某通过微信收取董某某1100元毒资后，双方在长沙市芙蓉区甲小区1楼完成毒品交易。

2018年5月23日17时左右，董某某在公安机关的安排下，向易某购买10粒甲基苯丙胺片剂和5克左右甲基苯丙胺，双方约在甲小区1楼南侧粉店进行交易。当日18时左右，民警在上述地点抓获被告人易某、肖某，从易某的腰包、眼镜盒、钱包、烟盒、小塑料瓶中查获疑似毒品的黄色粉末、红色药丸、白色晶体若干。经称重，黄色粉末净重0.68克，白色晶体净重10.69克，红色药丸净重5.17克。经鉴定，黄色粉末、白色晶体中检出甲基苯丙胺成分，红色药丸中检出甲基苯丙胺、咖啡因成分。经检测，易某、肖某、董某某的尿样中，甲基安非他明检测结果呈阳性。公诉机关认为被告人易某、肖某的行为构成贩卖毒品罪。

被告人易某对起诉书指控的事实供认属实。被告人易某的辩护人辩称：(1) 被告人易某系特情引诱犯罪，应从轻或者减轻处罚；(2) 被告人易某如实供述自己的罪行，当庭认罪认罚，依法可对其从轻处罚；(3) 被告人易某主观恶性小，有以贩养吸的情节，且本案收缴的毒品未实际流入社会，可酌情对其从轻处罚；(4) 查获的毒品应以非法持有毒品罪定罪。综上，请法庭对被告人易某从轻处罚。

被告人肖某对起诉书指控的事实供认属实。被告人肖某的辩护人作无罪辩护，具体理由如下：被告人肖某主观上没有贩卖毒品的主观故意，也没有和易某有过共同贩卖毒品的犯意联络，客观上没有实施贩卖毒品的行为，只是居间介绍董某某和易某进行毒品交易，没有从中获利，不符合贩卖毒品罪的构成要件。

【案件焦点】

被告人肖某的行为是居间介绍买卖毒品还是居中倒卖毒品。

【法院裁判要旨】

湖南省长沙市芙蓉区人民法院经审理认为：被告人易某违反国家毒品的管理制度，向他人贩卖毒品甲基苯丙胺16.54克，其行为构成贩卖毒品罪。被告人肖某违反国家毒品的管理制度，向他人贩卖少量毒品甲基苯丙胺，其行为构成贩卖毒品罪。公诉机关指控的罪名成立。

关于被告人肖某行为的定性问题。经查，吸毒人员董某某并无毒品来源，其与肖某只约定毒品的种类、数量、价格等，没有涉及第三方主体。肖某收取董某某交付的毒资，利用自己的渠道自主寻找毒品来源，符合贩卖毒品罪的构成要件，应当认定为贩卖毒品罪。

湖南省长沙市芙蓉区人民法院依照《中华人民共和国刑法》第三百四十七条第一款、第三款、第四款、第七款，第六十七条第三款的规定，作出如下判决：

一、被告人易某犯贩卖毒品罪，判处有期徒刑七年六个月，并处罚金人民币三万元；

二、被告人肖某犯贩卖毒品罪，判处有期徒刑七个月，并处罚金人民币五千元。

宣判后，被告人易某、肖某均未上诉，公诉机关未抗诉，该判决已经发生法律效力。

【法官后语】

本案涉及居间介绍买卖毒品和居中倒卖毒品行为的认定问题。在贩卖毒品犯罪中，被告人经常辩称自己是居间介绍买卖毒品而不是贩卖毒品——没有从中获利，试图以此逃脱罪责。准确区分居间介绍买卖毒品和居中倒卖毒品行为，对贩卖毒品案件精准地定罪量刑具有积极的促进作用。

2015 年《全国法院毒品犯罪审判工作座谈会纪要》在“共同犯罪认定问题”中规定，居间介绍者在毒品交易中处于中间人地位，发挥介绍联络作用，通常与交易一方构成共同犯罪，但不以牟利为要件；居中倒卖者属于毒品交易主体，与前后环节的交易对象是上下家关系，直接参与毒品交易并从中获利。居间介绍者受贩毒者委托，为其介绍联络购毒者的，与购毒者构成贩卖毒品罪的共同犯罪；明知购毒者以贩卖为目的购买毒品，受委托为其介绍联络贩毒者的，与购毒者构成贩卖毒品罪的共同犯罪；受以吸食为目的的购毒者委托，为其介绍联络贩毒者，毒品数量达到《刑法》第三百四十八条规定的最低数量标准的，一般与购毒者构成非法持有毒品罪的共同犯罪；同时与贩毒者、购毒者共谋，联络促成双方交易的，通常认定与购毒者构成贩卖毒品罪的共同犯罪。

据此，居间介绍买卖毒品和居中倒卖毒品的主要区别有：(1) 在毒品交易中的地位不同。居间介绍者只是为毒品交易双方提供交易信息，介绍交易对象，协调交易价格、数量或者提供其他帮助，促成毒品交易，不是毒品交易的一方主体，一般不增加毒品流通的环节。居中倒卖者是毒品交易的一环，在上一环节扮演下家的角色，在下一次交易环节又扮演上家角色，对交易的发起和达成起关键作用。(2) 是否成立共同犯罪不同。居间介绍者对毒品交易主体的买卖毒品行为起帮助作用，往往认定为交易一方的共犯。居中倒卖者则单独认定为贩卖毒品罪。

本案中，被告人肖某收取董某某交付的毒资，利用自己的渠道自主寻找毒品来源，是毒品交易中的关键一环，符合贩卖毒品罪的构成要件，应当认定为贩卖毒品罪。

编写人：湖南省长沙市芙蓉区人民法院刑庭助理审判员　谢晓晓

46

对于从被当场抓获的贩毒人员车辆上查获的毒品应如何认定

——程武某贩卖毒品案

【案件基本信息】

1. 裁判书字号

湖北省咸宁市中级人民法院（2018）鄂12刑终180号刑事裁定书

2. 案由：贩卖毒品罪

【基本案情】

公诉机关起诉指控，2017年6月初的一天，被告人程武某在崇阳县天城镇中医院老大门门口以200元钱的价格向吸毒人员吴红某出售海洛因约0.3克。2017年6月27日中午12时许，程武某在崇阳县天城镇四桥桥头以100元钱的价格向吸毒人员庞丽某出售海洛因约0.12克。2017年6月28日下午4时许，程武某在崇阳县交通局门前正欲向吴红某出售200元钱的海洛因时，被崇阳县公安局民警当场抓获，并从程武某身上搜查出海洛因2小包共计0.63克，从程武某所骑摩托车内搜查出海洛因26小包共计17.77克。

被告人程武某对起诉指控其3次贩卖毒品的事实和证据无异议，但称公安机关从其摩托车内搜出的17.77克海洛因非其所有，是一个绰号叫“三姑了”的人的。

被告人程武某的辩护人对被告人构成贩卖毒品罪不持异议，但认为起诉指控被告人贩卖海洛因部分事实并没有得到完全印证，没有达到刑事诉讼的证据要求。侦查机关第一次对被告人讯问的时间与搜查被告人所骑摩托车及称量的时间存在冲突，且侦查人员冯正某不可能在同一时间段出现在审讯室、办案中心和搜查现场，证据之间存在矛盾，且侦查机关取证程序违法，个别证据缺乏真实性，不能认定摩托车中搜出的海洛因 17.77 克为被告人贩卖毒品数量。

法院经审理查明，被告人程武某 2017 年 6 月初向吴红某贩卖的毒品约 0.3 克，2017 年 6 月 27 日向庞丽某贩卖的毒品约 0.12 克以及 2017 年 6 月 28 日 16 时许欲向吴红某出售 200 元钱的海洛因。另查明，被告人程武某于 2010 年因吸食海洛因被杭州市公安局裁决社区戒毒三年，于 2013 年 10 月 22 日被崇阳县人民法院以贩卖毒品罪判处有期徒刑三年，并处罚金 1000 元，2016 年 2 月刑满释放。2017 年 6 月 28 日，被告人程武某因本案被抓获当天，尿液检测呈阳性。

【案件焦点】

从被告人程武某摩托车内查获的 17.77 克毒品是否应当认定为其贩卖的毒品。

【法院裁判要旨】

湖北省咸宁市崇阳县人民法院经审理认为，本案中，被告人程武某贩卖毒品时被当场抓获，除现场从其身上搜出两小包海洛因共计 0.63 克外，另从被告人程武某所骑到现场的摩托车座垫底下工具盒内搜出了海洛因 17.77 克。虽然被告人程武某辩解该 17.77 克海洛因是一个叫“三姑了”的人给他暂为存放，但不能否定被告人实际占有、控制该海洛因的事实。且被告人程武某对 2017 年 6 月初向吴红某贩卖的毒品约 0.3 克、2017 年 6 月 27 日向庞丽某贩卖的毒品约 0.12 克以及 2017 年 6 月 28 日 16 时许欲向吴红某出售 200 元钱的海洛因的事实供认不讳，并有相关证据予以佐证，说明被告人程武某有贩卖毒品的客观行为。本案中，并无确凿的证据证明从被告人程武某摩托车内查获的毒品并非被告人程武某用于贩卖。因此，在被告人程武某有贩卖毒品的客观行为的情况下，对从其摩托车内查获的毒品数量应当认定为其贩卖的数量。

被告人程武某以营利为目的，多次贩卖海洛因毒品共计 18.82 克，其行为已构成贩卖毒品罪，公诉机关指控的罪名成立，依法应当以贩卖毒品罪追究刑事责任。被告人程武某 2013 年 10 月因贩卖毒品罪被判处有期徒刑三年，在刑满释放后五年内，又贩卖毒品，系累犯和毒品再犯，依法应当从重处罚。考虑到被告人程武某在贩卖毒品期间，有自己吸食毒品的情节，可以酌情从轻处罚。依照《中华人民共和国刑法》第三百四十七条第一款、第三款，第三百五十六条，第六十五条之规定，判决被告人程武某犯贩卖毒品罪，判处有期徒刑九年，并处罚金5000元。

宣判后程武某提起上诉。

湖北省咸宁市中级人民法院经审理认为，上诉人程武某以营利为目的，多次贩卖毒品海洛因共计18.82克，其行为已构成贩卖毒品罪，程武某2013年10月因贩卖毒品罪被判处有期徒刑三年，在刑满释放后五年内，又贩卖毒品，系累犯和毒品再犯，依法应当从重处罚。鉴于程武某在贩卖毒品期间，有自己吸食毒品的情节，可酌情从轻处罚。原判认定事实清楚，证据确实、充分，适用法律准确，审判程序合法，并根据程武某犯罪的事实、性质、情节和对于社会的危害程度予以量刑适当。程武某及其辩护人提出的上诉理由及辩护意见均不能成立，本院不予采纳。依照《中华人民共和国刑事诉讼法》第二百二十五条①第一款第一项的规定，裁定如下：

驳回上诉，维持原判。

【法官后语】

本案的争议焦点和难点问题是从被当场抓获的贩毒人员的车辆上查获未销售的毒品，在仅有犯罪嫌疑人的辩解，无其他确凿证据证明系他人所有的情况下，对该部分毒品如何定性问题。最高人民法院《全国法院毒品犯罪审判工作座谈会纪要》（法〔2015〕129号，以下简称《武汉会议纪要》）中规定："贩毒人员被抓获后，对于从其住所、车辆等处查获的毒品，一般均应认定为其贩卖的毒品。确有证据证明查获的毒品并非贩毒人员用于贩卖，其行为另构成非法持有毒品罪、窝藏毒品罪等其他犯罪的，依法定罪处罚。"本案在办理过程中，对该条的理解存在较大差异：一种观点认为，适用该条的前提是毒品确为被告人所有，在毒品来源存疑时，应根据存疑有利于被告人的原则，认定为非法持有毒品罪、窝藏毒品罪等其他犯罪；另一种观点认为，该条并没有明确毒品必须确为贩毒人员所有才可适用，只要没有确凿的证据证明查获的毒品系他人所有，就应将从其车辆上查获的毒品认定为贩毒人

① 对应现行《刑事诉讼法》第二百三十六条。

员用于贩卖的毒品。面对当下毒品犯罪的现状和司法实践中处理毒品犯罪案件的困境，根据我国严惩毒品犯罪的刑事政策，我们认为，贩毒人员被当场抓获后，从其车辆上查获的毒品，若无确凿证据证明系他人所有，应认定为其贩卖的毒品。

首先，毒品犯罪案件属于特殊案件，毒品犯罪危害公民身心健康，颓废社会风气，社会危害性极大，而毒品犯罪行为方式、手段隐蔽，取证困难。近年来，我国打击毒品犯罪力度越来越大，毒品犯罪人员为了逃避打击，采取一切手段提高自身反侦查能力，且大部分犯罪嫌疑人存在“趋利避害”的心理，不认罪、扰乱司法侦查活动是其一贯的伎俩。在毒品犯罪案件中，查获的毒品系唯一的实物证据，其他证据基本上都是言词证据，若过分依赖于犯罪嫌疑人的供述和辩解，一旦犯罪嫌疑人不认罪悔罪，又无其他有力证据时，就很容易陷入证据不足、无法认定犯罪事实的困境。为依法有效打击毒品犯罪，2015 年《武汉会议纪要》便在毒品犯罪事实认定方面引入了推定原则，降低了证明难度，在允许犯罪嫌疑人提出反证的前提下，法官可以根据日常生活经验法则等从基础事实中推出法律认可的案件事实。本案中，被告人贩卖毒品的基础事实清楚，证据确实充分，且被告人系被当场抓获后，从其车辆内查获 17.77 克毒品，被告人虽对该 17.77 克毒品的来源提出异议，但并未提供确凿的证据证明该毒品系他人交于被告人暂时保管。因此，在这种特殊的情况下，结合被告人的毒品犯罪前科、贩卖毒品的来源等因素，我们可以在基础事实的基础上，根据经验法则推定被告人对于从其车内查获的 17.77 克毒品具有贩卖的故意。本案若仅因为被告人的辩解，便认定案件证据未达到刑事证据证明标准，而将该 17.77 克毒品认定为并非被告人用于贩卖，不符合我国当前严厉打击毒品犯罪的刑事政策。

其次，《武汉会议纪要》中关于“贩毒人员被抓获后，对于从其住所、车辆等处查获的毒品，一般均应认定为其贩卖的毒品。确有证据证明查获的毒品并非贩毒人员用于贩卖，其行为另构成非法持有毒品罪、窝藏毒品罪等其他犯罪的，依法定罪处罚”的规定采用了事实推定的证明方法。根据逻辑推理规则，“确有证据证明查获的毒品并非贩毒人员用于贩卖，其行为另构成非法持有毒品罪、窝藏毒品罪等其他犯罪的，依法定罪处罚”，也就是“若没有确凿的证据证明查获的毒品并非贩毒人员用于贩卖，则应认定为其贩卖的毒品”。因此，该条以认定贩卖毒品罪为原则，以非法持有毒品罪等其他犯罪为例外。被告人及其辩护人可以提出其无罪、罪轻或者减轻、免除其刑事责任的材料和意见，证明查获的毒品并非被告人用于贩卖，包括其为他人暂时保管用于吸食的毒品或为其他犯罪分子窝藏毒品或毒品用途系用于治病等，当没有确凿证据证明查获的毒品并非被告人用于贩卖时，应依该条的原则处理，定贩卖毒品罪。本案中，被告人及其辩护人提出了从其摩托车内查获的毒品不是其所有，而是绰号叫“三姑了”的人交于被告人暂时保管的辩护意见，但未提供确凿的证据证明该意见。因此，在没有确凿的证据证明查获的17.77克毒品系他人所有，也就是没有确凿的证据证明查获的毒品并非其用于贩卖的情况下，应认定为被告人贩卖的毒品。

综上，毒品犯罪隐蔽性强、取证困难，办理毒品犯罪案件要区别于其他刑事犯罪案件，为有效打击毒品犯罪，在依法可以适用推定原则的毒品犯罪案件中，要准确适用推定原则，贩毒人员被当场抓获后，对于从其住所、车辆等处查获的毒品，在无确凿的证据证明系他人所有的情形下，应认定为其贩卖的毒品，依法定罪处罚。

编写人：湖北省咸宁市崇阳县人民法院　邓清清

47

未成年犯罪前科封存对构成毒品再犯的影响

——张某某、瓮学某贩卖毒品、张某某绑架案

【案件基本信息】

1. 裁判书字号

北京市第一中级人民法院（2018）京01刑初75号刑事判决书

2. 案由：贩卖毒品罪、绑架罪

【基本案情】

1. 被告人张某某与被告人瓮学某约定以每克人民币230元的价格向瓮学某贩卖甲基苯丙胺（冰毒）。2017年9月29日晚间至30日凌晨、10月1日，张某某指使他人分两次将共计750克甲基苯丙胺送至北京市昌平区北六环外安四路出口附近交

付给瓮学某，瓮学某通过银行转账向张某某支付毒资。瓮学某将从张某某处购买的毒品藏匿至北京市昌平区兴寿镇香屯村×××号暂住地。2017 年 10 月 6 日 21 时许，侦查人员在北京市海淀区甲小区地下停车场将张某某抓获，当场从其随身物品和驾驶的广汽本田奥德赛汽车内起获甲基苯丙胺 253. 288 克。

2. 被告人瓮学某于 2017 年 10 月 2 日与白幼某（已判刑）约定以每克 280 元的价格向白幼某贩卖甲基苯丙胺。当日 14 时许，瓮学某驾车到达北京市房山区乙公交车站附近，将 68. 867 克甲基苯丙胺交付给白幼某。白幼某被当场抓获，毒品亦起获。后侦查人员在北京市顺义区赵全营镇板井南街×号院××栋楼下将瓮学某抓获，从瓮学某身上查获甲基苯丙胺 0. 328 克。2017 年 10 月 3 日，侦查人员又在瓮学某位于北京市昌平区兴寿镇香屯村×××号的暂住处查获甲基苯丙胺 1110. 543 克。

3. 被告人张某某于 2016 年 3 月 4 日 13 时许，伙同段某（已判刑）等多人前往北京市朝阳区丙写字楼 B 座×层×××丁公司内，对该公司职员王国某实施殴打并将其强行带离，持刀和手铐对王国某实施控制。当日晚间至次日凌晨，张某某、段某以王国某人身安全等相威胁，多次打电话向中丁公司董事长钟锦某索要人民币 50 万元，在钟锦某以银行转账方式先行交付人民币 5000 元后将王国某放走。其间，王国某被殴打致轻微伤。

本案审理过程中公诉机关将被告人张某某在未满 18 周岁时的犯罪记录列进其前科记录中，并提出张某某系毒品再犯和累犯，应当从重处罚；被告人张某某的辩护人认为：根据《刑法》第六十五条第一款，张某某不构成毒品再犯。

【案件焦点】

被告人张某某的前科中，其不满 18 周岁时因犯盗窃罪、贩卖毒品罪于 2000 年 11 月 16 日被北京市朝阳区人民法院判处有期徒刑一年，罚金人民币四千元。此后张某某虽然还有其他前科，但均不涉及毒品犯罪。本案中，在未成年犯罪前科封存的情况下，对张某某此次贩卖毒品的犯罪行为可否认定为“毒品再犯”。

【法院裁判要旨】

北京市第一中级人民法院经审理认为：被告人张某某、瓮学某违反国家毒品管制规定，贩卖毒品数量大，其行为均已构成贩卖毒品罪，依法应予惩处；张某某还伙同他人绑架王国某作为人质，并以此相要挟向第三人勒索钱财，情节较轻，其行为已构成绑架罪，依法亦应惩处。对张某某所犯贩卖毒品罪、绑架罪应依法数罪并罚。鉴于张某某此次犯罪系累犯，瓮学某此次犯罪系累犯、毒品再犯，对其应依法从重处罚。根据《中华人民共和国刑事诉讼法》第二百七十五条[①]之规定，不能认定张某某有毒品再犯情节。被告人瓮学某系累犯、毒品再犯，对其应依法从重处罚；被告人瓮学某能够如实供述认罪态度较好，涉案毒品均已起获未流入社会，对其依法从轻处罚。据此，根据张某某、瓮学某犯罪的事实、犯罪的性质、情节和对于社会的危害程度，判决：

一、被告人张某某犯贩卖毒品罪，判处死刑，缓期二年执行，剥夺政治权利终身，并处没收个人全部财产；犯绑架罪，判处有期徒刑七年，剥夺政治权利一年，并处罚金人民币一万四千元，决定执行死刑，缓期二年执行，剥夺政治权利终身，并处没收个人全部财产；

二、被告人瓮学某犯贩卖毒品罪，判处无期徒刑，剥夺政治权利终身，并处没收个人全部财产；

三、责令被告人张某某退赔人民币三千元，发还钟锦某。与（2016）京0105刑初1403号刑事判决第二项责令被告人段某退赔人民币三千元，发还钟锦某，承担连带责任。

【法官后语】

张某某的前科中，其不满18周岁时因犯盗窃罪、贩卖毒品罪曾被判处有期徒刑刑罚。此后张某某虽然还有其他前科，但均不涉及毒品犯罪。鉴于2011年《刑法修正案（八）》以及2012年修改《刑事诉讼法》对于未成年人犯罪前科方面做出了修改，本案在法律适用方面就涉及了前科毒品犯罪未系成年且判处五年以下有期徒刑刑罚是否能够构成毒品再犯的问题。张某某的辩护人认为张某某不构成毒品再犯，其理由为：《刑法修正案（八）》将《刑法》第六十五条第一款修改为："被判处有期徒刑以上刑罚的犯罪分子，刑罚执行完毕或者赦免以后，在五年以内再犯应当判处有期徒刑以上刑罚之罪的，是累犯，应当从重处罚，但是过失犯罪和不满十八周岁的人犯罪的除外。"张某某此前所犯贩卖毒品罪系未成年，不构成累犯，

---

① 对应现行《刑事诉讼法》第二百八十六条。

也不能构成毒品再犯。经分析认为，辩护人提出的这一理由混淆了累犯和毒品再犯的区别，不能成立。毒品再犯与累犯是不同的量刑情节，从逻辑上分析，再犯是上位概念，再犯层面之下根据间隔时间以及罪名的不同，才有累犯和毒品再犯的概念，毒品再犯与累犯虽然同源于再犯且存在一定竞合。在我国现行《刑法》中，毒品再犯是独立于累犯制度的一种特殊规定，二者不存在隶属关系，这点从《全国法院毒品犯罪审判工作座谈会纪要》《全国部分法院审理毒品犯罪案件工作座谈会纪要》关于“对同时构成累犯和毒品再犯的被告人，应当同时引用刑法关于累犯和毒品再犯的条款”的规定亦有所体现。《刑法修正案（八）》仅是对未成年人犯罪构成普通累犯作出了限制规定，并不涉及《刑法》第三百六十五条规定的毒品再犯，因此前毒品犯罪系未成年并不影响毒品再犯成立。从生效案例角度，《刑事审判参考》第 90 辑第 839 号李某耀等贩卖、运输毒品案（最高人民法院核准的死刑案件）也确认前科毒品犯罪未满十八周岁不影响毒品再犯成立。

但是，上述分析仅是基于《刑法修正案（八）》，所涉及的《刑事审判参考》刊发的案例也是发生在 2012 年《刑事诉讼法》修改之前，因此认定张某某是否构成毒品再犯还需根据《刑事诉讼法》2012 年修改后增加规定的未成年人前科封存制度进一步加以分析。现行《刑事诉讼法》第二百八十六条规定：“犯罪的时候不满十八周岁，被判处五年有期徒刑以下刑罚的，应当对相关犯罪记录予以封存。犯罪记录被封存的，不得向任何单位和个人提供，但司法机关为办案需要或者有关单位根据国家规定进行查询的除外。依法进行查询的单位，应当对被封存的犯罪记录的情况予以保密。”据此，未成年人所犯毒品犯罪被判处有期徒刑五年以下，依法应当封存，那么在前科封存的情况下，其是否还能构成毒品再犯，理论界存在两种不同观点，一种观点认为，未成年前科封存不是前科消灭，不影响构成毒品再犯（参见《未成年人毒品犯罪前科应作为认定毒品再犯的依据》，载《人民检察》2016 年第 6 期）；另一种观点则认为，如果认定构成毒品再犯必然要求在判决书中公开前科，这不符合未成年前科封存制度的基本规定，因此不构成毒品再犯（参见《未成年人毒品犯罪记录不能作为毒品再犯的依据》，载《人民司法》2017 年第 12 期）。而司法实务部门对此问题也有不同认识，通过网络查询，认定构成毒品再犯的案例与认定不构成毒品再犯的案例均存在。对此两种观点，首先，从前科封存制度本身内容分析，虽基于办案需要可以查询，但对外应当保密，如要认定被告人构成毒品再犯，必然将其前科情况列明在判决书中，有违前科封存制度规定的保密义务；其次，从法律渊源角度分析，虽然《刑法》、《刑事诉讼法》及相关司法解释并未对此情况作出明确规定，但是《联合国少年司法最低限度标准规则》中规定：未成年罪犯的档案不得在其后的成人诉讼案中加以引用；第三，从法律后果角度分析，《全国法院毒品犯罪审判工作座谈会纪要》规定，对于同时构成毒品再犯和累犯的，在裁判文书中应当同时引用刑法关于累犯和毒品再犯的条款，但在量刑时不得重复予以从重处罚。本案被告人张某某此次犯罪已构成累犯，即使不认定毒品再犯也不会对其最终处理结果有实质影响。综合上述几点，对张某某可不认定为毒品再犯。

编写人：北京市第一中级人民法院　张鹏　刘晓英

48

运输毒品罪中被告人主观明知的认定

——黄某某运输毒品案

【案件基本信息】

1. 裁判书字号

广西壮族自治区崇左市中级人民法院（2018）桂14刑终134号刑事裁定书

2. 案由：运输毒品罪

【基本案情】

2017年8月20日，被告人黄某某为得到2000元的好处费同意帮一个叫“阿松”的广东籍男子带钱送到广西大新县德天瀑布交给一个越南人，并以到大新县德天瀑布游玩为由邀请同乡黄某一同前往。同年8月21日，黄某某和黄某从博白县沙陂镇来到博白县城，来到甲宾馆，因未领到“阿松”给的钱，便在甲宾馆入住一晚。次日早上，黄某某先到广西博白县城百顺租车有限公司租用一辆车牌号为桂KQR×××黑色丰田凯美瑞轿车，后与黄某到甲酒店旁边的农村信用社自动取款机提取现金。随后黄某某将包好的钱放到坐在副驾驶座位的黄某脚垫处，后黄某又将包好的钱放进副驾驶座位前的储物箱内。黄某某便驾车从博白收费站上高速，沿南北高速途经钦州，进入合那高速途经崇左、大新，后从合那高速天等收费站下高速沿二级路往大新县德天瀑布方向行驶，途中黄某某经与接头人联系，告诉对方自己所处的位置，在经过第一个隧道后与一名驾驶一辆白色轿车的男子成功接头后，黄某某按照对方的指引驾车驶进大新县硕龙镇义宁村陇润屯村口停下，白色轿车也尾随其后来到陇润屯村口。不久，又有一名穿迷彩服骑摩托车的男子也来到现场，黄某某持事先准备好的那一袋钱分别与白色轿车司机和该名身穿迷彩服骑摩托车的男子接头后，将拿到的一个长方形固体用黑色塑料袋包装好放到轿车内。当日13时许，黄某某驾车搭乘黄某返回博白县，途经合那高速公路天等收费站时，被公安民警拦截检查。公安民警当场从桂KQR×××黑色丰田凯美瑞轿车天窗夹层内查获一块毒品海洛因。经称量，缴获的毒品海洛因净重350.16克；经鉴定，该块毒品中检出海洛因，含量为72.4%。

【案件焦点】

在被告人不承认对运输毒品主观明知情形下，能否根据在案证据认定其主观故意。

【法院裁判要旨】

广西壮族自治区大新县人民法院经审理认为：被告人黄某某违反国家有关毒品管理的规定，运输毒品海洛因350.16克，其行为已触犯《中华人民共和国刑法》第三百四十七条第一款、第二款第一项的规定，构成运输毒品罪。公诉机关指控被告人黄某某犯运输毒品罪的罪名成立。被告人黄某某提出其行为不构成犯罪的辩解及辩护人提出公诉机关指控的黄某某犯运输毒品罪的证据不足，建议宣告被告人无罪的辩护意见，经查，在案证据综合证实被告人黄某某为从中获利，自己租车携带阿松托付的数万元现金从博白县驱车来到位于中越边境德天瀑布附近与上家联系，将收取涉案毒品藏放车内，在驾车返回博白县途中被公安机关当场截获的事实，其行为符合运输毒品罪的犯罪构成要件，故被告人的上述辩解和辩护人的上述辩护意见与本案查明的事实不符，不予采纳。被告人黄某某运输的毒品、犯罪所得的赃款和作案使用的手机依法予以没收处理。

广西壮族自治区大新县人民法院依照《中华人民共和国刑法》第三百四十七

条第一款、第二款第一项、第五十五条、第五十六条、第五十九条、第六十四条，作出如下判决：

一、被告人黄某某犯运输毒品罪，判处有期徒刑十五年，剥夺政治权利三年，并处没收个人财产人民币三万元；

二、被告人黄某某运输的毒品海洛因347.62克（已扣除取样送检2.54克），由扣押机关予以没收；

三、被告人黄某某违法所得的赃款人民币四百元，予以没收，由扣押机关大新县公安局上缴国库；继续追缴被告人黄某某违法反得的赃款人民币一千六百元，上缴国库；被告人黄某某作案使用的三星G9350灰色手机一部，予以没收，上缴国库。

黄某某持原审辩解提起上诉。

广西壮族自治区崇左市中级人民法院经审理认为：上诉人黄某某明知是毒品海洛因而非法运输，其行为已触犯《中华人民共和国刑法》第三百四十七条第二款第一项的规定，构成运输毒品罪。对于上诉人及其辩护人提出上诉人不构成运输毒品罪的意见。经查：（1）根据到案证据，黄某事先无预谋购买毒品，在上诉人临时叫其陪同去德天瀑布时，不可能在一天内能找到毒品上家、筹集毒资，并商谈好交易毒品事宜，也不可能恰好在那天，有毒贩得知黄某去德天瀑布，临时指控黄某从中越边境带毒品到博白县；毒品犯罪是重罪，黄某某在侦查阶段并未供认涉案毒品可能是黄某的，因此，可以排除涉案的毒品是黄某的可能；（2）涉案车辆自黄某某租用后，由其控制和使用，一块毒品价值8万余元，可以排除租车公司的员工或者其他人将毒品藏放或遗留在轿车天窗夹层内；（3）证人黄某证实，黄某某在中越边境德天瀑布附近的一条小路上把一袋钱交给一名男子，后又从一陌生男子处接取一块毒品藏放在轿车天窗夹层内。黄某某也供认，其在德天瀑布附近的中越边境一条偏僻的小路上把钱交给越南人。综合证人证言、上诉人的供述，结合本案其他证据和事实分析，证人黄某是黄某某担任学校总务主任时的学生，黄某某主动叫其跟他同行，因此，黄某的证言内容是真实可信；黄某某交接钱的地方偏僻，在网上支付方便快捷，“阿松”花2000元特意让黄某某租车从博白县送到大新县的中越边境，不符常理；扣除租车费、住宿费、油费、过路费等开支，2000元所剩无几，帮“阿松”送钱得不到多少好处，以上不符常理之处，黄某某又不能作出合理解释，因此，可以推定黄某某对运输毒品主观明知；黄某某虽有稳定的工作和收入，但其是吸毒人员，其工资不一定能满足其吸毒和家庭生活花费，而且，犯罪动机不是犯罪的构成要件，黄某某的上诉意见和辩护人的辩护意见与事实不符，不予采纳。对于原判是否审量刑过重，经查，上诉人黄某某运输毒品海洛因347.62克，根据《中华人民共和国刑法》第三百四十七条第二款第一项的规定，应当在十五年以上有期徒刑、无期徒刑、死刑范围内量刑，黄某某无法定从轻或者减轻情节，一审法院在量刑幅度内量刑，并无不当。综上，原判认定事实清楚，证据确实、充分，定罪准确，适用法律正确，量刑适当，审判程序合法。上诉人的上诉意见和辩护人的辩护意见与事实不符，本院不予采纳。广西壮族自治区崇左市人民检察院建议驳回上诉，维持原判的意见正确，予以采纳。

广西壮族自治区崇左市中级人民法院依照《中华人民共和国刑事诉讼法》第二百三十六条第一款第一项，作出如下裁定：

驳回上诉，维持原判。

【法官后语】

本案中，被告人黄某某约黄某做伴租车前往中越边境大新德天瀑布附近将钱交给一越南男子后便驾驶返回，途经崇靖高速天等收费站时，被公安机关拦截，公安民警从驾驶的轿车天窗夹层查获一块毒品海洛因，净重347.62克。对于上述事实，各方均无异议。本案中证人黄某的证言证实该块毒品海洛因系黄某某在交钱给一越南男子后从另一陌生男子取得并藏放于轿车天窗夹层内的。被告人黄某某则辩称，其不知道轿车天窗夹层内藏有毒品海洛因。

本案争议的焦点在于黄某某是否明知在其驾驶的轿车天窗夹层内藏有毒品海洛因。这就涉及对于毒品犯罪案件中的主观明知刑事推定问题。对此，2008年12月1日最高人民法院发布的《全国部分法院审理毒品犯罪案件工作座谈会纪要》中有明确规定：毒品犯罪中，判断被告人对涉案毒品是否明知，不能仅凭被告人的供述，而应当依据被告人实施毒品犯罪行为的过程、方式、毒品被查获时的情形等证据，结合被告人的年龄、阅历、智力等情况，进行综合分析判断。最高人民检察院、公安部《关于公安机关管辖的刑事案件立案追诉标准的规定（三）》规定，走私、贩卖、运输毒品的主观故意中的“明知”，是指行为人知道或者应当知道所实施的是走私、贩卖、运输毒品行为。

在本案中，证实被告人黄某某运输毒品的事实的直接证据是证人黄某的证言，而黄某系黄某某担任学校总务主任时的学生，黄某某临时叫黄某做伴同行，且没有证据证实涉案毒品属于黄某；涉案车辆系黄某某在租车行自行选定，且租车后由黄某某控制和使用，可以排除他人将毒品藏放或遗留在轿车天窗夹层；黄某某供认将钱交给越南人的地点位于德天瀑布附近中越边境一条偏僻小路，且黄某某为2000元好处费自行租车从博白县前往大新县的中越边境送钱，扣除租车费、住宿费、油费、过路费等已所剩无几，明显不符合常理，黄某某亦不能作出合理解释。综上，笔者认为，一、二审法院认定黄某某对运输毒品存在主观明知，是正确的。

犯罪中主观故意的推定属于事实推定，是在认定基础事实的基础上，由司法人员判断行为人的行为是否违背了经验法则和常识，进而认定行为人是否具有犯罪的主观故意。当然，推定有其无法克服的据点，但推定又是在现有立法模式及必要情形下，完善证据证明、认定犯罪事实的适当选择。人民法院、人民检察院、公安机关禁毒部门在运用推定明知时应注意以下几点：一是运用毒品犯罪主观明知推定必须综合考量案件的客观性。准确判断被告人对其行为及对象在主观上是否“明知”，不能仅凭被告人供述或辩解得出结论，而应依据其行为的过程、行为方式（手段）、毒品被查获时的言行举止、事态环境等证据，综合考量被告人的企盼、阅历、经历、智力、学历、常识等情况进行综合分析判断。二是运用毒品犯罪主观明知推定必须确保基础事实的真实性。既要严格甄选据以推定的基础事实，同时，推定的事实必须有确凿的证据证明。换言之，任何推定的事实，必须有充分、真实的基础事实，推定的事实则必须得到确实、充分的证明。因为，在判断犯罪主观要件的符合性时，必须坚持从客观到主观的顺序，而不能相反；换言之，只有在查明了客观事实的前提下，才能判断行为人的主观心理状态。

编写人：广西壮族自治区大新县人民法院　赵继锋

49

运输假毒品如何定性

——李某、梁洪某运输毒品案

【案件基本信息】

1. 裁判书字号

广西壮族自治区贵港市中级人民法院（2018）桂08刑终253号刑事裁定书

2. 案由：运输毒品罪

【基本案情】

2017年7月中旬，一名绰号叫“十三”的男子（另案处理）让被告人梁洪某跟其去广东帮其带毒品回贵港，并允诺事成后给1万元作为报酬。2018年7月14日，被告人李某驾驶车牌号为桂R36×××的大货车帮其老板从广西贵港市拉一车木板到广东佛山市。2018年7月15日下午，“十三”联系被告人李某，后在广东省佛山市里水镇将用蓝色布袋装着的两包毒品可疑物交给被告人李某，让李某帮带回贵港，并允诺事成后给2千元作为报酬，还安排被告人梁洪某跟车。被告人李某在里水镇卸完木板，又按老板的要求到广东江门恩平市拉一车瓷砖后，便驾驶货车搭载被告人梁洪某及上述毒品可疑物回贵港。次日18时许，公安民警在南梧二级公路广西梧州市藤县天平镇芳垌村路段截获该货车，查获被告人李某、梁洪某，并从货车驾驶室后排中间座位下的储物箱内缴获两包毒品可疑物（净重1972.75克）。经鉴定，上述缴获的两包毒品可疑物均未检出甲基苯丙胺、海洛因、氯胺酮。

【案件焦点】

1. 二被告人是否有运输毒品的主观故意；2. 错把普通货物当毒品运输是否构成运输毒品罪。

【法院裁判要旨】

广西壮族自治区贵港市港北区人民法院经审理认为：被告人李某、梁洪某将1972.75克假毒品当作毒品冰毒运输，其行为均已构成运输毒品罪。公诉机关指控被告人李某、梁洪某犯运输毒品罪罪名成立。被告人李某、梁洪某运输毒品冰毒疑似物，未检出毒品成分，系由于被告人意志以外的原因未能得逞，属于犯罪未遂，可以比照既遂犯减轻处罚。对被告人李某、被告人梁洪某的辩护人提出的李某、梁洪某事先并不知道涉案的两包物品是毒品，也没有明知是毒品而运输的犯罪行为，李某、梁洪某的行为不构成运输毒品罪的辩护意见，经查，依据搜查录像、称重录像，李某所驾驶的货车被公安民警拦截，公安民警从货车上搜出涉案毒品疑似物，还未将其开封前，公安民警就询问了李某、梁洪某，当时李某、梁洪某均表示该物品是“猪肉”（即冰毒），李某还向民警简单描述了运输毒品的过程，并表示梁洪某跟车运输毒品，且李某、梁洪某在侦查机关所作的供述一直都很稳定，二人的供述能相互印证，均证实其二人是明知毒品冰毒而运输，因此该辩护意见缺乏事实及法律依据，本院不予采纳。对被告人梁洪某的辩护人提出的梁洪某是从犯的辩护意见，经查，梁洪某在本案中积极参与，与同伙分工配合，是主犯，该辩护意见缺乏事实及法律依据，本院不予采纳。对被告人梁洪某的辩护人提出的梁洪某是犯罪未遂，到案后能如实供述其罪行，认罪态度较好，且系初犯，可从轻处罚的辩护意见，有事实及法律依据，本院予以采纳。

广西壮族自治区贵港市港北区人民法院依照《中华人民共和国刑法》第三百四十七条第二款第一项，第二十三条，第二十五条第一款，第二十六条第一款、第四款，第六十七条第三款，第四十七条，作出如下判决：

一、被告人李某犯运输毒品罪，判处有期徒刑十二年，并处罚金人民币二万元；

二、被告人梁洪某犯运输毒品罪，判处有期徒刑十一年，并处罚金人民币二万元。

李某、梁某均持原审辩解提起上诉。

广西壮族自治区贵港市中级人民法院经审理认为：上诉人李某、梁洪某违反国家对毒品管理的规定，将1972.75克假毒品当作毒品冰毒运输，其行为均已构成运输毒品罪。梁洪某到案后如实供述自己的罪行，当庭自愿认罪，依法可以从轻处罚。李某、梁洪某运输毒品冰毒疑似物，未检出毒品成分，系由于意志以外的原因未能得逞，属于犯罪未遂，可以比照既遂犯减轻处罚。在共同犯罪中，二上诉人均起主要作用，都是主犯，依法应当按照其所参与的全部犯罪处罚，但梁洪某相对李某作用较小。对李某、梁洪某提出其没有运输毒品冰毒主观故意的上诉理由，经查，李某、梁洪某在公安机关搜获毒品疑似物后即承认是冰毒，到案后亦稳定供述运输毒品冰毒的事实，足以认定其二人具有运输毒品冰毒的主观故意，故对该上诉理由不予采信。对李某、梁洪某提出其二人运输的物品不是毒品，其行为不构成犯罪的上诉理由，经查，李某、梁洪某主观上具有运输毒品的故意，客观上实施了把假毒品当作毒品运输的行为，其行为符合运输毒品罪的构成要件，构成运输毒品罪，公安机关在查获的毒品疑似物未检出毒品成分系由于李某、梁洪某意志以外的原因未得逞，属于运输毒品犯罪未遂，故对该上诉理由不予采纳。综上，原审法院根据李某、梁洪某犯罪的事实、性质、情节及对于社会的危害程度作出的判决，定罪及适用法律正确，量刑适当，审判程序合法，应予维持。

广西壮族自治区贵港市中级人民法院依照《中华人民共和国刑事诉讼法》第二百三十六条第一款第一项，作出如下裁定：

驳回上诉，维持原判。

【法官后语】

本案中，存在两个有争议的问题。一是两被告人是否有运输毒品的主观故意。二是两被告人是否因错把普通货物当毒品运输不构成运输毒品罪。

就第一个争议焦点，经查，依据搜查录像、称重录像，李某所驾驶的货车被公安民警拦截，公安民警从货车上搜出涉案毒品疑似物，还未将其开封前，公安民警就询问了李某、梁洪某，当时李某、梁洪某均表示该物品是“猪肉”（即冰毒），李某还向民警简单描述了运输毒品的过程，并表示梁洪某跟车运输毒品，且李某、梁洪某在侦查机关所作的供述一直都很稳定，二人的供述能相互印证，均证实其二人是明知毒品冰毒而运输。根据2008年《全国部分法院审理毒品犯罪案件工作座谈会纪要》第十条“主观明知的认定问题”中第五项规定，“为获取不同寻常的高额、不等值报酬为他人携带、运输物品，从中查获毒品的”可以认定其“明知”是毒品。本案中，二被告人仅仅从广东帮运一小包物品回贵港，对方却许诺2000元、10000元的报酬，这明显是不同寻常的高额报酬。故二被告人有运输毒品的主观故意。

就第二个争议焦点，其涉及的主要问题是行为人对犯罪客体的认识错误问题。刑法理论上对犯罪客体的认识错误包括两个方面：一是误认为犯罪客体存在，而实际上并不存在。例如，甲意图杀害乙，安装炸弹炸毁乙的车子，而实际乙并没有在车上，甲并没能杀害乙。在这种情况下，行为人的主观态度仍然是犯罪的故意，只是由于犯罪客体不存在，没有发生行为人预期的危害结果，其行为仍然构成犯罪，但由于没有犯罪结果的发生，所以应当按照犯罪未遂处罚。二是行为人误认为犯罪客体不存在，而实际上存在，如猎人误将人当作野兽射击，致使他人死亡的结果发生。由于其主观目的是射击动物而不是杀人，没有杀人的故意。但如果行为人主观应当预见到自己的行为会发生危害社会的结果，只是由于疏忽大意没有预见到或者已经预见到而轻信能够避免，如猎人是在经常有人行走的乡间小路上打猎的，则以过失行为处理，如果法律规定该种过失行为构成犯罪，则应当以犯罪论处；如果行为人根本无法预见危害行为结果的发生，则主观上无罪过，如猎人是在人迹罕至的深山里打猎的，则应当视为无罪。本案中二被告人误将他人托运的物品当作毒品运输的行为，就是行为人在犯罪客体上产生了错误的认识，将不存在的毒品犯罪客体当作毒品犯罪客体。由于行为人主观上仍然具有犯罪的故意，客观上也实施了运输“毒品”的行为，只是因为犯罪客体不存在，没有发生预期的危害后果，因而应当按照犯罪未遂处理。

本案还涉及主从犯问题。根据2015年《全国法院毒品犯罪审判工作座谈会纪要》中关于主从犯的认定，两人以上同行运输毒品的，应当从是否明知他人带有毒品，有无共同运输毒品的意思联络，有无实施配合、掩护他人运输毒品的行为等方面综合审查认定是否构成共同犯罪。本案二被告人受雇于同一雇主，实施同一运输毒品行为，且双方互相知道对方也是运输毒品的人员，所以二被告人系共同犯罪。综合本案案情，在共同犯罪中，二被告人分工明确，互相配合，积极实施运输毒品的犯罪行为，均起主要作用，均是主犯，依法应当按照其所参与的全部犯罪处罚。被告人梁洪某相对被告人李某作用较小，可比照被告人李某从轻处罚。

编写人：广西壮族自治区贵港市港北区人民法院　梁兆喜

50

适用认罪认罚程序前应对被告人认罪进行实质审查

——陈某等运输毒品案

【案件基本信息】

1. 裁判书字号

北京市第二中级人民法院（2018）京02刑初55号刑事附带民事判决书

2. 案由：运输毒品罪

【基本案情】

被告人陈某、于荣某预谋共同出资购买毒品，陈某遂雇佣被告人李树某为其驾车。2017年11月23日，二人乘坐被告人李树某驾驶的陈某租赁的白色丰田轿车（车牌号：辽H××78），从辽宁省海城市出发到河北省高碑店市白沟镇，购买毒品后即返回辽宁省海城市，次日3时许，行至北京市房山区兴礼检查站时被查获。公安机关当场从该车副驾驶座位下查获红色布包1个，内有黄色可疑晶体两包，净重共计993.13克，经鉴定，检出甲基苯丙胺（含量为73.0%）。公安机关还从于荣某处起获吸毒工具1套、白色晶体1包，净重0.44克，经鉴定检出甲基苯丙胺；从李树某处查获黄色晶体、白色晶体各1包，分别净重0.28克、0.09克，经鉴定均检出甲基苯丙胺。上述毒品均已被收缴。

【案件焦点】

被告人供述存在反复，能否适用认罪认罚程序。

【法院裁判要旨】

北京市第二中级人民法院经审理认为，被告人陈某、于荣某、李树某违反国家对毒品的管制规定，非法运输毒品，三被告人的行为均已构成运输毒品罪，且运输的毒品数量大，依法应予惩处。被告人陈某、于荣某在共同犯罪中起主要作用，系主犯；被告人李树某在共同犯罪中起次要作用，系从犯。鉴于陈某、于荣某、李树某到案后均能如实供述主要犯罪事实，均自愿认罪认罚并签署具结书，李树某系从犯等情节，依法对陈某、于荣某从轻处罚，依法对李树某减轻处罚。北京市人民检察院第二分院指控被告人陈某、于荣某、李树某犯运输毒品罪的事实清楚，证据确实、充分，指控的罪名成立；所提量刑建议适当，本院予以采纳。关于陈某辩护人所提毒品未流入社会，建议对陈某从轻处罚的辩护意见，经查，涉案毒品未流入社会系因公安机关及时查获，不能作为对陈某从轻处罚的理由，上述辩护意见不能成立，本院不予采纳。三辩护人分别所提三被告人如实供述、自愿认罪认罚、李树某系从犯等辩护意见，经查属实，本院予以采纳，并在量刑时考虑。在案扣押物品，本院依法一并处理。北京市第二中级人民法院依照《中华人民共和国刑法》第三百四十七条第一款，第二款第一项，第二十五条第一款，第二十六条第一款、第四款，第二十七条，第四十五条，第四十七条，第五十五条第一款，第五十六条第一款，第五十二条，第五十三条，第五十九条第一款，第六十七条第三款，第六十一条，第六十二条，第六十三条第一款，第六十四条之规定，判决如下：

一、被告人陈某犯运输毒品罪，判处有期徒刑十五年，剥夺政治权利三年，并处没收个人财产人民币十万元；

二、被告人于荣某犯运输毒品罪，判处有期徒刑十五年，剥夺政治权利三年，并处没收个人财产人民币十万元；

三、被告人李树某犯运输毒品罪，判处有期徒刑十年，剥夺政治权利二年，并处罚金人民币二万元；

四、在案扣押的物品，分别折抵财产刑或由扣押机关依法没收。

一审宣判后，北京市人民检察院第二分院未提出抗诉，各被告人均未提出上诉。

【法官后语】

对于毒品犯罪，既要重拳出击又要在案件裁判中体现宽严相济的刑事政策，充分发挥刑罚的惩戒和教育功能。

本案事实清楚，陈某、于荣某预谋共同出资购买毒品，二人分别筹资，陈某纠集李树某作为司机前往河北白沟。陈某、于荣某租赁车辆用于运输毒品、李树某购买手机和手机卡，陈某联系卖家，李树某驾车，三人前往目的地购买毒品，陈某与上家接头后，于荣某、李树某负责试毒，李树某将毒资带上楼并将毒品带回车上，后李树某驾车，三人从河北白沟返回辽宁海城时被查获，涉案毒品经鉴定，检出甲基苯丙胺成分，称量重993.13克，含量为73.0%。

上述事实，三被告人供述予以证实，且相互印证，可完整证明案件经过；到案经过、破案报告、证人王某某、孙某的证言等证据证明毒品的起获经过和三被告人到案经过；证人焦某证言及辨认笔录、租赁登记表证明租赁车辆的事实；证人李长某等证言、银行交易明细证明陈某筹措毒资的事实；搜查笔录、鉴定意见证明涉案毒品的种类、数量等情况；通话记录及鉴定意见证明三人互相联系及与毒品上家联系的情况以及出发时间；高速收费站视听资料、高速费发票证明行车轨迹。以上证据相互印证，形成完整的证据链条，足以证明三人从辽宁省海城市前往河北白沟购买毒品，后运输毒品返回辽宁海城途经北京被查获的事实，三人的行为均已构成运输毒品罪。

本案主要涉及的问题是，在被告人供述有反复、不稳定的情况下能否适用认罪认罚程序。

笔者认为，抛开形式要件，适用认罪认罚程序应满足以下四个基本条件：(1) 案件事实清楚、证据充分；(2) 被告人承认自己所犯罪行，对指控的犯罪事实没有异议；(3) 各方对适用法律没有争议，且被告人同意人民检察院提出的量刑建议；(4) 各方均同意适用速裁程序。就本案而言，主要问题出现在第二个条件上。

在公诉机关起诉书上，明确了适用认罪认罚的建议及量刑建议，同时，随案卷移送过来的材料中也有三名被告人签署的认罪认罚具结书。从形式上看，适用认罪认罚程序似乎没有问题。但在阅卷过程中，承办人发现被告人于荣某对自己和同案的主要犯罪事实供述稳定；而被告人陈某到案后前期多次供述均未如实供述主要犯罪事实，避重就轻，且有将罪行推卸给于荣某的情况，在后期虽能如实供述其主要犯罪事实，但对于部分细节仍然有“记不清了”“好像”等态度含糊的词语；被告人李树某则是在侦查阶段从未如实供述其主要犯罪事实，辩称不知道是去买毒品，只是被叫去当司机。

鉴于此种情况，承办人专门在开庭前讯问了陈某和李树某，确认他们是否知道认罪认罚可能导致的法律后果；是否认可起诉书指控的事实和量刑建议。在得到肯定的答复后，法院才采纳公诉机关的建议，适用认罪认罚程序开庭审理本案。庭审中，法官再次向三被告人核实认罪认罚的自愿性及相关情况，三被告人也诚恳地表示对起诉书指控的事实予以认可。最后，法庭顺利开庭并当庭宣判，整个诉讼过程体现了公正与效率的统一，收到良好的效果。

认罪认罚程序其目的在于提高刑事案件办理的效率，推动案件繁简分流，有效缓解案多人少的矛盾。但绝不能为了追求效率而忽视判案质量和效果，不能把审理认罪认罚案件当成走过场，要让被告人同样在法庭的审判过程中真正感受到法律的威严和审判的公平，这也有利于被告人在被定罪量刑后的改造。针对被告人的认罪应进行实质审查，被告人如果是“部分认罪”“被迫认罪”“无可奈何，勉强认罪”等情况，则不能适用该程序，而必须以自愿全部认罪为前提。

编写人：北京市第二中级人民法院　韩绍鹏

51

非法持有毒品罪中如何立足证据精准定性

——邬某非法持有毒品案

【案件基本信息】

1. 裁判书字号

广西壮族自治区南宁市中级人民法院（2018）桂01刑终157号刑事裁定书

2. 案由：非法持有毒品罪

【基本案情】

2016年5月5日17时许，被告人邬某在柳州市甲快递公司柳北区锦绣分部向一名叫“王某”的邮寄了一个包裹，甲快递公司员工朱某在公司营业部将包裹拆开。次日18时40分许，吴某在南宁市西乡塘区北湖北路×号乙便利店领取上述包裹后被公安人员抓获，公安人员从上述包裹中查获两包毒品氯胺酮（俗称K粉，分别净重498g、100g）。同年6月17日15时40分许，邬某在柳州市柳北区跃进路××号丙小区×栋楼下被公安人员抓获，公安人员当场从邬某所使用的桂BLA×××号小轿车内查获一包毒品氯胺酮（净重197.97g），后公安机关对邬某位于丙小区×栋×单元401室的住处进行搜查，从该处查获六包毒品氯胺酮（分别净重3.48g、3.42g、1.67g、3.52g、10.89g和3.52g）。

【案件焦点】

本案中，公诉机关指控被告人邬某犯运输毒品罪与非法持有毒品罪，被告人对构成运输毒品罪有异议，如何根据在案证据准确定罪。

【法院裁判要旨】

广西壮族自治区南宁市西乡塘区人民法院经审理认为，被告人邬某违反国家法律法规，非法持有毒品氯胺酮224.47g，其行为已构成非法持有毒品罪，公诉机关指控其犯非法持有毒品罪的罪名成立。但关于公诉机关指控其犯运输毒品罪事实不清，证据不足，本院不予认定。关于被告人邬某是否构成运输毒品罪的问题，本院认为虽然有证据证实邬某在柳州市甲快递公司柳北区锦绣分部向一个叫“王某”的人邮寄了一个包裹，在吴某收取该包裹时查获毒品，但该包裹在寄出前被快递公司员工拆开，后包裹是如何再寄往南宁市没有相应的证据证实，因此，综合本案现有证据无法证实吴某收到包裹内的毒品即为邬某所邮寄的物品，没有形成完整的证据链，不足以认定。辩护人提出指控邬某犯运输毒品罪事实不清，证据不足的辩护意见，本院予以采纳。邬某曾因贩卖毒品罪被判处有期徒刑之刑罚，现又犯非法持有毒品罪，属于毒品再犯，应当从重处罚。被告人邬某归案后如实供述其罪行，当庭自愿认罪，依法可对其从轻处罚。

广西壮族自治区南宁市西乡塘区人民法院依照《中华人民共和国刑法》第三百四十八条、第五十三条、第六十七条第三款、第三百五十六条之规定，判决如下：

被告人邬某犯非法持有毒品罪，判处有期徒刑二年，并处罚金人民币一万元。

广西壮族自治区南宁市西乡塘区人民检察院提出抗诉，广西壮族自治区南宁市人民检察院支持抗诉。

广西壮族自治区南宁市中级人民法院经审理认为：本案虽然有证据证实邬某在柳州市甲快递公司柳北区锦绣分部向一个叫“王某”的人邮寄了一个包裹（单号为71023212××××），随后由吴某收取该包裹，吴某在收取该包裹时被查获毒品的事实清楚。但是，由于相关部门在对涉案可疑包裹的取证程序上存在严重瑕疵，导致认定吴某收到的包裹与邬某所邮寄包裹的同一性存疑。抗诉机关南宁市西乡塘区人民检察院认为一审判决不予认定邬某运输毒品罪属于认定事实错误，适用法律错误，导致量刑畸轻的抗诉意见与本院查明的事实不符，不予采纳。

一审判决认为抗诉机关南宁市西乡塘区人民检察院指控邬某运输毒品的事实不清，证据不足的意见正确。认定邬某犯非法持有毒品的犯罪事实清楚，证据确实、充分，定性准确，适用法律正确，量刑适当，审判程序合法，依法应予维持。由于南宁市西乡塘区人民检察院指控邬某犯运输毒品罪的事实不清，证据不足。故对广西壮族自治区南宁市人民检察院的支持抗诉意见亦不予采纳。

广西壮族自治区南宁市中级人民法院依照《中华人民共和国刑事诉讼法》第二百二十五条[①]第一款第一项之规定，裁定如下：

驳回抗诉，维持原判。

【法官后语】

本案的焦点在于根据在案证据，如何准确定性邬某的行为，是构成一罪还是数罪。公诉机关诉称被告人邬某犯有运输毒品罪及非法持有毒品罪；而被告人及辩护人对构成非法持有毒品罪无异议，而辩称指控邬某犯运输毒品罪事实不清，证据不足，指控罪名不成立。

判定行为人的行为是否犯罪要严格落实罪刑法定、疑罪从无和证据裁判等法律原则和制度。经认定的证据要对所认定的事实排除合理怀疑，若证据存在无法排除的矛盾和无法解释的疑问时，不能作为定案的根据，根据疑罪从无及有利于被告人的原则，不能据此定罪。具体到本案中的疑难点是吴某收到的包裹作为物证的来源是否无法认定。

首先，单号为71023212××××的快递原始包裹是否是邬某所寄。根据邬某的供述和辩解证实其在立案侦查及庭审阶段都否认有通过甲快递邮寄毒品的事实，但根据在案证据即证人朱某证实的该包裹收寄经过及辨认笔录、证人吴某证实的收件经过等，结合快递运单上的笔迹鉴定意见，可以证实收件人为“王某”的字迹与被告人邬某的字迹相吻合，具有同一性，证明单号为71023212××××的甲快递包裹一开始是由邬某寄出。虽被告人邬某否认这一事实，但结合其他证据可以形成证据

① 对应现行《刑事诉讼法》第二百三十六条。

链，证实邬某的确通过甲快递公司寄出单号为71023212××××这一包裹。

其次，吴某收到的包裹是否与邬某所寄的具有同一性。据揽收快递员吴某证言，其虽觉被告人邬某行为可疑，但没有依规定在寄件人面前当场验视内件，而是回到甲快递公司后在其他员工见证下私自开封，而且证言中没有提及后面在案被扣押的可疑包裹中特征比较明显的茶叶包装袋，该包装袋颜色较艳丽，包含绿色、橙色、黑色字体等，因此该证据存在疑问，包裹的原始状态不明。

再次，在朱某私自拆开包裹时没有公安侦查人员前往甲公司快递公司门店内直接对可疑物品进行勘查，没有相应的物证、书证或勘验笔录等证据证实包裹原始状态，之后由甲快递公司的员工徐某等将可疑包裹送往国家安全部门的邮路监管小组检查，途中有1小时空白时间没有相关司法人员或第三方见证。之后的检查期间也没有相关证据可以证实侦查人员取证合法，之后如何封存恢复原状，如何将该包裹重新送回甲快递柳州总公司再寄往南宁的事实不清，这期间将近2个小时都处于无情况、证据证明的空白状态。

根据《最高人民法院、最高人民检察院、公安部关于印发〈办理毒品犯罪案件毒品提取、扣押、称量、取样和送检程序若干问题的规定〉的通知》第四条第四款的规定："现场勘验、检查或者搜查时，应当对查获毒品的原始状态拍照或者录像，采取措施防止犯罪嫌疑人及其他无关人员接触毒品及包装物。"而结合本案现有证据，对所认定的事实不能完全排除合理怀疑，无法认定最终寄往南宁并由吴某收取的署名为"王某"（单号为71023212××××）的包裹内物品就是邬某所寄出原始包裹内的物品，不能得出可疑包裹被发现时其内部物品特征与被查获包裹的内部特征为同一物品的结论。

根据证据认定案件事实、判断案件性质，运用证据证实犯罪，是审判工作的重要内容。要坚持打击犯罪与保障人权相统一、实体法与程序法相统一的原则，在审判工作中要全面、客观的审查证据，既要重视对证据客观性、关联性的审查，又要注重对证据合法性的审查，对非法证据严格依照法律规定予以排除。综上，由于本案中从快递员到有关机关或部门在对可疑包裹的取证程序上存在不可补正和解释的情况，造成证据材料存在严重瑕疵，导致认定吴某收到的包裹与邬某所邮寄包裹的同一性存疑，因此指控邬某犯运输毒品罪的事实不清，证据不足，不能定罪。

编写人：广西壮族自治区南宁市西乡塘区人民法院　孙仁玲　黄坚

52

毒品犯罪案件中特情介入如何有效认定

——石彦某非法持有毒品案

【案件基本信息】

1. 裁判书字号

北京市第一中级人民法院（2018）京01刑终384号刑事裁定书

2. 案由：非法持有毒品罪

【基本案情】

2017年10月26日，被告人石彦某在其位于北京市昌平区甲小区×号楼3单元208号的暂住地内被民警查获，民警从其房间内钱包中起获透明塑料袋包装的白色晶体，在其腰包内起获透明塑料袋包装的白色晶体，在其“荣威”牌汽车（车牌号：京NB2×××）内的眼镜盒中起获三个桔红色塑料袋包装的白色晶体，同时在其住处起获称量工具和包装袋。经称量，钱包内的白色晶体净重4.39克，挎包内的白色晶体净重89.22克，眼镜盒内的三包白色晶体分别净重0.78克。经鉴定，上述白色晶体中均检出甲基苯丙胺。综上，被告人石彦某非法持有甲基苯丙胺共计95.95克。

【案件焦点】

1. 石彦某配合公安机关抓获贩毒嫌疑人而购买的毒品是否应认定为非法持有毒品的数量；2. 如何准确认定特情引诱犯罪并适当量刑。

【法院裁判要旨】

北京市昌平区人民法院经审理认为，被告人石彦某非法持有毒品甲基苯丙胺95.95克，其行为已经构成非法持有毒品罪，依法应予惩处。被告人石彦某曾因故意犯罪被判处有期徒刑，刑罚执行完毕后五年内再犯应当判处有期徒刑以上刑罚之罪，系累犯，依法予以从重处罚。故判决：

被告人石彦某犯非法持有毒品罪，判处有期徒刑八年九个月，剥夺政治权利一年，罚金人民币九千元。

石彦某对一审判决不服，提起上诉。

北京市第一中级人民法院经审理认为，上诉人石彦某非法持有毒品甲基苯丙胺89.22克，其行为已经构成非法持有毒品罪，依法应予惩处。但一审认定石彦某对其钱包内及眼镜盒内共计6.73克毒品系非法持有的证据不足，不应计入犯罪数量，故上诉人石彦某的相关上诉理由、辩护人的相关辩护意见以及北京市人民检察院第一分院的出庭意见，经查成立，本院酌予采纳。上诉人石彦某曾因故意犯罪被判处有期徒刑，刑罚执行完毕后五年内再犯应当判处有期徒刑以上刑罚之罪，系累犯，依法予以从重处罚。原审人民法院根据石彦某犯罪的事实、犯罪的性质、情节和对社会危害程度所作出的判决，定罪、适用法律正确，审判程序合法，但认定石彦某非法持有毒品的数量有误，导致量刑偏重，应予改判。据此，判决：

一、撤销北京市昌平区人民法院（2018）京0114刑初200号刑事判决；

二、上诉人（原审被告人）石彦某犯非法持有毒品罪，判处有期徒刑八年六个月，剥夺政治权利一年，罚金人民币九千元。

【法官后语】

毒品犯罪案件特殊的侦查手段历来是被关注的焦点。由于毒品案件激增，针对毒品犯罪的特情介入的侦查手段应用广泛。

1. 特情以及特情介入的内涵解读

我们首先可以从特情的内涵入手来进行把握。特情是指公安机关在预防和打击犯罪活动中主要用于搜集和了解犯罪嫌疑人及其活动情况、控制某些危险分子和要害部位、为侦破案件提供线索和情报所采用的一种非专业侦查力量。特情介入主要是指有特情人员参与毒品犯罪案件侦破的情形，是一种打击有组织犯罪的侦查手段。①《刑事诉讼法》并未对特情介入这一特殊的侦查手段进行详细的规定，对于该侦查手段适用案件范围、实施条件、违法行为的法律后果、侦查行为的规范等都

---

① 尹敬慧：《刍议特情介入在打击毒品犯罪中的现状及完善》，载《法制与社会》2015年12期。

缺乏相应的规定。

特情介入多存在于贩卖毒品案件中，分为事前和事中介入，且以事前介入为主。事前介入是公安机关适用内线侦查方法，利用特情人员与犯罪嫌疑人取得联系，使得特情人员与犯罪嫌疑人达成买卖毒品的合意，进而约定交易时间和地点，从而在现场抓获他们。事中介入是犯罪嫌疑人与特情人员自行达成买卖毒品合意，而在交易完成前，特情人员向侦查人员提供相关信息，从而在交易现场人赃俱获。事中介入中，因犯罪故意在侦查人员掌握信息前已经产生，所以较好认定嫌疑人犯罪构成中的主观方面。而事前特情介入有可能出现“引诱”嫌疑人贩卖毒品的情况，这种情况属于“犯意引诱”，即教唆犯罪。鉴于毒品犯罪的特殊性，我国实践中对这一情况作出关于“犯意引诱”的特殊拟制。当然并不是所有的特情介入都会造成特情引诱犯罪，特情一般性的主动询问和接洽不构成引诱犯罪，而属于正常的侦查手段。

运用特情侦破毒品犯罪案件，是依法打击毒品犯罪的有效手段。《全国部分法院审理毒品犯罪案件工作座谈会纪要》（以下简称《大连会议纪要》）对特情介入案件的处理予以明确规定，并对特情贴靠、接洽与特情引诱进行了区分。特情贴靠、接洽是指对已持有毒品待售或者有证据证明已准备实施大宗毒品犯罪者，采取特情贴靠、接洽而破获案件，不存在犯罪引诱问题。① 特情引诱具体分为犯意引诱和数量引诱。犯意引诱是指行为人本没有实施毒品犯罪的主观意图，而是在特情诱惑和促成下形成犯意，进而实施毒品犯罪的情形；数量引诱是指行为人本来只有实施数量较小的毒品犯罪的故意，在特情引诱下实施了数量较大甚至达到实际掌握的死刑数量标准的毒品犯罪的情形。《大连会议纪要》对于特情介入案件的处理予以明确规定：对于特情贴靠案件，应当依法处理；对于存在犯意引诱的案件，根据罪刑相适应原则，应当依法从轻处罚。

2. 特情人员认定以及特情介入的判断

本案中特情介入主要涉及石彦某是否属于特情人员，以及如何判断其行为属于有效的特情介入这两个问题。

第一，被告人石彦某不是特情人员且本案也不属于特情介入的案件。特情人员一般应当在公安机关有备案，有相应的特情人员名录。但是依据现有证据，本案上

① 赵丹、李守文：《毒品犯罪案件特情介入的处理》，载《人民司法》2016年第29期。

诉人石彦某并不属于建档的特情人员。要准确认定特情人员，仅仅靠民警的证言很难进行有效的认定。如果不属于建档的特情人员，就应当出具相应的证明文件或者身份证明，便于在案件办理过程中对该类人员进行准确认定。从现有证据来看，石彦某所称其中的部分毒品系作为公安机关的线人而获得的这一情况仅仅有一名民警的证言能够证明，且仅仅能证明在介入前期曾经有过沟通，但是对于之后的交易行为以及交易方式、数量等均没有事前的沟通，这部分的证据属于比较薄弱的情况。因此，从现有的证据出发，石彦某并非特情人员，该案也并非特情介入的案件。

第二，本案中石彦某的部分辩解有证据能够相互印证。虽然说上诉人石彦某并不属于建档的特情人员，其行为也不能认定为特情介入，但其关于其属于公安机关的“线人”，并且前期与民警进行了沟通的辩解可以得到相关证据印证。石彦某在被捕之后就一直辩称自己是协助公安机关办案而购买了部分毒品，并且提供了民警的姓名信息。石彦某供述的购买毒品的上家张宝某的情况，为取得张宝某信任以便现场交易而事先与张宝某接触的情况，准备大量约购以抓获张宝某但因故推迟的情况，均与民警的证言能够相互印证，且在本案二审之前没有司法机关找过该民警，该民警对石彦某的犯罪情况和供述也均不了解，因此该部分证据构成了石彦某非法持有这部分毒品的反证。因此，本案二审根据现有证据情况，认为本案石彦某所称协助公安机关办案而获取的这部分毒品认定为非法持有的证据不足。

第三，从存疑有利于被告人的价值判断角度出发，该部分毒品数额应不予认定。

鉴于本案中涉案的部分毒品的认定问题存在反证，并且现已无法查清该部分毒品的具体真实来源，上诉人石彦某亦存在属于公安机关“线人”的可能性，因此该问题属于存疑的状态。从存疑有利于被告人的角度出发，该部分毒品可以不以犯罪数额予以认定。

3. 对于规范特情介入的几点思考

特情介入如何进行有效认定？特情人员的违法犯罪行为如何进行有效审查？这类问题值得进一步探讨。由于特情人员往往是游离于犯罪边界并且曾经长期接触毒品犯罪人员的人，如果不能进行有效的监管，很有可能造成严重的社会危害。通过本案的审理，就毒品犯罪案件中特情介入的问题，应当从以下四个方面进行把握：

第一，明确特情人员的选任条件和标准。司法实践中毒品犯罪案件的特情人员以有毒品犯罪前科或者吸毒史的人员为主，以案件侦破为导向，缺乏对特情人员的家庭背景、社会关系等信息的系统考察，选任和管理制度的缺失极有可能造成严重的社会危害后果。因此，有必要明确该类人员的选任条件，比如说从再次犯罪的可能性、家庭背景、社会活动情况、个人信用度等多个层面进行考察，建立特情人员档案，确保相关人员具备基本的特情素质。

第二，强化特情人员事中管理和控制。特情人员由于没有经过系统严格的训练，在侦查活动中很容易失控。因此，在具体的侦查方向上需要公安机关进行有效引导，并且需要在交易的时间、地点、交易的数量等方面进行有效监控，防止出现特情人员出现新的毒品犯罪。

第三，建立信息互通机制，特情人员的判断标准应当以特情人员信息库为依据。本案中存在的一个问题就是，该案中的所谓“线人”并不在特情人员信息库中，不属于建档的特情人员，仅仅有一名民警与其进行沟通，其特情人员的身份很难得到准确的认定。因此特情人员的身份应当以经过审查和相应的考察程序，在公安机关进行建档备案，并且在办案机关内部经保密审查后可进行查询，这样才能够保障准确的认定，防止出现误判。

第四，对于特情人员应当实行全流程监管，防止出现失控的情况。本案中被告人称其中的部分毒品是为了协助公安机关办案所购买，而与其直接联系的民警却对后续的交易情况并不知情，仅仅是了解前期的准备情况。如果说这名民警与该特情人员存在利益上的牵连，二人产生买卖毒品的犯罪故意，称全部交易的毒品均为协助公安机关办案所购买的话，该部分的毒品犯罪就有可能得不到有效的处理。因此，特情人员不仅应当严格选任，在管理上也应当强化全流程管理，严格侦查规范化要求，对于不合法的侦查手段要及时进行纠正。建立特情介入侦查工作日志，强化侦查合法性审查。

编写人：北京市第一中级人民法院　刘璐　廖清顺

53

涉毒品犯罪中被告人主观明知的认定与罪名的判断

——陈某某包庇毒品犯罪分子案

【案件基本信息】

1. 裁判书字号

湖南省慈利县人民法院（2018）湘0821刑初65号刑事判决书

2. 案由：包庇毒品犯罪分子罪

【基本案情】

2015年8月，黄某某制毒团伙成员“阿星”找到当时在广东省深圳市务工的湖南省慈利县人张某某，要其在老家寻找偏僻的厂房用于制造化学物品。张某某随即电话联系了陈某某。同年9月，“阿星”安排二人在张某某带领下从广东省惠东县开车至陈某某的厂房实地查看，双方初步商定租用该厂房。

10月13日，制毒团伙成员何某某等人从广东省驾车至慈利县后，由陈某某将何某某等人接应至其厂房，实地进行查看，双方此次商定了租用厂房的租金和租期。后陈某某按照何某某的要求，帮其办理了2张移动手机卡，和制毒团伙成员一起在慈利县城购买了塑料桶、盆、铝锅、液化气罐、灶等物品，另帮其购买了4台大功率、经过改装只有脱水功能的洗衣机和工业用电风扇等，并出面在慈利县城帮其租赁了一个仓库。10月30日，黄某某安排钟某某购买了制毒辅料桶装液体一批，由陈某某接应并组织人员搬运到租赁的仓库。11月初，黄某某安排人驾车将制毒主料37件运至慈利县城，后由陈某某接应运至仓库。当日晚，由陈某某联系司机及搬运工将购买的器具及制毒主、辅料等物品运至其厂房。何某某等人即连夜组织人员在厂房内制造毒品至11月4日上午完成。

11月4日晚，何某某组织制毒团伙成员将制造的毒品氯胺酮259千克连夜运走。当晚，何某某离开时交待陈某某将现场打扫干净，并支付陈某某场地租用、处理费现金3万元。几天后，陈某某雇请他人将厂房内遗留的包装袋、垃圾等物品烧毁，废水倒入厂房旁沟中，并将塑料桶铝锅、洗衣机、电风扇等物运到邓某某家中三楼，将液化气罐、灶运到陈某某老屋猪栏藏匿。

2016年4月14日，湖南省慈利县公安局侦查人员对该涉嫌制毒的厂房及邓某某家、陈某某老屋猪栏等处进行搜查，扣押塑料桶、铝锅、洗衣机等制毒工具，其中从2台洗衣机、1个铝锅盖、1个铝锅上共计提取到117.85克氯胺酮；从6个桶装液体中分别检测出乙醇、苯甲酸乙酯、氯胺酮和丙酮成分。

【案件焦点】

1. 毒品类犯罪中，被告人对制毒行为缺乏认知的情况下实施的帮助行为如何评价；2. 在制毒行为完成且具备主观明知后，其帮助毁灭罪证行为如何评价。

【法院裁判要旨】

湖南省慈利县人民法院经审理认为，公诉机关指控被告人陈某某非法制造毒品，系从犯的意见，需以被告人陈某某有明知他人制造毒品或者应当知道他人制造毒品而故意帮助才能成立。从公诉机关提供的证据及本院查明的事实来看，目前尚无直接的书证、物证或证人证言证明毒品制造者告知了被告人陈某某租用其小作坊是用于制造毒品。虽然被告人陈某某在该团伙制造毒品期间帮其代买相关物品，被告人陈某某也供述何某某等制毒犯罪分子是在从事非法活动，但公诉机关并未提供证据证明被告人陈某某亲眼所见制造毒品者在实施制毒行为，或者提供被告人陈某某的从业经历、认知能力等证据证明被告人陈某某应当知道他们在制造毒品。毒品制造完毕后，被告人陈某某按照制毒团伙的要求安排人冲洗制毒场地，烧毁、转移相关物品，其行为的最终结果是为了帮助毒品制造者逃避法律制裁。此时应当认定，被告人陈某某明知是制造毒品的犯罪分子而帮助毁灭罪证，其行为构成了包庇毒品犯罪分子罪。被告人陈某某包庇的毒品犯罪分子被判处死刑，其包庇行为应认定为情节严重。被告人陈某某如实供述其罪行，依法可从轻处罚。被告人陈某某违法所得财物，予以追缴，供犯罪所用的财物，应予没收。湖南省慈利县人民法院依照《中华人民共和国刑法》第三百四十九条第一款、第六十四条、第六十七条第三款，《最高人民法院关于审理毒品犯罪案件适用法律若干问题的解释》第六条第一款第一项之规定，作出如下判决：

一、被告人陈某某犯包庇毒品犯罪分子罪，判处有期徒刑三年；

二、被告人陈某某违法所得人民币3万元，予以追缴；侦查机关所扣押的毒品、制毒工具（未随案移送），由湖南省慈利县公安局予以没收。

【法官后语】

本案处理的重点和难点在于对被告人陈某某在整个犯罪行为持续的过程中主观方面的变化如何认定。确定被告人在实施客观行为时的主观状态是对其行为进行准确评价的关键，公诉机关提交的证据均能证实被告人陈某某对制毒团伙预备、着手实施制毒行为的过程中提供了场地、厂房、租赁仓库，购买制毒器具等帮助行为，并最终还按照该制毒团伙的要求冲洗制毒场地，烧毁、转移相关物品，毁灭罪证，对此控辩双方都没有争议。公诉机关以涉嫌制造毒品罪对被告人陈某某提出指控，但是所提交的证据主要倾向于被告人陈某某实施的帮助行为。

法庭通过庭审查明，公诉机关缺乏陈某某主观明知该团伙租赁厂房、仓库、购买的器具是用来制造毒品的证据，既无制毒团伙对其的明确告知，也无认知能力和相关经历的证据能够使法庭确信被告人陈某某能认知到其做出的准备行为和帮助行为是在参与制造毒品。故合议庭认为，对于该案被告人的行为应当划分为两个阶段来评价。首先，对被告人实施的帮助制作毒品的行为，如果要以制作毒品的罪名定罪，那么应当从其对制毒行为有了认知之后再对其帮助行为进行评价，但是公诉机关缺乏被告人主观明知的相应证据，或者说，对被告人主观上是否明知是处于一种“存疑”的状态，那么法庭遵循“存疑时有利于被告人”的原则，认定为被告人陈某某实施帮助制作毒品的行为时是处于一种不明知的状态较为适宜。其次，在看到制毒团伙“出货”，及刘某在被告人陈某某车上说出“这是个制作毒品的好地方”时，应当可以认定被告人已经明知该团伙的行为是在制作毒品了，但此时制毒已经结束，制毒准备阶段、实施阶段的帮助行为也已经结束，不应当再以现在的主观明知去评价过去的行为。但是被告人在明知该团伙是制毒团伙之后，仍然按照指令实施冲洗制毒场地，烧毁、转移相关物品等毁灭罪证的行为，此时主客观达到了统一，对其帮助毁灭罪证的行为应当适用《刑法》加以评价，认定为包庇毒品犯罪分子罪。

综上所述，整个案件其实始终都是紧紧围绕着“主客观相统一”这一刑法基础性原则，只有行为人的主客观方面均具备，符合法定的条件之后，方能对其行为进行评价。同时该案也表明，在刑事诉讼中公诉机关不仅要注重收集行为人实施的客观行为的证据，更要注重行为人主观方面证据的收集，以便于对行为人的行为进行准确的法律评价。

编写人：湖南省慈利县人民法院 许俊

（七）组织、强迫、引诱、容留、介绍卖淫罪

54

“口交”等进入式的性行为应认定为刑法上的卖淫

——张某组织卖淫案

【案件基本信息】

1. 裁判书字号

四川省成都市金牛区人民法院（2018）川0106刑初1101号刑事判决书

2. 案由：组织卖淫罪

【基本案情】

2017年6月，被告人张某伙同“菲菲”（在逃）通过网上发布信息，先后招募、组织“小姐”吴某某、张某、李某某、田某某、贺某某（均已行政处罚）等人以按摩为名为客人提供“打飞机”“口爆”等服务，并从中获取提成收入。2017年7月18日16时许，被告人张某安排吴某某、张某、李某某在成都市金牛区××大街××号甲酒店租用三个房间，并通过“菲菲”网上招揽客人后，安排客人分别到上述三个房间，由吴某某、张某、李某某以368元的价格分别与客人李某某、张某、孙某某（均已行政处罚）进行卖淫嫖娼活动时，被民警现场挡获。被告人张某归案后，如实供述了上述犯罪事实。

另查明，2017年7月18日，卖淫人员吴某某、张某、李某某在成都市金牛区

××大街××号甲酒店租用三个房间后，分别与通过网上招揽的嫖客李某某、张某、孙某某进行卖淫嫖娼活动后，被告人张某在该酒店511号房间内对吴某某、张某、李某某等卖淫人员进行安排时，被公安人员现场挡获。

【案件焦点】

"口交"等进入式的性行为，是否应当认定为组织卖淫罪中的"卖淫"行为。

【法院裁判要旨】

四川省成都市金牛区人民法院经审理认为：被告人张某组织他人卖淫，妨害了社会管理秩序，其行为已构成组织卖淫罪。成都市金牛区人民检察院指控成立，决定予以支持。

根据相关法律及司法解释，对于性交之外的"口交"等进入式的性行为，应当依法认定为刑法意义上的卖淫。根据被挡获的卖淫人员及被告人张某的供述均能证实，在卖淫活动中，卖淫人员要进行包含"口交"在内的卖淫行为，故被告人张某组织三人以上进行包含"口交"在内的卖淫活动，其行为已构成组织卖淫罪，被挡获当天是否进行了进入式的性行为，不影响本案的定罪量刑。被告人张某在组织卖淫活动中，系卖淫人员的实际招募者，被告人张某虽没有设立固定的场所，但招募专门的管理人员利用微信对卖淫人员进行指挥管理，体现出组织管理性。且被告人张某还负责收取嫖资，在犯罪中，起主要作用。被告人张某归案后，能如实供述自己的犯罪事实，对此情节予以从轻处罚。

四川省成都市金牛区人民法院依照《中华人民共和国刑法》第三百五十八条第一款，第六十七条第三款，第五十二条，第五十三条，第六十四条之规定，判决如下：

一、被告人张某犯组织卖淫罪，判处有期徒刑五年，并处罚金三万元；

二、扣押在案的作案工具手机一部、嫖资1138元及银行卡（卡号为6217003810039××××××）内的嫖资予以没收。

【法官后语】

以往的司法实践中，法院在审理组织、强迫、引诱、容留、介绍卖淫刑事案件时，存在诸多适用法律不统一的问题。最高人民法院曾多次受理关于此类案件的请示，《最高人民法院、最高人民检察院关于审理组织、强迫、引诱、容留、介绍卖淫刑事案件适用法律若干问题的解释》于2017年7月25日实施。此后，最高人民法院对该解释进一步做了释明，认为在目前情况下，不能将刑法意义上的卖淫局限于性交行为，对于性交之外的肛交、口交等进入式的性行为，也应当依法认定为刑法意义上的卖淫。①

1. 组织、强迫、引诱、容留、介绍卖淫罪中“卖淫”的概念

传统意义上的卖淫，是指为获取物质报酬，以交换的方式有代价地或接受代价之约地与不固定的对象发生的性行为，简单说即收费的性行为。卖淫在我国受到法律的禁止，属于违法行为，《刑法》第二百四十条、第三百五十八条、第三百五十九条等都对此有相应的规定。当然，就其一般情况而言，卖淫多指女性以获取报酬为目的从事性交易的行为。随着社会的发展变迁，男性也存在为获取物质利益而与不特定的女性甚至男性发生性关系的现象。故卖淫中的行为人及行为对象的外延应当进一步扩大，亦即卖淫行为应当包括为获取报酬，一方向另一方提供性服务，以满足对方性欲的行为。性行为的关系行为，包括男女（女男）、女女、男男卖淫行为。这一界定，并不违背刑法解释原理和罪刑法定原则，相反，是刑法立法精神的当然要求。

2. 是否应该将“口交”等进入式的性行为认定为卖淫行为

笔者认为，在目前情况下，不能将刑法意义上的卖淫局限于传统的生殖器交合行为，对于传统性交之外的肛交、口交等进入式的性行为，也应当依法认定为刑法意义上的卖淫。在男男、女女卖淫的现实状况中，肛交、口交等显然是同性卖淫的主要方式，且异性卖淫也不乏采取肛交、口交的方式进行。第一，卖淫行为的要旨是满足性欲和获得性快感而出现的动作和活动，无论是一般的性交，抑或是口交、肛交等行为，都是性服务的一种方式；第二，他们的共性都是一方生殖器进入另一方的体内，均属于进入式性行为；第三，从传播性病的角度看，他们均可引起性病的传播。故将口交等进入式性行为认定为“卖淫”行为，既是对传统卖淫概念的突破，也考虑了大众的普遍理解及公民对犯罪心理预期等，符合大众对于善良风俗的认同。

编写人：四川省成都市金牛区人民法院　李雪　田岳

---

① 周峰、党建军、陆建红、杨华：《〈关于审理组织、强迫、引诱、容留、介绍卖淫刑事案件适用法律若干问题的解释〉的理解与适用》，载《人民司法（应用）》2017年第25期。

55

强迫卖淫罪中犯罪既遂的认定

——许某某等强迫卖淫案

【案件基本信息】

1. 裁判书字号

河南省焦作市中级人民法院（2018）豫08刑终471号刑事判决书

2. 案由：强迫卖淫罪

【基本案情】

2017年12月18日晚，许某某、杜某、白某伙同陈某（在逃）、赵某（在逃）预谋后，驾车窜至博爱县文化路“甲琴行”附近，白某将被害人葛某某（2001年12月21日出生）哄骗出来，许某某和陈某强行将葛某某拽上车拉往焦作市，途中许某某和陈某对被害人葛某某进行殴打、恐吓逼迫葛某某最终同意卖淫。当知道葛某某已不是处女后，许某某又采取拍裸照等方式威逼葛某某同意去KTV当“陪唱小姐”，其间杜某提供车辆并参与对葛某某的看管。19日凌晨被害人葛某某被带至焦作市人民路与塔南路交叉口附近乙饭店吃饭期间趁机逃脱并报警，许某某、杜某当场被民警抓获。12月20日，被告人白某到博爱县公安局投案。

【案件焦点】

强迫卖淫罪中，应以行为发展的哪个时间点认定为既遂。

【法院裁判要旨】

河南省焦作市博爱县人民法院经审理认为，被告人许某某、杜某、白某强迫他人卖淫，其行为均已构成强迫卖淫罪。被告人许某某、白某在犯罪时已满十六周岁不满十八周岁，应当从轻或减轻处罚。被告人许某某自愿认罪，如实供述自己的罪行，可以从轻处罚。被告人白某自动投案，如实供述自己的罪行，是自首，可以从轻处罚。一审法院判决如下：

一、被告人许某某犯强迫卖淫罪，判处有期徒刑二年零十个月，并处罚金5000元；

二、被告人杜某犯强迫卖淫罪，判处有期徒刑二年零七个月，并处罚金4000元；

三、被告人白某犯强迫卖淫罪，判处有期徒刑一年零三个月，并处罚金2000元。

宣判后，许某某、白某持原审辩解提起上诉。

河南省焦作市中级人民法院经审理认为，关于上诉人许某某及其辩护人提出的上诉理由、辩护意见，经查，许某某犯罪时不满十八周岁，原判在量刑时对此情节已予以考虑。赔偿被害人并取得谅解并非本案的法定从轻情节，一审法院综合本案案情对其进行量刑并无不当。许某某提出其行为系犯罪未遂的意见成立，予以采纳。关于许某某的辩护人所提许某某的犯罪行为属于中止、上诉人白某及其辩护人提出白某的犯罪行为属于中止的理由，于法无据，不予采纳。综上，原判认定事实清楚，定罪准确，审判程序合法，但认定许某某、白某、杜某的行为系犯罪既遂不当，予以纠正。判决如下：

一、维持河南省博爱县人民法院（2018）豫0822刑初284号刑事判决中对上诉人许某某、上诉人白某、原审被告人杜某的定罪部分；

二、撤销河南省博爱县人民法院（2018）豫0822刑初284号刑事判决中对上诉人许某某、上诉人白某、原审被告人杜某的量刑部分；

三、上诉人许某某犯强迫卖淫罪，判处有期徒刑二年零八个月，并处罚金人民币五千元；

四、上诉人白某犯强迫卖淫罪，判处有期徒刑一年零一个月，并处罚金人民币二千元；

五、原审被告人杜某犯强迫卖淫罪，判处有期徒刑二年零五个月，并处罚金人民币四千元。

【法官后语】

本案的争议焦点在于强迫卖淫罪的既遂标准如何认定问题。一审法院认为应采用理论界“同意卖淫说”的观点，但笔者认为，应采用理论界“着手卖淫说”的观点。具体分析如下：

1. 从法益是否受侵害角度分析，对强迫卖淫罪的既遂界定采取“着手卖淫说”比较符合罪刑法定原则。通说认为强迫卖淫罪保护的法益是社会管理秩序和人的性自主权，而犯罪的本质是对法益的侵害，因此只有当该罪的实行行为对这两方面的法益均造成侵害形态或具备侵害的危险时，才能构成犯罪既遂。而本案中，被害人虽被迫同意去卖淫，但最终并未着手实施卖淫行为，不存在扰乱社会管理秩序的现象，因此此时该行为不宜被界定为既遂。只有当被害人“着手实施”卖淫行为时，即违背自我意志按照行为人的指示去勾搭嫖客、进入嫖客的房间、等待接待嫖客等为嫖客实施奸淫行为作必要准备工作时，行为人的犯罪行为才对社会管理秩序造成了侵害，才有可能被认定为既遂。而对人的性的自主权的客观方面的侵害，笔者认为应借鉴抢劫罪对法益提前保护的方式，当被害人按照行为人的指示被迫“着手实施”卖淫行为时，此时对被害人的性的自主权侵害的概率极大，采用提前保护的方式有利于维护被害人的切身权益。

2. 从司法实践角度分析，对强迫卖淫罪的既遂界定采取“着手卖淫说”更便于实务操作，有利于统一裁判尺度。“同意卖淫说”以被害人违背自己的意志而作出从事卖淫活动的“同意”时作为认定犯罪既遂的标准，该说在实践中存在操作难题。在性犯罪中对“同意”的认定往往非常复杂且难以界定，需要从多方面加以辨别，而且被害人的内心一直处于不断反抗的心理状态，被害人的意愿难以认知，这导致实践中出现同案不同判的混乱局面。此外，根据“同意卖淫说”，被害人假装“同意”卖淫而伺机逃跑的也认定为违背被害人的意志而作出同意从事卖淫活动，那么该罪既遂标准的门槛设置太低，刑罚过重。因而，“着手卖淫说”以被害人着手实施卖淫活动作为认定既遂标准的依据显然更易判断，也更符合公众的法感情和法理念，有利于树立法律的权威和公平公正的理念。

3. 从刑法的基本原则角度分析，对强迫卖淫罪的既遂界定采取“着手卖淫说”更符合罪责刑相适应原则。法定刑反映出国家对具体罪行程度的评价，强奸罪的起点刑期为有期徒刑三年至十年，而强迫卖淫罪的起点刑期为有期徒刑五年至十年，并处罚金。从该罪的法定刑上来看，立法规定强迫卖淫罪法定刑整体重于仅侵犯人身权利的强奸罪，这应当是对行为人强迫被害人着手实施卖淫行为这一危害后果进行的评价。如若采用“同意卖淫说”将被害人同意作为认定既遂的标准，一方面，在没有实际侵害该罪所保护的法益的情况下就采用最低刑期五年的标准，显然不合乎法理和罪责刑相适应的原则；另一方面，这将导致强迫卖淫罪的行为人失去了犯罪中止的机会，这样既不能有效地控制犯罪，反而会成为行为人进一步“向恶”的转折点，同时不利于保护被害人的合法权利，也与宽严相济的刑事政策相悖。

编写人：河南省焦作市中级人民法院　员娜娜　张阳龙

二、贪污贿赂罪

56

刑事案件中如何对挪用资金性质进行认定

——郑成某贪污、受贿、非国家工作人员受贿、挪用公款案

【案件基本信息】

1. 裁判书字号

四川省绵阳市游仙区人民法院（2018）川0704刑初261号刑事判决书

2. 案由：贪污罪、受贿罪、非国家工作人员受贿罪、挪用公款罪

【基本案情】

1. 贪污罪的犯罪事实

2015年11月3日，经磨家镇人民政府发文，被告人郑成某成为茅针寺村一、二、六社安置房分配工作领导小组成员。2016年5月，在甲拆迁项目快要进场开工之际，郑成某为了能挽回其19万元的“损失”，多次找到时任磨家镇拆迁办主任罗某、时任磨家镇政府镇长于帮某，谎称甲征地拆迁项目所涉及的位于茅针寺村的“光明净土寺”连接路系村集体所建，应将该路的拆迁补偿款支付给茅针寺村民委员会。2017年1月20日，磨家镇政府与茅针寺村一、二、六社安置小区物业管理办公室、郑成某签订《关于茅针寺村1、2、6社…补充协议》，该协议约定：“……经茅针寺村委会研究决定现委托磨家镇人民政府将该款项转入郑成某个人账户……：由乙方负责返还刘某友道路修建时先行垫付的工程款7万元和郑成某先行垫付的工程款25万元……”。2017年1月24日，磨家镇财政所将36.876万元拆迁补偿款转入郑成某个人账户，郑

成某于次日将该笔资金全部取出，用于个人生活及归还个人债务等开支。

2. 受贿罪的犯罪事实

2012年至2016年间，被告人郑成某利用担任茅针寺村党支书、协助政府开展茅针寺村一、二、六社村民安置工作的职务便利，多次为本村村民或村民亲属安置提供帮助，且多次收受他人感谢费、好处费合计9.45306万元，用于个人日常开支。

3. 非国家工作人员受贿罪的犯罪事实

2015年2月，被告人郑成某利用担任茅针寺村党支书的职务便利，在与乙公司协商处理茅针寺村三、四、五社安置房因房屋质量产生的后续问题过程中，在明知乙公司已与自己结清工程材料款的情况下，仍以支付工程款、材料款为由，找到乙公司负责人李某，要求李某支付10万元工程材料款。2015年2月的某日，在高新区富临医院对面茶楼李某送给郑成某10万元现金。郑成某将该笔现金用于个人日常开销。

4. 挪用公款罪的犯罪事实

2011年11月16日，成立了茅针寺村一、二、六社安置小区建设领导小组，被告人郑成某作为领导小组成员，将村民王国某、刘正某两户所缴安置房建房款共计27.05万元挪用。

【案件焦点】

1. 本案贪污金额的认定；2. 被告人挪用资金的性质如何认定。

【法院裁判要旨】

四川省绵阳市游仙区人民法院经审理认为：被告人郑成某作为农村基层组织工作人员，其在协助政府从事行政管理工作时，利用职务上的便利，骗取国有财产，其行为已触犯《中华人民共和国刑法》第三百八十二条第一款的规定，构成贪污罪。公诉机关指控郑成某贪污拆迁补偿款368760元事实清楚，证据确实、充分，应予支持。指控郑成某挪用资金罪事实清楚，但指控罪名不当。村民自建房款不是村集体资金，安置房建设项目是以磨家镇政府名义立项的建设项目，该工程由镇政府牵头，镇城建办、茅针寺村民委员会协助项目的建设与推进，按照会议纪要明确村委会在整个工程建设项目中要负责收取村民应缴的自建房款，建房款由镇财政统一安排支付。故其犯罪对象不是集体资金，应为公共财物；郑成某利用其作为茅针寺村安置领导小组成员，利用村上可以收取村民自建房款的便利，挪用村民缴纳的安置房自建款，其符合挪用公款罪的犯罪主体即“其他依照法律从事公务的人员”，故郑成某该起犯罪事实构成挪用公款罪。公诉机关指控郑成某犯受贿罪、非国家工作人员受贿罪，事实清楚、证据确凿，本院予以支持。侦查机关掌握了郑成某涉嫌贪污、挪用资金的犯罪事实，郑成某到案后，如实供述了上述事实，且主动交代了侦查机关尚未掌握的受贿事实，属自首，可依法从轻处罚。郑成某到案后，退出部分赃款，亦可酌情从轻处罚。依照《中华人民共和国刑法》相关规定，判决如下：

一、被告人郑成某犯贪污罪，判处有期徒刑三年，并处罚金20万元；犯受贿罪判处有期徒刑一年二个月，并处罚金10万元；犯非国家工作人员受贿罪，判处拘役六个月；犯挪用公款罪，判处有期徒刑一年；数罪并罚总和刑期有期徒刑五年二个月，罚金30万元。决定执行有期徒刑四年二个月，并处罚金30万元；

二、被告人郑成某退赃10万元予以没收，上缴；并继续追缴其违法所得733790.6元。

【法官后语】

本案的争议焦点是被告人挪用资金性质的认定。本案公诉方及监察委认为被告人挪用资金的性质应认定为一般资金，应按照挪用资金罪定罪量刑。辩护人对被告人挪用资金的性质予以认可。但法院在审理过程中，发现被告人挪用的资金系村民自建房款不是村集体资金，而安置房建设项目是以磨家镇政府名义立项的建设项目，该工程由镇政府牵头，镇城建办、茅针寺村民委员会协助项目的建设与推进，按照会议纪要明确村委会在整个工程建设项目中要负责收取村民应缴的自建房款，建房款由镇财政统一安排支付。故被告人的犯罪对象不是集体资金，应为公共财物，被告人利用其作为茅针寺村安置领导小组成员，利用村上可以收取村民自建房款的便利，挪用村民缴纳的安置房自建款，符合挪用公款罪的犯罪主体即“其他依照法律从事公务的人员”，因此，被告人该起犯罪事实构成挪用公款罪。

值得注意的是，本案在对挪用资金的性质认定过程中，主要是审查了被告人挪用资金是公款还是集体资金（一般资金），然后再对犯罪主体进行了界定，从而得出了被告人该起犯罪事实构成挪用公款罪的结论。由此可见，在刑事审判过程中，承办人若不能准确对犯罪事实进行定性，则可能影响到被告人最后的定罪量刑。

编写人：四川省绵阳市游仙区人民法院　蒋四通

57

套取公私财物后部分用于公务支出的性质认定

——董国某等贪污、受贿、行贿案

【案件基本信息】

1. 裁判书字号

北京市高级人民法院（2018）京刑终182号刑事裁定书。

2. 案由：贪污罪、受贿罪、行贿罪

【基本案情】

1. 2005年，被告人董国某利用其担任北京市文化设施建设管理中心（以下简称设施中心）主任的职务便利，以支付“宿舍楼维修费”的名义骗取单位公款人民币84万余元（以下币种均为人民币），用于个人购买北京市西城区小马厂甲小区1号院8号楼1902室房屋，后使用虚假开具的发票用于单位平账。案发后，该房产已被查封。

2. 2006年至2007年，被告人董国某伙同被告人高岭某、被告人焦守某，利用董国某担任设施中心及北京市文化局机关事务管理服务中心（以下简称服务中心）主任的职务便利，签订虚假协议，以支付物业费、供暖费、工地接管费等名义分四次套取单位公款共计224万余元，并将上述钱款转入三名被告人控制的北京乙文化发展有限公司（以下简称乙公司）账户，后将部分款项用于支付供暖费、物业费和保安费，剩余159万余元被三名被告人非法占有。

3. 2007年至2012年，被告人董国某伙同王立某（已判刑），利用董国某担任设施中心主任的职务便利，虚构设施中心与北京丙商贸有限责任公司（以下简称丙公司）存在合作投资的事实，伪造“投资协议书”和“投资款收据”等材料，后董国某以归还上述投资款的名义，骗取单位公款283万余元，转入王立某控制的丙公司账户并非法占有，其中部分赃款用于董国某购买北京市海淀区安宁庄丁小区9号楼2层3单元202室房产。案发后，该套房产已被查封，王立某向司法机关退缴赃款36万元。

4. 2001 年至 2006 年，被告人董国某利用其担任设施中心主任的职务便利，为被告人焦守某承揽文化局及相关单位的工程项目提供帮助，董国某于 2003 年向焦守某索要现金 30 万元，用于其子董某购买北京市西城区戊小区 31 号楼 1 门 601 号房屋。案发后，该套房产已被查封。

5. 2008 年至 2009 年，被告人董国某利用其担任服务中心主任的职务便利，为己公司承包北京市文化局下属单位物业管理项目提供帮助，并以代为销售外国化妆品的名义，向该公司负责人王立某多次索要现金共计 12 万元。

2016 年 6 月 20 日，被告人董国某被抓获归案。同年 12 月 27 日，被告人高岭某、焦守某被查获归案。案发后，部分贪污、受贿赃款已追缴。

【案件焦点】

贪污贿赂犯罪中，行为人套取公私财物后，将部分财物用于公务支出的情况下其行为性质、犯罪数额如何认定。

【法院裁判要旨】

北京市第一中级人民法院经审理认为：

被告人董国某单独或伙同被告人高岭某、焦守某贪污数额共计 527 万余元、受贿数额共计 42 万元，被告人高岭某、焦守某参与贪污 159 万余元，焦守某向董国某行贿 30 万元。

被告人董国某身为国家工作人员，单独或伙同被告人高岭某、焦守某，利用董国某职务上的便利，非法侵吞公款，其三人的行为均已构成贪污罪，其中董国某犯罪数额特别巨大，高岭某、焦守某犯罪数额巨大，依法均应予惩处；被告人董国某身为国家工作人员，利用职务上的便利，索取他人财物，其行为亦构成受贿罪，且数额巨大，依法亦应予惩处，董国某所犯受贿罪应与其所犯贪污罪数罪并罚；被告人焦守某为谋取不正当利益，给予国家工作人员财物，其行为已构成行贿罪，依法应予惩处，焦守某所犯行贿罪应与其所犯贪污罪数罪并罚。北京市人民检察院第一分院指控被告人董国某犯贪污罪、受贿罪、被告人高岭某犯贪污罪、被告人焦守某犯贪污罪、行贿罪的事实清楚、证据确实、充分，指控罪名成立，对于公诉机关指控董国某所犯挪用公款罪，因事实不清、证据不足，本院不予认定。董国某向他人索贿，依法应当从重处罚；董国某到案后如实供述自己的罪行，并主动交代办案机关未掌握的其他贪污事实，对其所犯贪污罪可以从轻处罚，对于被告人董国某的辩护人所提董国某揭发、检举他人犯罪，具有立功情节的辩护意见，因董国某揭发、检举他人犯罪的事实未查证属实，无法认定为立功，本院不予采纳。鉴于高岭某经检察机关电话传唤到案，如实供述自己的罪行，具有自首情节，且在案发后退缴部分违法所得，依法可对其从轻处罚。鉴于焦守某经检察机关电话传唤到案，如实供述自己的罪行，具有自首情节，在贪污犯罪中起次要、辅助作用，系从犯，且在一审审理期间退缴部分违法所得并缴纳罚金，依法对其所犯贪污罪减轻处罚，对其所犯行贿罪从轻处罚，并适用缓刑，对于被告人焦守某的辩护人所提相关辩护意见，本院酌予采纳。据此，依照1997年修订的《中华人民共和国刑法》第三百九十条，《中华人民共和国刑法》第十二条第一款，第三百八十二条，第三百八十五条第一款，第三百八十三条第一款第二项、第三项、第二款，第三百八十六条，第三百八十九条，第二十五条第一款，第二十七条，第六十七条第一款、第三款，第五十二条，第五十三条第一款，第六十九条，第七十二条第一款，第七十三条第二款、第三款，第六十一条，第六十四条及《最高人民法院关于适用财产刑若干问题的规定》第五条之规定，判决如下：

一、被告人董国某犯贪污罪，判处有期徒刑十一年，并处罚金人民币五十万元；犯受贿罪，判处有期徒刑三年六个月，并处罚金人民币二十万元，决定执行有期徒刑十三年六个月，并处罚金人民币七十万元；

二、被告人高岭某犯贪污罪，判处有期徒刑四年，并处罚金人民币三十万元；

三、被告人焦守某犯贪污罪，判处有期徒刑二年，并处罚金人民币二十万元；犯行贿罪，判处有期徒刑一年，决定执行有期徒刑二年六个月，缓刑三年，并处罚金人民币二十万元；

四、在案查封的房产的变价所得款与在案扣押的现金，发还北京市文化局或者予以没收，剩余部分退回北京市人民检察院第一分院处理；不足部分，责令被告人董国某、高岭某、焦守某继续退赔，发还北京市文化局或者予以没收。

董国某、高岭某以一审认定事实有误且量刑过重为由提起上诉。

北京市高级人民法院经审理认为：

一审法院根据上诉人董国某、高岭某和原审被告人焦守某犯罪的事实、性质、情节和对于社会的危害程度所作的判决，事实清楚，证据确实、充分，定罪正确，审判程序合法，惟未认定高岭某具有从犯的法定情节导致对高岭某量刑不当，依法予以改判。据此，本院依照1997年修订的《中华人民共和国刑法》第三百九十条第一款，《中华人民共和国刑法》第十二条第一款，第三百八十二条第一款、第三款，第三百八十三条第一款、第二款、第三款，第三百八十五条第一款，第三百八十六条，第三百八十九条第一款，第二十五条第一款，第二十七条，第六十七条第一款、第三款，第五十二条，第五十三条第一款，第六十九条第一款、第三款，第七十二条第一款、第三款，第七十三条第二款、第三款，第六十四条，《中华人民共和国刑事诉讼法》第十五条，第二百三十六条第一款第二项及最高人民法院、最高人民检察院《关于办理贪污贿赂刑事案件适用法律若干问题的解释》第二条第一款，第三条第一款，第七条第一款，第十六条第一款，第十八条，第十九条第一款之规定，判决如下：

一、维持北京市第一中级人民法院（2017）京01刑初86号刑事判决的第一项、第三项、第四项；

二、撤销北京市第一中级人民法院（2017）京01刑初86号刑事判决的第二项；

三、上诉人高岭某犯贪污罪，判处有期徒刑三年，缓刑三年，并处罚金人民币三十万元。

【法官后语】

本案一审裁判过程中，对于行为人在贪污犯罪中套取财物后部分用于公务支出情况下的犯罪数额认定问题，一种观点认为，根据最高人民法院、最高人民检察院《关于办理贪污贿赂刑事案件适用法律若干问题的解释》（以下简称《解释》）的规定，“国家工作人员出于贪污、受贿的故意，非法占有公共财物、收受他人财物之后，将赃款赃物用于单位公务支出或者社会捐赠的，不影响贪污罪、受贿罪的认定，但量刑时可以酌情考虑”，故本案第二起事实中224万元应当全部认定为贪污犯罪数额，乙公司实际支出的63万余元可作为量刑情节予以考虑；另一种观点认为，在个案处理中，公务支出是否作为犯罪数额予以认定应当按照该司法解释体现出的主客观相一致的原则具体分析。对于在申请款项之初即明确知道该钱款中的相应部分需要用于支付特定款项，无法占为己有且在约定的时间内实际用于支付所述事项的情况下不宜计入犯罪数额，需要结合案情具体分析。

一审法院对于公诉机关指控的第二起事实中，实际用于公务支出的款项未予认定为犯罪金额，即乙公司成立后，董国某和高岭某将设施中心、服务中心及文化局账户内的224万余元钱款转入乙公司账户，其中该公司实际支付了供暖费、物业费和保安费共计63万余元，其余钱款被三被告人非法占有。公诉机关认为，根据《解释》第十六条的规定，“国家工作人员出于贪污、受贿的故意，非法占有公共财物、收受他人财物之后，将赃款赃物用于单位公务支出或者社会捐赠的，不影响贪污罪、受贿罪的认定，但量刑时可以酌情考虑”，故该笔224万元按此规定应当全部认定为贪污犯罪数额，乙公司实际支出的63万余元可作为量刑情节予以考虑。

然而，本案中如果割裂犯罪的主客观方面进行分析，仅凭套取公款的行为即作出有罪评价，显然不符合立法本意。《解释》第十六条强调了出于贪污、受贿的主观故意非法占有公共财物、收受他人财物，之后又对公私财物进行了意志下的处分。从主观方面分析，董国某等人以支付物业费、供暖费、保安费等公务支出的名义超出实际情况申请公款，在申请该款项之初即明确知道该钱款中的相应部分需要用于支付物业费、供暖费、保安费，无法占为已有；在客观方面，该钱款经过上级部门批准，拨付到位后，在合同约定的时间内实际用于支付所述事项，上述过程不具有隐蔽性，付款事实与实际业务发生的时间一致。综合该63万余元的申请、使用情况，董国某三人对于该款项主观上没有非法占有目的，客观上用于与申报事项相符的用途，故未将上述款项计入贪污数额。

编写人：北京市第一中级人民法院　吴迪　张之

58

单位领导收受职工金钱行为的性质认定

——农康某贪污案

【案件基本信息】

1. 裁判书字号

广西壮族自治区扶绥县人民法院（2018）桂1421刑初3号刑事判决书

2. 案由：贪污罪

【基本案情】

2000年，凭祥市人民政府成立凭祥市边民互市点开发建设管理服务中心，负责对凭祥市弄尧、浦寨互市点进行管理。互市服务中心为事业单位，隶属市边防委员会领导，经费来源自收自支，所需人员从市直行政、事业单位在编人员中调剂。同年，谭政某任互市服务中心主任。农康某、许建某、韦顺某为互市服务中心的在职人员。互市服务中心分别在弄尧和浦寨互市点设立卡点对进出卡点的货物、车辆、人员进行收费，所收取的费用上交国家。农康某于2011年1月至2014年2月担任互市服务中心弄尧点管理队长。时任互市服务中心主任的谭政某（另案处理）、时任互市服务中心副主任的许建某、韦顺某（均另案处理）及农康某明知各卡点的值班收费人员存在对进出卡点的部分货物、车辆、人员以不开票的方式进行收费，并将该部分收费款截留的行为。农康某在其担任互市服务中心弄尧点管理队长期间，有向各收费班长下达将部分截留款上交给其的要求。各收费班长每月向农康某上交部分截留款，农康某又将其中部分截留款收归个人使用，另将部分截留款交给谭政某、许建某、韦顺某。谭政某、许建某、韦顺某明知农康某所交给的钱是各卡点所截留的款项仍收归个人使用。农康某收取各班长的截留款项共计246.8万元，其中上交给谭政某134万元、许建某44.4万元、韦顺某13万元，留给个人占有55.4万元。案发后，农康某于2018年12月27日退出违法所得55.4万元。

【案件焦点】

1. 作为管理队长的农康某收受各收费班长的钱及送钱给谭政某等单位领导（即谭政某等单位领导收受农康某的钱）的行为如何定性；2. 农康某所犯是一罪还是数罪。

【法院裁判要旨】

广西壮族自治区扶绥县人民法院经审理认为：被告人农康某利用职务上的便利，将本应上缴国家的关卡通行费用以不开票的方式予以截留，与他人共同侵吞公共财产246.8万元，其中个人获得非法收入55.4万元，其行为已触犯《中华人民共和国刑法》第三百八十二条的规定，构成贪污罪，公诉机关指控农康某犯受贿罪和行贿罪的罪名不当，应予以纠正。农康某贪污数额在二十万元以上不满三百万元，应当认定为刑法第三百八十三条第一款规定的“数额巨大”，依法判处三年以上十年以下有期徒刑，并处罚金或者没收财产。农康某是共同故意犯罪，其在犯罪过程中起主要作用，是主犯，应按其所参与的犯罪进行处罚。对于辩护人提出农康某有自首情节的辩护意见，经查，侦查机关在侦查许建某案件时已掌握农康某的犯罪线索，2017年8月28日，崇左市人民检察院指定大新县人民检察院管辖被告人农康某涉嫌行贿罪一案，大新县人民检察院书面通知，农康某于2017年8月30日到侦查机关接受询问时才如实交代办案机关已掌握的线索所针对的事实，不能认定为自首，对辩护人该辩护意见，本院不予采纳，但农康某到案后，能如实供述自己的罪行，依法可以从轻处罚。农康某已退出个人所得的55.4万元赃款，量刑时酌情予以考虑。

广西壮族自治区扶绥县人民法院依照《中华人民共和国刑法》第三百八十二条第一款，第三百八十三条第一款第二项，第二十五条第一款，第二十六条第一款、第四款，第六十七条第三款、第五十二条，第五十三条，第六十四条，第六十一条，《最高人民法院、最高人民检察院关于办理贪污贿赂刑事案件适用法律若干问题的解释》第二条第一款、第十八条、第十九条，《最高人民法院、最高人民检察院关于办理职务犯罪案件认定自首、立功等量刑情节若干问题的意见》第一条第一款、第三款之规定，作出如下判决：

一、被告人农康某犯贪污罪，判处有期徒刑三年八个月，并处罚金人民币二十万四千元；

二、被告人农康某退出的违法所得人民币55.4万元，予以没收，上缴国库。

【法官后语】

在同一单位中，单位领导收受职工金钱、职工送钱给领导的行为，让人容易想到是受贿、行贿行为。正如本案中，行为人农康某作为管理队长，对于班长来说是领导，其收受班长金钱的行为，被以受贿立案后以同罪起诉；农康某送钱给谭政某等单位领导，被指控犯行贿罪，而谭政某等单位领导被另案起诉犯受贿罪。笔者认为本案涉案金钱的性质（即“公有”还是“私有”），以及行为人对金钱性质的认知，决定了行为人行为的定性。本案在案证据证实了涉及的金钱都是单位收费不开票截留下的过路通行费，控辩双方对此亦均无异议。

事实前提下，本案争议的焦点在于行为人农康某的行为如何定性，一罪还是数罪。综合本案证据，笔者认为本案中行为人农康某的行为应是贪污一罪。主要理由如下：

1. 受贿罪是指国家工作人员利用职务上的便利，索取他人财物，或者非法收受他人财物，为他人谋取利益。行贿罪是指为谋取不正当利益，给予国家工作人员以财物。贪污罪是指国家工作人员利用职务上的便利，侵吞、窃取、骗取或者以其他手段非法占有公共财物。

行为人农康某等人所在的单位互市服务中心是由凭祥市人民政府设立，负责对凭祥市弄尧、浦寨互市点进行管理，农康某、各班长及收费员、谭政某等单位领导均属于刑法意义上的国家工作人员。本案涉案的财产，包括农康某收到的各班长的钱及送给单位领导谭政某等人的钱，均是应当向缴费人开具票据收取上缴国家财政的费用，属于公共财产。这些公共财产被各收费卡点的收费人员以收费不开票的方式截留，而农康某、谭政某等人明知各卡点的值班收费人员存在收费不开票的行为，不但不制止，反而利用职务之便共同对收费不开票的截留款进行侵吞，在主观上都具有非法占有公共财物的目的。因此，农康某的行为不是利用职务上的便利，向他人索取财物或者收受他人财物并为他人谋取利益的行为，亦不是为谋取不正当利益，给予国家工作人员以财物的行为，而是利用职务之便，共同侵吞公共财物的行为。该行为符合贪污罪的犯罪构成要件而不符合受贿罪、行贿罪的犯罪构成要件。当然，各收费班长将截留款交给农康某及农康某将截留款交给谭政某等单位领导也有为个人谋取利益的成分，但这并不能改变各行为人共同贪污该截留款的本质。

2. 行为人农康某从各班长处收取截留款后，将部分截留款上交给谭政某等单位领导，将部分截留款留下自用的行为是一个连续的行为，不应分开割裂来看，否则会造成重复评价。

综上所述，农康某的行为应是犯一罪，即贪污罪。

编写人：广西壮族自治区扶绥县人民法院　何凤英　方品能

59

多次挪用储蓄存单用于质押的犯罪数额的认定

——蒋某挪用公款案

【案件基本信息】

1. 裁判书字号

江苏省宜兴市人民法院（2017）苏0282刑初1434号刑事判决书

2. 案由：挪用公款罪

【基本案情】

2005年至2017年5月，被告人蒋某被宜兴市新庄街道办事处聘任至经管办任会计，负责新庄街道王婆村、新庄社区的代理记账以及各村的现金、存款保管等工作。2009年9月至2012年2月间，被告人蒋某利用上述职务之便，单独或伙同时任经管办主任尹某等人挪用其掌管的村级资金用于办理质押贷款，用于家庭购买汽车或出借给他人等，均超过三个月未还。具体事实如下：

1. 个人挪用公款部分

2009年9月17日至9月18日，被告人蒋某擅自将其保管的新庄街道新塍社区资金50万元储蓄存单（编号为5437××××）至江苏宜兴农村合作银行大塍分理处（以下简称大塍分理处）办理质押贷款，贷得30万元，用于购买汽车及家庭企业等开支。2010年3月15日，被告人蒋某为赎回编号为5437××××储蓄存单，擅自挪用保管的另一张新塍社区资金50万元储蓄存单（编号为5748××××）至大塍分理处办理质押贷款，贷得30万元，并将该30万元及个人所有的7209元用于归还2009年9月办理的贷款本息。2011年1月24日，被告人蒋某为赎回编号为5748××××储蓄存单，擅自挪用保管的新庄街道苏阳村资金30万元及个人所有的13938.75元用于归还2010年3月办理的贷款本息。2011年5月6日，被告人蒋某归还了上述苏阳村资金30万元。

2. 共同挪用公款部分

2011年1月下旬，被告人蒋某在欲以经保办保管的公款存单至江苏宜兴农村商业银行新源支行（以下简称新源支行）办理质押贷款30万元过程中，尹某向蒋某提出在其办理存单质押贷款时帮蒋甲（另案处理）贷款100万元。同年1月25日，被告人蒋某提供了新庄街道核心村资金150万元的储蓄存单给蒋甲，办理了质押贷款，贷得130万元，后被告人蒋某分得30万元，蒋甲分得90万元，蒋乙分得10万元，上述款项均被三人用于归还个人欠款、购买材料等。至同年12月21日，被告人蒋某及蒋甲、蒋乙共同归还贷款本息共计136.897809万元，蒋某赎回了上述存单。

2017年4月25日，被告人蒋某因涉嫌犯挪用公款罪被带至宜兴市人民检察院接受调查，其间，如实供述了上述事实。

【案件焦点】

1. 被告人蒋某于2009年9月、2010年3月、2011年1月三次挪用村级资金储蓄存单办理质押贷款，是否属于多次挪用公款并以后次挪用的公款归还前次挪用的公款的情形；2. 其犯罪数额如何认定。

【法院裁判要旨】

江苏省宜兴市人民法院经审理认为：被告人蒋某身为国家工作人员，利用职务之便，单独或伙同他人挪用公款共计1682916.84元归个人使用，数额较大，且超过三个月未还，其行为已构成挪用公款罪，应予惩处。关于被告人蒋某于2009年9月至2011年1月期间个人挪用公款的数额及性质的认定。经查，被告人蒋某利用其任经管办会计保管村级资金的职务便利，于2009年9月用其保管的村级资金储蓄存单办理质押贷款，后为赎回上次贷款时质押的储蓄存单，分别于2010年3月和2011年1月再次挪用村级资金用于贷款质押和归还贷款本金，并将首次贷款用于个人和企业开支等，且均超过三个月未还。本院认为，被告人蒋某的上述行为符合挪用公款罪的构成要件，其在挪用之前告知过村会计的行为不影响对其上述行为性质的认定，且其挪用行为属于多次挪用公款并以后次挪用的公款归还前次挪用的公款，因其在案发前已归还，故不能累计计算其挪用公款的数额，应按其将公款存单质押实际承担的最高风险数额认定其挪用公款数额，即313938.75元。故对公诉机关该部分指控予以变更，对被告人蒋某辩护人提出的属于借款或不构成挪用公款的辩护意见，本院均不予采纳。综上，公诉机关指控的罪名成立，应予采纳。被告人蒋某归案后能如实供述自己的罪行，且在案发前退还了全部挪用的款项，对其均可从轻处罚。综合本案情节，被告人蒋某符合缓刑适用条件，可以宣告缓刑。

江苏省宜兴市人民法院依照《中华人民共和国刑法》第三百八十四条第一款，第九十三条第二款，第二十五条第一款，第六十七条第三款，第七十二条第一款，《最高人民法院、最高人民检察院关于办理贪污贿赂刑事案件适用法律若干问题的解释》第六条之规定，作出如下判决：

蒋某犯挪用公款罪，判处有期徒刑二年，缓刑二年六个月。

【法官后语】

对于挪用储蓄存单用于质押及多次挪用公款如何计算犯罪数额的问题，相关座谈会纪要或者司法解释虽有规定，但如何理解和把握相关条文在司法实践中仍存在争议。

1. 挪用储蓄存单用于质押的犯罪数额如何认定？

根据《全国法院审理经济犯罪案件工作座谈会纪要》的规定，挪用金融凭证、有价证券用于质押，使公款处于风险之中，以挪用公款罪定罪处罚，挪用公款数额以实际或者可能承担的风险数额认定。实践中，对于“以实际或者可能承担的风险数额”理解存在不同观点，一种观点认为用储蓄存单办理质押，公款承担的风险仅包括实际贷款的金额及相应利息；另一种观点认为虽然贷款金额只有30万元，但是储蓄存单作为质押物在违约后，可能会被拍卖、变卖以实现债权，不仅需要支付贷款本金、利息，还可能存在违约金、诉讼费、拍卖变卖等相关费用，公款承担的风险应以储蓄存单的票面金额50万元认定。法院采纳的是第一种观点。蒋某在案发前已经归还了贷款，将三张储蓄存单全部赎回，公款承担的实际风险仅包括贷款本金和利息。况且，从银行贷款的操作惯例看，银行为了自身利益的最大化，批准的贷款金额通常小于质押物或者抵押物的实际价值。即使进入拍卖、变卖程序，拍卖、变卖所得款项扣除债权及相关费用后仍有剩余，且该部分费用的金额并不确定，从有利于被告人的角度，也应采纳第一种观点。

2. 多次挪用公款的犯罪数额如何认定？

根据《最高人民法院关于审理挪用公款案件具体应用法律若干问题的解释》第四条，多次挪用公款不还的，挪用公款的数额累计计算；多次挪用公款，并以后次挪用的公款归还前次挪用的公款，挪用的公款数额以案发时未还的实际数额认定。本案中，法院认定蒋某的行为属于多次挪用公款并以后次归还前次。蒋某挪用储蓄存单办理质押，从主观目的看，第二次、第三次挪用是为了赎回前一张储蓄存单，想要挪用的款项只有质押所贷的30万元；从客观行为看，蒋某在后两次办理质押贷款后，贷款所得款项立即用于归还前次贷款，并未挪作他用。按照主客观相一致的原则，蒋某的行为应认定为多次挪用公款并以后次归还前次。

基于上述分析，蒋某挪用公款的数额应以案发时未还的实际数额认定。有一种观点简单地理解为如果案发时行为人全部归还了就不定罪，这是对挪用公款罪罪名本身的误解。挪用公款罪区别于贪污罪的主要不同在于行为人主观上是否具有“非法占有”公款的目的。挪用公款罪的核心特征是“非法占用”，使国家机关丧失使用公款的主动权。如果行为人主观上不想归还公款，则构成贪污罪。案发前行为人全部归还公款的，是一项酌情从轻处罚情节，并不意味着不构成犯罪。因此，以“案发时未还的实际数额”认定犯罪数额，属于定罪部分的内容，肯定不包括行为人自行归还公款的部分，应理解为扣除在行为人多次挪用公款过程中，因以后次归还前次导致前次所挪用的公款被归还或者冲抵的部分。也就是说，多次挪用公款并以后次归还前次的，仅以行为人挪用公款并实际使用到的部分进行定罪。

编写人：江苏省宜兴市人民法院　庄妍　许卫琴

60

案发前主动退还的贿赂款应如何认定

——孔某某受贿案

【案件基本信息】

1. 裁判书字号

江苏省无锡市惠山区人民法院（2018）苏0206刑初473号刑事判决书

2. 案由：受贿罪

【基本案情】

2007年10月至2017年5月，被告人孔某某利用担任无锡惠山水处理有限公司（以下简称惠山水处理公司）副总经理的职务之便，在工程监管、验收、设备采购、项目发包、款项支付等方面为他人谋取利益，多次收受、索要相关人员贿赂的人民币216000元（以下币种如无特别标明均为人民币）、美金800元（折合人民币4826.84元）、港币6万元（折合人民币48872.94元）、购物卡31000元，价值合计300699.78元。其中，2008年1、2月至2010年春节前，被告人孔某某利用职务便利，为无锡某建筑有限公司在工程协调等方面谋取利益，先后4次收受该公司项目经理李某某所送现金3万元、购物卡15000元。2017年6月，无锡市惠山经济开发区环保分局原局长浦某某接受组织审查。得知上述情况后，被告人孔某某于2017年7、8月在无锡市惠山区某咖啡馆退还给李某某现金2万元。

2013年10月至2017年1、2月，被告人孔某某利用职务便利，为某科技（无锡）有限公司在工程招投标、设备工艺、工程监管、结算等方面谋取利益，先后4次收受该公司法定代表人黄某某现金5万元、美金800元、购物卡3000元。2017年6月，在得知浦某某接受组织审查的情况后，被告人孔某某于2017年7、8月分2次退还给黄某某现金共计4万元。

2013年至2017年1、2月，被告人孔某某利用职务便利，为江苏某环境科技有限公司在设备供应、项目承接、工程监管、结算等方面谋取利益，先后6次收受该公司法定代表人陶某某、项目经理赵某某现金71000元、购物卡8000元。因被告人孔某某听说陶某某将送其5万元的情况告诉他人，被告人孔某某于2015年5月23日在无锡市苏南硕放机场将陶某某于2015年1、2月和5月初送其的56000元现金退还给陶某某。

侦查机关在办理其他案件时发现被告人孔某某涉嫌受贿犯罪。被告人孔某某在初次接受调查询问时未如实交代其涉嫌受贿犯罪的主要犯罪事实，后在被立案侦查并采取留置措施后的多次讯问中，交代主要犯罪事实。被告人孔某某到案后检举苏某涉嫌受贿的情况，现苏某因涉嫌受贿罪被起诉。

案破后，李某某退出赃款2万元、黄某某退出赃款4万元、陶某某退出赃款56000元、唐某退出赃款16200元，扣押被告人孔某某赃款30万元。

【案件焦点】

被告人孔某某在案发前主动退还的贿赂款是否需要在认定受贿金额时予以扣减。

【法院裁判要旨】

江苏省无锡市惠山区人民法院经审理认为，被告人孔某某作为国有企业中从事公务的人员，利用职务便利，为他人谋取利益，多次非法收受他人财物，数额巨大，其行为已构成受贿罪。公诉机关指控的罪名成立，应予以支持。

关于案发前主动退还的贿赂款是否需要在认定受贿金额时予以扣减的问题，法院经审查后认为：（1）被告人孔某某退还李某某及黄某某的贿赂款，均系惠山经济开发区环保分局原局长浦某某受组织调查后，其担心共同行贿人李某某、黄某某在接受审查时会将其供出来，故将相关贿赂款退出，属于因与其受贿有关联的人、事被查处，为掩饰犯罪而退还，应当将退还的贿赂款计入其受贿金额。（2）被告人孔某某在案发前退还陶某某贿赂的56000元，系其以为收受陶某某贿赂的事实败露，害怕受到法律追究，为掩饰犯罪而退还给行贿人，不影响该笔受贿数额的认定。

被告人孔某某有立功情节，且庭审中能自愿认罪，本院决定对其减轻处罚。根据其犯罪情节及悔罪表现，可以适用缓刑。

江苏省无锡市惠山区人民法院依照《中华人民共和国刑法》第三百八十五条第一款，第三百八十六条，第三百八十三条第一款第二项、第二款、第三款，第九十三条，第六十八条，第七十二条第一款、第三款，第六十四条及《最高人民法院、最高人民检察院关于办理贪污贿赂刑事案件适用法律若干问题的解释》第二条第一款，第十八条，第十九条第一款之规定，作出如下判决：

一、被告人孔某某犯受贿罪，判处有期徒刑二年，缓刑三年，并处罚金人民币二十万元；

二、扣押在案的赃款人民币300699.78元予以没收，上缴国库。

【法官后语】

本案的争议焦点系被告人孔某某在案发前主动退还的贿赂款是否需要在认定受贿金额时予以扣减。

《最高人民法院、最高人民检察院关于办理受贿刑事案件适用法律若干问题的意见》（以下简称《意见》）规定：“国家工作人员收受请托人财物后及时退还或者上交的，不是受贿。国家工作人员受贿后，因自身或者与其受贿有关联的人、事被查处，为掩饰犯罪而退还或者上交的，不影响认定受贿罪。”《意见》列举了案发前退还（上交）财物的两种情形，一种是“及时退还或者上交”，可简称为“及时退还”；另一种是“为掩饰隐瞒犯罪而退还或者上交的”，可简称为“被动退还”。其中“及时退还”情形要求行为人主观上没有受贿的故意，客观上表现为及时退还或者上交，因不存在犯罪故意，故不构成犯罪。“被动退还”情形，行为人在接受财物时存在受贿故意，后因自身或者关联人被查处，为掩饰犯罪才被动退还或者上交，应认定为受贿罪。

本案中，被告人孔某某退还李某某2万元、退还黄某某4万元，均系惠山经济开发区环保分局原局长浦某某受组织调查后，其担心共同行贿人李某某、黄某某在接受审查时会将其供出来，故将相关贿赂款退出，属于因与其受贿有关联的人、事被查处，为掩饰犯罪而退还，即“被动退还”，应当将上述6万元计入其受贿金额。

本案中，被告人孔某某退还陶某某56000元系因为听说陶某某将送5万元给其的事情在外面告诉其他人，出于害怕心理而退钱，首先这不属于“被动退还”的情形，但是合议庭认为也不属于“及时退还”的情形。被告人孔某某于2015年1、2月收下陶某某5万元，当年5月其全家去南京游玩时主动告知陶某某让他安排住宿、吃饭及游玩开销，同时再次收受陶某某6000元红包，在此期间也未有要将5万元退还给陶某某的表示，可见其对5万元现金及6000元红包均有受贿故意。后在5月中旬其听到有人在外面说陶某某送钱的事情，迫于害怕而将钱退出。其行为不符合意见规定的上述两种情形，是基于受贿故意收受他人贿赂后在案发前主动退还的情形，对于该种情形如何处理，《意见》并未有统一规定。

合议庭认为，结合本案情况，被告人孔某某退出陶某某贿赂的56000元后，仍收受该公司项目经理赵某某的贿赂，并有向赵某某索贿的行为，可见其退出陶某某贿赂款的行为并非出于悔过，而是为了掩饰犯罪行为，故合议庭认为应当将56000元计入其受贿金额，但在量刑时可以考虑其主动退还的情节。

编写人：江苏省无锡市惠山区人民法院 顾溶熔

61

具有集体经济性质的园艺场场长是否属于国家工作人员

——杨博某受贿案

【案件基本信息】

1. 裁判书字号

南宁铁路运输中级法院（2018）桂71刑终7号刑事裁定书

2. 案由：受贿罪

【基本案情】

南宁农工商集团有限责任公司（以下简称农工商集团）是1998年4月30日成立的国有独资公司，三屋园艺场经济性质属集体，由农工商集团代管，其国有土地使用权属于农工商集团。三屋园艺场领导班子系由全体村民选举产生，经农工商集团批准，分别于2006年3月13日、2012年4月11日同意杨博某等人作为三屋园艺场场长、副场长候选人，又分别于2006年4月3日、2012年5月6日经农工商集团批准，同意三屋园艺场行政领导换届选举产生的场长杨博某的任职。2009年3月9日，经农工商集团委员会批准，同意杨博某等人成为新一届中共三屋园艺场支部委员会委员候选人预备人选。2010年9月28日，经农工商集团委员会批准，成为农工商集团第二次党代会代表。2012年3月23日，经农工商集团委员会批准，同意杨博某成为支部委员会委员候选人预备人选，并于2012年4月16日，批准杨博某担任党支部书记。2014年4月4日，经南宁市人民政府协调，三屋园艺场转交青秀区政府管理，相关土地所有权分别由农工商集团与青秀区政府持有，“人、财、物”划归区政府管理，同年5月17日，南宁市政府同意移交方案。2015年4月25日，经三屋园艺场村民选举，杨博某继任场长，2015年12月24日，经中共南宁市青秀区南湖街道工作委员会批准，免去杨博某中共南宁市三屋园艺场支部委员会书记、委员职务。杨博某作为场长，其职责是负责全场的行政工作，制订年度经济发展计划并组织实施，努力完成职代会的各项决议，调整产业结构，引进项目等。

2008年至2015年，杨博某在其担任三屋园艺场场长、党支部书记期间，在土地租赁及经营开发过程中，利用职务上的便利为他人谋利，多次非法收受他人财物，共计人民币632万元。

被告人及辩护人认为，杨博某在本案中不具备国家工作人员刑事责任主体资格。三屋园艺场属于农村集体经济组织，其是农民身份，在担任场长期间没有领取国家工资，不属于国家工作人员，无受贿事实，不构成受贿罪。公诉机关认为，杨博某犯罪主体身份符合刑法第九十三条第二款的规定，依法应当以国家工作人员论。

【案件焦点】

具有集体经济性质的园艺场的场长是否属于国家工作人员。

【法院裁判要旨】

柳州铁路运输法院经审理认为，杨博某经国有独资公司批准任命为三屋园艺场场长，依法以国家工作人员论，利用其担任场长的职务便利，在对土地进行租赁等经营、开发和管理过程中，非法收受他人给予的好处费，数额特别巨大，其行为已触犯刑律，构成受贿罪。三屋园艺场是村民自治组织，经济性质是集体，先由国有独资公司南宁农工商集团代管，后又移交青秀区政府管理；杨博某于2008年至2015年间，经村民选举分别担任三屋园艺场场长、党支部书记，都通过农工商集团或青秀区政府批准同意，属于受国有公司委派从事公务的人员，其作为场长的职责是负责全场的行政工作，根据《中华人民共和国刑法》第九十三条第二款规定，杨博某应以国家工作人员论。根据杨博某犯罪的事实、性质、情节和对社会的危害程度，依照《中华人民共和国刑法》第三百八十五条第一款、第三百八十六条、第三百八十三条第一款第三项、第九十三条第二款、第十二条第一款、第五十二条、第五十三条、第六十四条以及《最高人民法院、最高人民检察院关于办理贪污贿赂刑事案件适用法律若干问题的解释》第三条、第十五条、第十九条第一款的规定，作出如下判决：

一、杨博某犯受贿罪，判处有期徒刑十三年，并处罚金一百二十万元；

二、杨博某受贿所得赃款共计人民币六百三十二万元，予以追缴。

杨博某对判决不服，提起上诉。

南宁铁路运输中级法院经审理同意一审法院裁判意见，裁定：驳回上诉，维持原判。

【法官后语】

在认定国家工作人员身份的问题上，司法实践中存在不同认识。一种观点可称为“身份论”，即只有依照法定程序任命，才具有国家工作人员身份；另一种观点可称为“职责论”，即一些虽不具正式国家工作人员身份的人员，如果因临时委派、授权等法律上的原因而实际上依法承担了国家事务的管理职责的，应当认定其依法履行该职责时以国家工作人员论。显然，“职责论”似乎更符合刑法的立法本义，也更符合我国目前的实际情况。

本案中，涉案三屋园艺场场长候选人是由村民民主选举，最终经由国有公司或政府部门同意之后担任场长，即权力既有来源于《村民委员会组织法》赋予的自治管理权，又具有《刑法》第九十三条规定的国有公司或国家机关赋予的公共管理职权。三屋园艺场经济性质属集体，其管理的涉案土地既包括集体土地，也包括国有土地。如果仅仅依据土地性质来认定，本案中行为人对土地的经营管理行为并不必然都属于从事公务的行为。事实上，从三屋园艺场的历史沿革及相关政府文件来看，自1998年以来，该园艺场直属于农工商集团（国有独资）代管，包括管理国有土地经营使用等事项；2014年，农工商集团将三屋园艺场整体移交青秀区政府管理，包括相关土地所有权。综上，从杨博某管理三屋园艺场事务的性质、职责内容及权力来源分析，应认定为其接受委派，行使国有公司或国家机关对三屋园艺场的管理职责，具有公务属性，依法以国家工作人员论。

编写人：南宁铁路运输中级法院　张红娟

62

层层转请托型贿赂犯罪中间人的定性

——王晓某受贿案

【案件基本信息】

1. 裁判书字号

北京市第三中级人民法院（2018）京03刑终492号刑事判决书

2. 案由：受贿罪

【基本案情】

2002年至2015年，上诉人王晓某接受他人请托，伙同张金某（另案处理）通过北京市公安局某分局所辖派出所户籍民警刘某（另案处理）帮助违规办理北京户口。经查，王晓某为其女及他人共16人违规办理北京户口，给予刘某好处费共计181万元，并从中获利65万元。一审审理期间，王晓某家属代其退缴赃款20万元；二审审理期间，王晓某家属代其退缴赃款45万元。

【案件焦点】

贿赂犯罪链中中间人王晓某的行为构成介绍贿赂罪、行贿罪还是受贿罪。

【法院裁判要旨】

北京市朝阳区人民法院经审理认为，被告人王晓某、张金某的行为不是仅仅在行受贿中间起到单纯的介绍作用，而是成立行贿的共同犯罪。被告人王晓某明知他人身为国家工作人员，为谋取不正当利益，伙同他人给予国家工作人员财物，其行为构成行贿罪。

北京市朝阳区人民法院依照《中华人民共和国刑法》第三百八十九条第一款、第三百九十条、第二十五条第一款及《最高人民法院、最高人民检察院关于办理贪污贿赂刑事案件适用法律若干问题的解释》第七条第一款，作出如下判决：

一、被告人王晓某犯行贿罪，判处有期徒刑六年；

二、追缴被告人王晓某违法所得人民币六十五万元（含在案之人民币二十万元）予以没收。

王晓某不服一审判决，提出上诉。王晓某称，其不清楚下线张金某如何办理户口，未与张金某共谋。

辩护人的主要辩护意见为：本案呈现典型的单人、单线联系特征，现有证据不能证明王晓某与下线张金某、民警刘某间存在行受贿合意，王晓某的行为应认定构成介绍贿赂罪。

案件经送北京市人民检察院第三分院阅卷，检察院的意见为：王晓某的行为应认定为受贿罪共犯；同时，王晓某为其女办理户口，本应另定性为行贿罪，但鉴于上诉不加刑原则，不增加认定罪名。

北京市第三中级人民法院经审理认为：上诉人王晓某伙同他人，利用国家工作人员的职务便利，非法收受财物，谋取不法利益，其行为构成受贿罪，且受贿数额巨大。北京市朝阳区人民法院判决认定上诉人王晓某犯行贿罪的事实清楚，证据确实、充分，审判程序合法，惟定性不准确，依法予以纠正。王晓某为其女违规办理北京户口，行为性质属于行贿，基于上诉不加刑原则，不再增加认定行贿罪名，但应作为量刑情节予以考虑。

北京市第三中级人民法院依照《中华人民共和国刑法》第三百八十五条、第三百八十六条、第三百八十三条、第二十五条、第六十七条第三款，《中华人民共和国刑事诉讼法》第二百二十五条[①]第一款第二项、第二百二十六条[②]，及《最高人民法院、最高人民检察院关于办理贪污贿赂刑事案件适用法律若干问题的解释》第二条第一款、第十九条，作出如下判决：

一、撤销北京市朝阳区人民法院（2017）京0105刑初2340号刑事判决书主文的第一项、第二项；

二、上诉人王晓某犯受贿罪，判处有期徒刑三年六个月，罚金人民币二十万元；

三、在案扣押王晓某违法所得人民币六十五万元予以没收。

---

① 对应现行《刑事诉讼法》第二百三十六条。

② 对应现行《刑事诉讼法》第二百三十七条。

【法官后语】

层层转请托型贿赂犯罪，是对行贿人通过中间人向国家工作人员进行行贿，同时中间人获取非法报酬的犯罪现象的一种称谓。这种犯罪呈现行贿人、中间人、受贿人单人、单线联系的特征，且有时中间人不止一层，比如本案，涉案人员就有请托人—中间人1：王晓某—中间人2：张金某—受贿人刘某四层。对于中间人如何定罪，有不同观点。王晓某被公诉机关以行贿罪提起公诉，辩方则认为其应构成介绍贿赂罪，一审法院判决其犯行贿罪，二审法院改判其犯受贿罪。可见，对中间人行为的定性确实属于疑难问题。

1. 中间人不符合介绍贿赂罪的罪质特征

关于本案的定性，主要涉及三个罪名，介绍贿赂罪、行贿罪、受贿罪。《刑法》第三百九十二条对介绍贿赂罪的表述为："向国家工作人员介绍贿赂，情节严重。"从罪状描述中看出，这种介绍贿赂，是单纯的介绍行为，而不是本案这种层层转请托的行为，二者的主要区别在于，介绍贿赂的中间人所起作用较小，社会危害较轻，且一般不经手或收取钱款，而在层层转请托型犯罪中，中间人一方面作为请托人的受托人，收取请托人钱款，同时又作为请托人，向国家工作人员交付钱款，不仅经手贿赂款，大部分还从中非法牟利。本案中，王晓某联络需要违规办户口的家长并收取行贿款，截留部分钱款后将贿赂款交给下线张金某，张金某再截留部分钱款后联络具有职务身份且有能力违规办理户口的民警刘某。王晓某与张金某在过程中均切分"利益"。因此，王晓某、张金某的行为并不是仅仅在行受贿之间起到单纯的介绍作用，不构成介绍贿赂罪。

此外，通过法定刑的规定可以帮助理解刑法中相近罪名的罪质。介绍贿赂罪的法定最高刑为三年有期徒刑，与行贿罪、受贿罪在法定刑上存在明显差距。根据《刑法》的规定，只有情节严重的介绍贿赂行为才成立介绍贿赂罪；而《刑法》之所以要求情节严重，显然是因为介绍贿赂行为本身对法益的侵害还没有达到应当追究刑事责任的程度，因此，介绍贿赂罪本身应当仅限于社会危害相对轻微的行为，与本案王晓某的行为明显不符。

2. 认定中间人为行贿罪无法解决的问题

从朴素的直观认识上，中间人帮助请托人寻找有权为其谋取不正当利益的国家工作人员，应当属于行贿罪。一直以来，对类似案件，也都是以行贿罪来判处的。

但是，将中间人认定为行贿罪，有几个不可避免的矛盾无法解决：

（1）中间人的行为不符合行贿罪的罪质特征。行贿罪的本质特征是行为人通过向国家工作人员付出钱财获取特定利益，而在本案中，作为行、受贿链条中的中间人，王晓某既不是该特定利益（办理户口）的获得者，也不是赃款的支付者，相反，其却通过行贿款的中转，从中切分了部分非法所得。认定其犯行贿罪明显不妥。

（2）以行贿罪定罪会使犯罪数额认定不合理，进而导致量刑失衡。行贿罪和受贿罪是数额犯，必须明确其犯罪数额。转托型中间人层层截留贿赂款，每层中间人切分利益大小不一，对于中间人如果以行贿罪认定，对于确定其犯罪数额有两种意见：

一种做法是以中间人看到的数额认定为其行贿数额，“所见即所涉”。则整个链条中，距离行贿人最近的中间人量刑最重。比如本案，由于王晓某从行贿人处获得行贿款后，截留了一部分转给下线张金某，那么王晓某的行贿数额高于张金某，量刑应重于张金某。而这种做法忽视了中间人各自切分利益的大小。假设王晓某仅切分小额利益，下线张金某切分了大额利益，但是从行贿数额上看，王晓某却要重于张金某，这就导致共同犯罪人量刑失衡，有违罪责刑相适应原则。

另一种做法是以最终受贿人实际收到的受贿数额统一作为中间人的行贿数额予以认定，不再考虑中间切分掉的钱款。本案一审检察院和法院均系采用这种认定方式。这种方式由于也没有考虑各中间人切分利益的情况，也会导致量刑失衡。

（3）以行贿罪定罪，中间人切分数额没有受到完整评价。对转托型中间人认定行贿罪，不论按照上述两种做法的哪种来认定其行贿数额，其所切分的利益都仅能认定为违法所得予以追缴，而不能作为其犯罪数额进行刑事归责，其行为对法益的侵害并未得到完整评价。

3. “就近认定”原则亦不可采

还有一种思路，就是按照相互之间意思和行为联系的紧密程度来确认共犯，与请托人联系紧密的中间人认为是请托人的共犯，构成行贿罪，与受托人联系紧密的中间人认为是受托人的共犯，构成受贿罪。张金某与王晓某同属中间人，区别在于王晓某负责寻找请托人，而张金某负责联系国家工作人员。按照这一思路，认为王晓某与请托人有共同的犯意（向国家工作人员行贿以违规办理户口）和共同的行为（给付钱财、请托），而对其从中切分利益的事实不予评价；同时，认为张金某与国家工作人员刘某的联系更为紧密，认定其为刘某的受贿共犯。这一思路乍一看很顺畅，但其实有两个问题无法解决：

一是同为中间人，同样切分利益，与请托人相近的中间人的切分数额不能评价，而与受托人相近的中间人的切分数额则评价为受贿数额，不仅对违法获利的评价不公，行贿罪与受贿罪的法定刑也不同。同样的行为，不同评价，属于同案不同判。

二是奇数中间人如何评价，也就是中间人不是本案中的两个，而是一个或三个，那么处在中间的那个中间人，既不能认为与请托人更近，也不能认为与受托人更近，其定性问题依然没有解决。况且，实践中并不总是理想的模型化的犯罪样态，不能仅因与谁更熟络、联系更紧密就认定罪行与谁同质。认定犯罪性质是法律判断，只能依据构成要件并结合共犯理论来认定。

4. 中间人作为受贿共犯的理由

与行贿罪的思路相反，受贿共犯的思路认为，王晓某、张金某作为中间人，和国家工作人员具有共同的利益诉求，即通过为他人违规办理落户而获利，其行为实质是利用国家工作人员职权共同受贿。

除了更符合受贿罪的行为本质以外，认定中间人为受贿共犯还可以很好地解决行贿罪所不能解决的犯罪数额问题。在层层转请托型行受贿案件中，往往中间人之间对于总体数额和各人切分数额并不知情，不同于受贿共同犯罪对于受贿数额有明确共谋的情形。比如本案，王晓某在其所参与的共同受贿中，与张金某、刘某在主观上存在概括的共同受贿故意，但对其他受贿共犯各自收取受贿款的数额并不知晓，故应以其实际所得额确定受贿数额。这种思路，更符合主客观相一致的原则，对其违法所得进行了刑事评价，以违法所得大小进行刑事归责和量刑，也更合理。

编写人：北京市第三中级人民法院　杨立军　王硕

63

驾照考试考场安全员在职务犯罪中的身份认定

——李某受贿案

【案件基本信息】

1. 裁判书字号

江苏省常州市中级人民法院（2018）苏04刑终279号刑事裁定书

2. 案由：受贿罪

【基本案情】

2015年2月至2017年2月，被告人李某利用在常州市公安局交巡警支队车管所担任考试科科目二考场安全员的职权和地位形成的便利条件，通过安全员主管周某（另案处理）将考试学员安排到自己负责或者指定的考试车辆并让考试车辆上的安全员关照考试学员的方式，违规帮助考试学员通过科目二考试，多次非法收受他人贿送的现金、银行汇款、支付宝和微信转账等，共计人民币404100元。

另查明，被告人李某将其中约280600元转送给考场安全员主管周某用以安排学员上车。案发后，被告人李某自动投案，并如实供述自己的犯罪事实。被告人李某家属已经代为退赃人民币20万元。

【案件焦点】

驾照考试中的考场安全员不属于编制内的国家机关工作人员，其工作性质是劳务辅助工作还是公务行为。

【法院裁判要旨】

江苏省溧阳市人民法院经审理认为，被告人李某利用担任国家工作人员的职务之便，非法收受他人贿赂，为他人谋取不正当利益，数额巨大，其行为已构成受贿罪。公诉机关的指控事实清楚，证据确实充分，罪名成立，应予支持。被告人李某经侦查机关电话通知主动投案，并如实供述自己的罪行，具有自首情节，可以从轻或者减轻处罚；被告人李某主动退出赃款人民币20万元，可以酌情从轻处罚。据此，依照《中华人民共和国刑法》第三百八十五条，第三百八十六条，第三百八十八条，第三百八十三条第一款第二项、第二款、第三款，第九十三条，第六十七条第一款，第五十二条，第五十三条，第六十四条和《最高人民法院关于处理自首和立功具体应用法律若干问题的解释》第一条之规定，经本院审判委员会决定，判决如下：

一、被告人李某犯受贿罪，判处有期徒刑一年六个月，并处罚金人民币十五万元；

二、违法所得人民币404100元（含已贿送周某的280600元）予以没收，上缴国库（被告人李某已退出人民币200000元）。

一审宣判后，被告人李某提出上诉，后又撤回上诉。江苏省常州市中级人民法院裁定同意其撤回上诉，案件业已生效。

【法官后语】

本案焦点问题在于：（1）对于被告人是否具有国家工作人员身份的认定；（2）被告人将部分贿款用于贿送给安全员主管的行为应认定为共同行贿还是共同受贿。承办人认为，被告人李某系原常州市公安局交巡警支队车管所考试科科目二考场安全员，在驾照考试中行使安全员职责。驾照考试是获得机动车驾驶证的考试，其考试内容和合格标准全国统一，相关考试规定由公安部统一制定，组织考生进行驾照考试并为通过考试的考生发放驾照属于公权力，而根据相关证据，安全员在考试中的职责为保障考生安全、告知考试中的注意事项、监督考试过程中的纪律问题，以及对考试结果解释答疑等，相关的安全员工作规范中也明确规定禁止提醒学员，严格禁止打招呼、串车查看学员名单等。此外，从本案被告人李某的相关行为来看，其供述材料反映其在发现学员快要出差错的时候，通过手指方向、咳嗽、拍打副驾驶的储物柜等方式提醒学员，从而违规帮助学员通过驾照考试。从相关的安全员工作规范及被告人李某的行为中可以认定，被告人李某所从事的安全员工作在驾照考试中行使安全保障、监督考生等公务行为，且被告人李某利用职务之便为相关考生谋取了不正当利益，其行为对考试结果产生了实质性影响，其工作性质已经超出了劳务服务的范围，故被告人李某具有国家工作人员身份。

关于被告人李某的犯罪数额应如何认定，承办人认为，本案中所涉及的贿赂款项分为两部分，第一部分系被告人李某收受他人贿送的现金，考生在自己所负责的车辆上考试的。第二部分系被告人李某收受他人贿送的现金，考生在其他人车上考试的。对于第一部分犯罪数额的认定无异议，对于第二部分贿赂款项，被告人李某将其中的部分款项转给了安全员主管周某，由其负责将考试学员安排到指定的考试车辆上。整个第二部分的贿赂款项分为李某私自截留的和贿送安全员主管周某的两部分，被告人李某私自截留的部分款项，属于国家工作人员利用本人职权或者地位形成的便利条件，通过其他国家工作人员职务上的行为，为请托人谋取不正当利益，收受请托人财物，根据《刑法》第三百八十八条的规定，应以受贿论处；关于被告人李某转给安全员主管周某的部分款项，承办人认为，根据公诉机关移送过来的系列案件反映，从安全员到安全员主管到前台主管，实际上已经形成了受贿的上下线关系，各个环节的涉案当事人对于相关的受贿情节都已经心知肚明且长期实施，虽然另案被告人周某不知道被告人李某在自己的环节是否截留或者私自截留了多少赃款，故无法在另案对周某以全部数额作为共同犯罪数额论处。

但另案被告人周某对于被告人李某收受他人贿赂，然后通过自己安排考试车辆的行为为考生谋取不正当利益的情节知晓，二人相互配合，通过被告人周某的职务行为为请托人谋取不正当利益，应当按照受贿罪的共同犯罪处理，故第二部分的贿赂款项无论是被告人李某自己截留的，还是转送给另案被告人周某的，均应认定为受贿数额。但考虑到被告人李某并未实际占有全部数额，可在量刑上酌情考虑。

编写人：江苏省溧阳市人民法院　段云松

64

利用职务之便变更微信公众号后台数据为他人处理交通违章记录并获取利益行为的定性

——蒋朝某等受贿案

【案件基本信息】

1. 裁判书字号

浙江省台州市椒江区人民法院（2019）浙1002刑初605号刑事判决书

2. 案由：受贿罪

【基本案情】

被告人蒋朝某系台州市机动车驾驶员考试服务中心在编职工，2016年台州市公安局交通警察局开发微信平台系统，确定蒋朝某配合业务部门负责该项目系统开发。2017年8月1日台州市公安局、台州市交通运输局、台州市财政局联合出台《道路交通安全违法行为举报奖励办法（试行）》，规定举报人通过“台州交警”微信平台等渠道进行实名举报。微信平台试运行过程中，蒋朝某利用程序漏洞在接受投诉处理时，对数据核对后进行删除、修改、增加等操作，伙同他人收受钱财。具体如下：

2018年1月初至同月29日，被告人蒋朝某、金仁某经预谋，后金仁某向蒋朝某提供违章车辆信息和8本驾驶证，蒋朝某利用其管理台州交警微信公众号后台的权限（即超级管理员账号）进入后台系统，并对该系统中存储的数据进行删除、修改、增加的操作，给上述驾驶证无限量地充值减分券增加奖励分，金仁某将待处理的违章车辆绑定在该驾驶证上，利用该奖励分在台州交警微信公众号上处理车辆违章，收受他人钱财，处理完毕后告诉蒋朝某，由蒋朝某在系统后台对违章车辆解除绑定并继续无限量地充值奖励分，金仁某又将手上的驾驶证绑定其他招揽的违章车辆，以此重复操作。其间，蒋朝某、金仁某非法处理车辆违章记分，共计2670分，非法收受他人钱财，计人民币186900余元。金仁某分给蒋朝某80000元（蒋朝某予以收受），其余自己留用。

同年1月21日至同月29日，被告人蒋朝某、周凌某经预谋，后周凌某通过卢永某在临海等地的社会上招揽需要处理交通违章的机动车“客户”。后周凌某向蒋朝某提供违章车辆信息和4本驾驶证，蒋朝某采用上述方式对该系统中存储的数据进行删除、修改、增加的操作，给上述驾驶证无限量地充值奖励分。期间，蒋朝某、周凌某、卢永某非法处理车辆违章记分，共计2793分，非法收受他人钱财，共计人民币275000元。卢永某自己留下50000元，将225000元交给周凌某，周凌某将其中45000元分给蒋朝某（蒋朝某予以收受），其余自己留用。

【案件焦点】

利用职务之便，删除、修改、增加微信公众号后台数据为他人处理交通违章记录并获取利益的行为如何定性。

【法院裁判要旨】

浙江省台州市椒江区人民法院经审理认为，被告人蒋朝某身为公安部门工作人员，利用职务之便利，伙同被告人周凌某、金仁某等人，为他人牟取利益，非法收受他人钱财，其中蒋朝某收受数额461900元、周凌某收受数额275000元，属数额巨大；金仁某收受数额186900元，属数额较大。上列三被告的行为均已构成受贿罪。公诉机关对上列被告人指控的事实清楚，但认定构成破坏计算机信息系统罪不当，予以纠正。被告人蒋朝某自动投案，当庭自愿认罪，已退出赃款，酌情予以从轻处罚。被告人周凌某自愿认罪，已退出赃款，酌情予以从轻处罚。被告人金仁某曾因介绍卖淫被行政处罚，酌情予以从重处罚；其自愿认罪，已退出赃款，酌情予以从轻处罚。

浙江省台州市椒江区人民法院依照《中华人民共和国刑法》第三百八十六条、第三百八十三条第一项、第二项、第二十五条第一款、第六十四条，作出如下判决：

一、被告人蒋朝某犯受贿罪，判处有期徒刑三年三个月，并处罚金人民币二十五万元；

二、被告人周凌某犯受贿罪，判处有期徒刑三年，并处罚金人民币二十二万元；

三、被告人金仁某犯受贿罪，判处有期徒刑一年九个月，并处罚金人民币十五万元；

四、作案工具移动电话六部、硬盘一只、笔记本电脑一台、iPad一台，予以没收；已退出的赃款，计人民币四十一万一千九百元，予以没收。

宣判后，各被告人未在上诉期内提起上诉，判决已生效。

【法官后语】

对本案的定性，控辩双方存在较大争议。控方认为，被告人蒋朝某利用职务之便利，对“台州交警”微信平台的存储数据进行删除、修改、增加的操作，其行为构成了受贿罪、破坏计算信息系统罪，两罪择一从重，应以破坏计算机信息系统罪处罚。辩方认为，被告人蒋朝某利用职务之便，构成职务犯罪。

破坏计算机信息系统罪的主体为一般主体，主观方面为故意，客体为计算机信息系统的安全，对象为各种计算机信息系统功能及计算机信息系统中存储、处理或者传输的数据和应用程序。客观方面存在三种行为模式：一是违反国家规定，对计算机信息系统功能进行删除、修改、增加、干扰，造成计算机信息系统不能正常运行；二是违反国家规定，对计算机信息系统中存储、处理或者传输的数据和应用程序进行删除、修改、增加的操作；三是故意制作、传播计算机病毒等破坏性程序，影响计算机系统正常运行。且上述行为必须达到后果严重的程度才构罪。本案中，被告人蒋朝某系台州市公安局交通警察局微信平台系统项目开发的负责人，具有对微信平台后台数据的处理权限，其故意利用该权限，无限量充值减分券，违法处理违章记录的行为符合破坏计算机信息系统罪的第二种行为方式，是对计算机信息系统中存储、处理或者传输的数据进行删除、修改、增加等操作，破坏了台州交警微信平台系统的安全，且违法所得达到了人民币461900元，符合破坏计算机信息系统罪的四个构成要件。

受贿罪的主体是国家工作人员，主观方面是故意，客体是国家机关工作人员的职务廉洁性，客观方面表现为利用职务上的便利，索取或者非法收受他人财物，为他人谋取利益。本案中，被告人蒋朝某是台州市机动车驾驶员考试服务中心在编职工，2015年6月调入台州市公安局交通警察局科技科工作，负责交通警察局科技开发，属于国家工作人员。其在履行职务过程中发现微信平台操作程序存在漏洞，有利可图，遂分别和被告人金仁某、周凌某共谋，利用职务之便，以提供减分券的方式无限量地充值奖励分，帮助他人违法处理交通违章记录并收取“销分费用”。该行为亦符合受贿罪的构成要件。

被告人蒋朝某收取的钱财数额为461900元，根据相关司法解释，属于破坏计算机信息系统，后果特别严重，量刑档次在有期徒刑五年以上，而受贿量刑则在有期徒刑三年以上十年以下。被告人蒋朝某修改台州椒江微信后台数据，为他人处理违章记录的行为目的在于牟利，其破坏计算机信息系统的行为和收受贿赂的行为是典型的手段与目的的关系，属于牵连犯，在刑法没有特殊规定的情况下应当适用“从一重处”的原则，认定其构成破坏计算机信息系统罪。但《刑法》第二百八十七条恰恰作出了一个例外规定：“利用计算机实施金融诈骗、盗窃、贪污、挪用公款、窃取国家秘密或者其他犯罪的，依照本法有关规定定罪处罚。”这一条文系对利用计算机实施犯罪的提示性规定，其所指的“本法有关规定”应当是刑法关于金融诈骗罪、盗窃罪、贪污罪等罪名的规定。据此，行为人出于金融诈骗、盗窃、贪污等其他犯罪的目的，利用计算机实施犯罪的，应当以目的犯罪罪名定罪处罚，本案亦是如此。故被告人蒋朝某出于受贿目的，利用职务之便，以权限修改微信平台后台数据，帮助他人对违章记录进行销分处理，应当以受贿罪对其定罪处罚。

编写人：浙江省台州市椒江区人民法院　肖艺苑

65

“弥补经济损失型”受贿行为的认定

——廖某受贿案

【案件基本信息】

1. 裁判书字号

江西省南昌市中级人民法院（2016）赣01刑初40号刑事判决书

2. 案由：受贿罪

【基本案情】

被告人廖某在担任江西省信丰县人民政府县长、中共江西省全南县委书记、中共兴国县委书记、江西省人民政府法制办党组成员、副主任、中共新余市委常委、新余市人民政府副市长期间，利用职务上的便利，为他人谋取利益，非法收受他人财物折合人民币共计295.876744万元。其中，廖某在担任江西省信丰县人民政府县长期间，为房地产商严某在该县开发根雕城项目土地出让等方面提供帮助。为此，严某委托其胞兄严某甲向廖某转送40万元表示感谢，廖某当时未予收受。2010年年底，严某甲邀请廖某前往海南省海口市选购住房，廖某以其女儿廖某甲的名义在海口市某小区购买住房一套，严某甲为此支付房款及各种税费总计107.708311万元，廖某出具了借条一张。2014年10月16日，廖某将房屋过户给严某甲之妻充抵还款，二人并约定房价下跌产生的差价当作感谢廖某以往给予的关照。经评估，当日该房市场价值为88.258475万元，房屋下跌差价为19.449836万元。

【案件焦点】

请托人向曾经利用职务之便给予其关照的国家工作人员支付全额购房款，国家工作人员就购房款出具借条。在该房屋价格下跌后，国家工作人员以房屋过户给请托人，并收回其出具的全部购房款借条，将本应承担的经济损失转嫁给请托人的行为，是否属于受贿。

【法院裁判要旨】

江西省南昌市中级人民法院经审理认为，被告人廖某利用职务之便，对严某的生意给予关照，严某委托其胞兄严某甲送给廖某40万元表示感谢。廖某当时未收受。之后严某甲主动提出廖某去往海南购房，并支付全部购房款，廖某出具借条。此时，廖某享有该套房屋产权，同时对严某甲产生偿还购房款的义务。之后该房价下跌，二人商定房价下跌产生的差价当作感谢廖某以往给予的关照。，廖某便将该房屋过户给严某甲，严某甲归还廖某出具的借条，另支付房屋产权转让的各项费用。廖某与严某甲的上述行为，形式上为民事法律行为，实质是廖某将本应由其承担的经济损失转嫁给严某甲，即将其职务行为换取本应遭受的经济损失的对价，属于变相的权钱交易，侵犯了受贿罪所保护的公职人员职务行为的不可收买性。廖某得以弥补的经济损失可认定为其受贿数额。

被告人廖某身为国家工作人员，利用其职务上的便利，非法收受他人财物，为他人谋取利益；利用其本人职权或地位形成的便利条件，通过其他国家工作人员职务上的行为，为他人谋取不正当利益，收受请托人财物，价值共计人民币295.876744万元，数额巨大，其行为构成受贿罪。其归案后如实供述犯罪事实，系坦白，依法可从轻处罚；其家属代为退赃人民币159万元，亦可酌情从轻处罚。依照《中华人民共和国刑法》第十二条第一款、第三百八十五条第一款、第三百八十八条、第三百八十六条、第三百八十三条第一款第二项、第六十七条第三款、第六十四条、《最高人民法院、最高人民检察院关于办理贪污贿赂刑事案件适用法律若干问题的解释》第二条第一款、第十五条、第十九条，判决：

一、被告人廖某犯受贿罪，判处有期徒刑五年，并处罚金人民币三十万元；

二、扣押在案的书法作品两幅、瓷瓶一个，在案的人民币一百五十九万元予以没收，上缴国库；

三、继续追缴被告人廖某违法所得人民币一百三十二万八千七百六十七元四角四分，予以没收，上缴国库。

【法官后语】

本案主要争议焦点，被告人廖某与严某甲之间通过民事行为的方式将廖某自身的经济损失转嫁给严某甲，使得廖某的经济损失得以弥补。从表面上看，廖某自身财产并没有实际增加，对此种“弥补经济损失”的情形，能否认定为受贿。

受贿罪，是指国家工作人员，利用职务上的便利，索取他人财物，或者非法收受他人财物为他人谋取利益的行为。受贿罪的法益是职务行为的不可收买性，是指职务行为与财产性利益的不可交换性。如果国家工作人员因为其职务或职务行为获得了不正当报酬，便侵害了受贿罪的法益。其中，财产性利益往往表现为国家工作人员积极财产的增加，如使得自己或第三人取得债权，直接收受他人给予的财物或有价证券等；但消极财产的减少也是财产性利益的一种表现形式，如请托人免除国家工作人员本人或第三人的债务。对于国家工作人员本应承担的经济损失，由于请托人的行为得以得到弥补，实质上国家工作人员变相获得了利益。

准确界定贿赂犯罪界限，认定行为是受贿还是正常的民事行为，关键是要把握贿赂犯罪的“权钱交易”这一本质特征。首先，要判断国家工作人员是否利用了职务上的便利为请托人谋取了利益；其次，要判断国家工作人员与请托人之间的债权债务关系是否符合正常的市场交易规则；再次，要考察国家工作人员与请托人之间是否存在其他经济往来。对于国家工作人员利用职务之便为请托人谋取了利益，请托人主动与国家工作人员建立了形式上的债权债务关系，并采取明显有违公平原则的方式，将国家工作人员本应承担的经济损失通过免除债务的手段得以弥补，而且双方之间并无其他经济往来，可以认定国家工作人员受贿。

本案中，被告人廖某事先利用职务之便为请托人严某谋取了利益，请托人严某委托其胞兄严某甲在直接向廖某输送财物被推辞的情形下，严某甲主动向廖某提出到海南购房并提供全额购房款，廖某出具借条，但时隔三年左右，严某甲并未向廖某要求归还，且在房屋价格有较大幅度下跌时，廖某将房屋过户给严某甲的妻子，严某甲即把借条归还给廖某，产生廖某已全额归还"借款"的法律效果，客观上廖某将其经济损失转嫁给了严某甲。在上述过程中，廖某本人未支付任何购房费用，严某甲不仅丧失了全部购房款三年多的使用权，而且还遭受了房屋下跌造成的经济损失，明显有违民事交易的公平原则。考虑到其二人之间并无其他经济往来，严某甲实施上述行为的原因无非是感谢对廖某利用职务之便对严某生意上的关照，其弥补廖某的经济损失实质是对廖某职务行为的对价，属权钱交易。因此，可将该房屋前后差价计入廖某的受贿数额。

编写人：江西省南昌市中级人民法院　熊祖贲

66

排除合理怀疑的准确适用

——王甲受贿案

【案件基本信息】

1. 裁判书字号

北京市高级人民法院（2018）京刑终61号刑事判决书

2. 案由：受贿罪

【基本案情】

1. 王甲收受王乙给予钱款的事实：2007 年，被告人王甲与时任中国光大银行（以下简称光大银行）太原分行行长助理的王乙相识。2009 年 7、8 月间，王甲与王乙确定情人关系，双方约定各自办理离婚手续后结婚，王乙还把其银行卡交给王甲，将工资、奖金等收入转入该银行卡中供王甲使用。2009 年年底至 2010 年年初，王甲应王乙的请托，利用其担任中央汇金投资有限责任公司（以下简称汇金公司）综合部光大股权管理处主任、光大银行董事一职所形成的便利条件，分别向中共光大银行委员会书记、光大银行董事长唐双某，中共光大银行委员会副书记、纪委书记林某请托，为王乙在职务晋升中谋取不正当利益。其间，王甲收受王乙给予的钱款共计人民币 189.5 万元（以下币种均为人民币）。2010 年 9 月，王乙向朋友李某借款 120 万元，汇入由王甲掌握的其名下的银行卡中。王甲应王乙的要求，将该款汇入王甲母亲李常某的账户后提取了现金。2009 年 2 月至 2010 年 11 月，光大银行济南分行下属支行在办理两笔业务过程中违规操作，造成 16.7 亿元资金损失风险和案件风险（以下简称“齐鲁事件”）。2010 年 12 月，公安机关调查相关案件时，“齐鲁事件”爆发，光大银行随即开展调查工作。时任中共光大银行济南分行委员会副书记（主持工作）的王乙面临被追究相关责任的风险。王乙遂向王甲请托向唐双某、林某及中国银行监督管理委员会（以下简称银监会）股份制银行部处长孙晓某说情，在“齐鲁事件”的处理中对其免于或从轻追责。王甲应王乙的请托，帮助王乙向上述人员说情，并将其参加相关会议得知的“齐鲁事件”的调查处理信息实时告知王乙。2012 年 1 月，王乙因“齐鲁事件”受到通报批评，扣减绩效工资 3 万元的问责处理。2011 年 8 月，王乙向王甲转账汇款 30 万元；同年 10 月，王乙向王甲转账汇款 40 万元。2011 年和 2012 年，王乙先后两次起诉离婚，但均以撤诉告终。2012 年 9 月，王乙向他人借款 230 万元，通过转账方式给予王甲。2012 年 10 月，王甲与王乙结束情人关系。

2. 王甲经王乙介绍，收受马建某给予钱款的事实：2005 年 7 月，光大银行聘请毕马威会计师事务所从事年度审计工作。此后，光大银行每年都对毕马威会计师事务所年度工作进行评价，并根据评价结果，经管理层、董事会审议后决定是否续聘。2007 年，王甲作为汇金公司派驻的董事进驻光大银行，毕马威会计师事务所合伙人宋晨某定期向董事汇报审计工作时与王甲相识。2011 年，王甲经王乙介绍，接受马建某的请托，向宋晨某打招呼，安排请托人马建某的亲属马小某进入毕马威会计师事务所工作，为此，收受马建某给予的钱款20万元。2016年3月22日，被告人王甲被抓获归案。在本院审理期间，被告人王甲的家属代为退缴案款209.5万元。

【案件焦点】

被告人王甲案发前系中央汇金投资有限责任公司银行机构管理二部副主任，其收受情人王乙钱款的行为可否认定为受贿。

【法院裁判要旨】

北京市第二中级人民法院经审理认为：被告人王甲身为国家工作人员，利用本人职权或者地位形成的便利条件，通过其他国家工作人员职务上的行为，为他人谋取不正当利益，数额巨大，其行为已构成受贿罪，依法应予惩处。北京市人民检察院第二分院指控被告人王甲受贿189.5万元的事实清楚，证据确实、充分，指控的罪名成立。鉴于本案的具体情节，并综合考量被告人王甲具有为他人谋取职务提拔而受贿的从重情节及其家属代为退缴全部赃款，且王甲当庭表示认罪、悔罪，如实供述所犯罪行的从轻情节，亦考虑到宣告缓刑对王甲所居住的社区没有重大不良影响，法院依法对王甲从轻处罚并适用缓刑。对被告人王甲依照《中华人民共和国刑法》第十二条、第三百八十八条、第三百八十六条、第三百八十三条第一款第二项、第五十二条、第六十七条第三款、第七十二条第一款、第三款、第七十三条第二款、第三款、第六十一条、第六十四条及《最高人民法院、最高人民检察院关于办理贪污贿赂刑事案件适用法律若干问题的解释》第一条第三款第三项、第二条第一款、第十八条、第十九条第一款及《最高人民法院关于适用财产刑若干问题的规定》第二条第一款之规定，判决如下：

一、被告人王甲犯受贿罪，判处有期徒刑三年，缓刑三年，并处罚金人民币二十万元（缓刑考验期限自判决确定之日起计算；罚金已缴纳）；

二、在案扣押的人民币二百零九万五千元中的一百八十九万五千元作为违法所得予以没收，剩余二十万元并入罚金刑执行；

三、在案扣押的PATEK PHILIPPE GENEVE女士手表一支，钻戒一枚及中国光大银行卡一张退回北京市人民检察院第二分院；在案冻结的中国光大银行账户予以解除冻结；在案查封的海淀区万柳万泉新新家园房屋一套予以解除查封。

一审宣判后，北京市人民检察院第二分院提出抗诉，认为：原判认定事实有误，适用法律错误，量刑明显畸轻。

北京市高级人民法院经审理认为：一审法院根据原审被告人王甲犯罪的事实、性质、情节和对于社会的危害程度，依法所作的判决事实清楚，证据确实、充分，量刑适当，审判程序合法，唯对部分犯罪事实的法律适用有误，本院依法予以改判。除认定王甲收受马建某20万元构成受贿罪外，对于北京市人民检察院第二分院的其他抗诉理由及北京市人民检察院的其他支持抗诉意见，本院不予采纳。王甲的辩护人所提合理辩护意见，本院酌予采纳。北京市高级人民法院依照《中华人民共和国刑法》第十二条第一款，第三百八十五条第一款，第三百八十六条，第三百八十三条第一款第二项、第三款，第五十二条，第六十七条第三款，第七十二条第一款、第三款，第七十三条第二款、第三款，第六十四条，《中华人民共和国刑事诉讼法》第二百三十六条第一款第二项及《最高人民法院、最高人民检察院关于办理贪污贿赂刑事案件适用法律若干问题的解释》第二条第一款、第十八条、第十九条第一款之规定，判决如下：

一、维持北京市第二中级人民法院（2017）京02刑初67号刑事判决的第一项、第三项；

二、撤销北京市第二中级人民法院（2017）京02刑初67号刑事判决的第二项；

三、在案扣押的人民币二百零九万五千元中，二十万元作为违法所得予以没收，二十万元并入王甲的罚金刑执行，剩余钱款发还王甲。

【法官后语】

在本案中，被告人王甲收受钱款行为与请托行为无法对应，且王甲与王乙系情人关系，无法排除王甲收受王乙钱财行为的其他可能性，故从排除合理怀疑的角度，王甲收受王乙钱款行为不应认定为受贿行为，理由如下：

第一，本案存在以下合理怀疑。为保证怀疑的客观性，应从普通理性人的角度出发，凭借日常生活经验对被告人的犯罪事实明智而审慎地作出判断。同时，作为合理怀疑依据的证据要具有真实性、客观性、关联性。首先，被告人王甲与王乙于2009年开始保持长达三年的情人关系，两人约定各自离婚后结婚，王乙在与王甲交往过程中，一再表示会尽快离婚然后与王甲结婚，为此，王乙将自己的工资卡等交由王甲保管，并不时将工资、奖金等打入此卡，共计98.86万元；其次，公诉机关对王乙打入王甲保管的工资卡的款项没有计入受贿数额。按照证据认定的同一性标准，相同类型的证据要么全部采用，要么全部排除在外，既包括适用的同一性，也包括证明力的同一性，如同为受贿物，早上收取的和晚上收取的款项，其证明力及使用价值相同。公诉机关将部分数额计入犯罪金额，违背证据适用的同一性标准，也表明公诉机关认为该部分金额不属于权钱交易；再次，受贿罪作为对合型犯罪，除了双方当事人的口供之外，若缺乏其他证据的支撑，难以排除其他可能性。本案中，收集到的其他证据要么缺乏证明力，要么缺乏关联性，无法对收受款项行为与请托关系的对应性予以证实。

第二，根据经验法则和逻辑规则，合理怀疑足以动摇事实认定。在本案中，虽然有证据表明王甲多次收受王乙的钱款，但现有证据既无法证实王甲有索贿行为，也无法证实收受钱款行为与请托行为之间存在对应性。另外，本案存在的特殊之处在于行受贿双方为情人关系，且具有成为夫妻的现实性及可能性：（1）王甲为了与王乙成婚，已与前夫离婚，且多次向王乙表达意愿，催促对方尽快离婚；（2）王乙也多次向王甲表示要与其在一起生活，为此还写下保证书，并把自己银行卡交与王甲，用于以后共同生活和购房的款项；（3）王乙为此亦向法院提起离婚诉讼，即使有做戏成分，但对于不知情的王甲而言，更能坚定其要与王乙结合的决心；（4）二人存在长期的同居生活，个人财产存在混同情况，应当考虑二人具有重组家庭的计划和感情基础。

第三，根据现有证据链无法得到唯一结论。排除合理怀疑的证明标准要求人们对案件事实的认知最大可能地接近于客观真实，在结论生成过程中，有罪的可靠性得到有力的证明，无罪的结论则没有合理理由支持。本案中，虽然有双方当事人的口供及转账记录，但口供存在冲突及相互矛盾之处，缺乏足够的证明力，而职务提升作为客观事实，是否与转账存在关联性缺乏充足证据予以证实。不能排除二人以结婚为目的共同攒钱的合理怀疑。倘若最终王乙与王甲结为夫妻，双方之间的财物往来就成为二人的共同财产，情人或者夫妻为了彼此事业的发展、升迁建言献策、通风报信，虽有违纪之嫌，但尚未构成犯罪。

综上，从排除合理怀疑的角度及有利于被告人的原则出发，王甲收受王乙钱财的行为不应认定为受贿行为。

编写人：北京市高级人民法院　朱锡平

67

受贿罪中对财产性利益的认定

——李某受贿案

【案件基本信息】

1. 裁判书字号

陕西省安康市中级人民法院（2018）刑终字第127号刑事裁定书

2. 案由：受贿罪

【基本案情】

被告人李某于2007年至2015年任石泉县残疾人联合会（下称石泉县残联）理事长。2012年陕西省残疾人联合会下文，各市可按要求上报符合享受省级残疾人就业保障金支持集中安置残疾人就业企业补助资金项目条件的企业，石泉县残联负责审核上报本县符合该项目条件的企业。2013年5月，安康甲窗业有限责任公司（下称甲公司）法定代表人韩某军得知李某的自建房屋已建设完成便提出给李某的自建房安装窗户、幕墙，经李某同意后，韩某军安排单位李甲全面负责该项工程。2013年8月该工程完工后，李甲向李某出示工程结算单，工程价款共计人民币51429.54元，但并未明确表示要求李某立即结算。2013年9、10月，甲公司得知县残联有残疾人企业补助项目，便找到李某要求申报该项目，李某在明知甲公司不符合申报条件的情况下，向甲公司提供制造虚假申报材料的方法并利用职权帮助甲公司顺利申报2013年、2014年、2015年补助项目，获取国家项目补助资金共计90万元。被告人李某因帮助甲公司顺利申报补助项目一事产生私心，工程结束后一直未予结算该笔工程款，甲公司也因项目申报一事受到李某的帮助而未再向李某索要该工程款，双方产生心照不宣之合意，便以此工程作为申报项目的好处送予李某。在残疾人企业项目申报期间，李某于2013年、2015年分三次收受韩某军送礼礼金共计人民币10000元。经石泉县价格认证中心认定，被告人李某自建房窗户、幕墙工程价值人民币51320元。2018年4月20日，被告人李某向石泉县纪律检查委员会退交赃款61000元。

【案件焦点】

被告人李某接受他人房屋装修，为他人谋取不正当利益，其受贿行为如何认定，受贿金额如何计算。

【法院裁判要旨】

陕西省石泉县人民法院经审理认为：被告人李某利用职务上的便利，非法收受他人财物，为他人谋取利益，所收受财物共计人民币61320元，数额较大，其犯罪事实清楚，证据确实、充分，公诉机关指控的罪名成立。辩护人辩护称，甲公司的装修款属民事商业行为，被告没有非法占有的故意，应宣告无罪。经查，2013年，李某别墅装修已安装窗户，经与甲公司协商双方议定重新装修，此时双方属房屋装修民事法律关系。施工期间逢服务对象甲公司申报争取集中安置残疾人就业企业补助资金项目，为促成实施项目申报，甲公司及韩某军给被告人送钱送物，此时被告人理应警醒甲公司有使用装修利润行贿之嫌。甲公司示意让被告人结账无果，被告人为甲公司连续争取到两年度项目补助资金后，甲公司决定将装修款作为被告关照的酬劳并将该款予以核销实施了对被告人的债务免除。被告人李某因连续三年度为甲公司争取资金而有能力支付装修费而长达四年之久无支付该款的任何意思表示，自认为该笔装修费作为回报可不予支付，其帮助换来了与甲公司债务的免除，具有权钱交易特征。双方虽订立口头装修合同，被告人以职务便利连续三年为他人谋取利益，双方各取所需心照不宣，致使被告人装修费债务消灭，已转化为受贿，故辩护人的辩护意见不予采纳。本案被告人审核不严，为不符合要求的甲公司获取不正当利益，致公共财产亦遭受损失，其收受现金贿赂1万元，辩护人认为收取1万元不构成犯罪的意见亦于法相悖。被告人犯罪数额已达6万余元且致公共财产亦遭受损失，其要求保留公职免予刑罚的意见不予采纳。本案被告人在办案机关与其调查谈话前已掌握其犯罪事实，其亦不符合自动投案情形，不构成自首，辩护人要求认定自首的意见不予采纳。辩护人辩称的办案瑕疵，检察院应补交继续调查建议书。调查笔录文头有调查人员签名，文尾无签名应予补签。被告人系初犯，能认罪、悔罪，如实供述犯罪事实，检察机关公诉前能积极退赃，可从轻或减轻处罚。

陕西省石泉县人民法院依照《中华人民共和国刑法》第三百八十五条第一款，第三百八十六条，第三百八十三条第一款一项、第二款、第三款，第六十四条，第六十七条第三款，《最高人民法院、最高人民检察院关于办理受贿案件具体应用法律若干问题的意见》第一条第三款第二项，《最高人民法院、最高人民检察院关于办理贪污贿赂刑事案件适用法律若干问题的解释》第一条第一款、第三款第二项，第十二条，第十三条第一款一项、第二项，第十五条，第十八条，第十九条之规定，作出如下判决：

一、被告人李某犯受贿罪，判处有期徒刑七个月，并处罚金人民币十万元；

二、涉案赃款予以没收。退赃人民币六万一千元由石泉县监察委员会上缴国库，人民币三百二十元由本院上缴国库。

李某不服一审判决提出上诉。

陕西省安康市中级人民法院经审理认为：上诉人李某身为国家工作人员，利用职务上的便利，非法收受他人财物，为他人谋取利益，且收受财物价值61320元，数额较大，其行为已构成受贿罪，依法应予惩处。经查，本案在案证据充分证实李某受贿罪的事实，且原审法院量刑适当。故李某的上诉理由不能成立，应予驳回。

陕西省安康市中级人民法院根据《中华人民共和国刑事诉讼法》第二百三十六条第一款第一项的规定，裁定如下：

驳回上诉，维持原判。

【法官后语】

本案在审理中主要争议问题为：

1. 李某接受甲公司价值51320元的房屋装修是否属于受贿行为

上诉人李某对其接受甲公司价值51320元的房屋装修的事实并无异议，但认为该装修价值属于李某未偿还的民事欠款，而不属于受贿金额。两审法院均认为，李某于案发时任石泉县残联理事长，对于县内残疾人就业补助项目的申请具有管理审核职权，而甲公司是申报残疾人就业补助项目的企业，在这种关系之下，李某作为国家工作人员，在接受甲公司装修后，本应及时结清价款，根据其在2012至2018年的银行存取款情况证明，其具有该笔费用的还款能力，但李某在长达四年多的时间内，既未结清装修价款，也未有任何还款的意思表示，而且之后在明知甲公司不符合条件的情况下，连续两年为甲公司争取残疾人就业补助资金，甲公司在争取到该补助资金后，将该笔账务予以核销。根据《最高人民法院、最高人民检察院关于办理贪污贿赂刑事案件适用法律若干问题的解释》第十二条之规定："贿赂犯罪中的'财物'，包括货币、物品和财产性利益。财产性利益包括可以折算为货币的物质利益如房屋装修、债务免除等，以及需要支付货币的其他利益如会员服务、旅游等。后者的犯罪数额，以实际支付或者应当支付的数额计算。"本案被告人李某接受他人房屋装修的财产性利益，原判以其应当支付的数额计算其受贿金额并无不当。

2. 关于本案行贿主体的问题

关于本案行贿主体是个人，还是公司的问题，笔者认为，本案行贿主体应该是甲公司而非股东个人。(1) 韩某军作为甲公司的法定代表人，其对被告人李某作出的意思表示具有代表公司意志的效力。(2) 本案被告人李某为之谋取不正当利益的对象是甲公司。(3) 装修工程的实施主体是甲公司，且在装修工程完工后四年中，甲公司并未向李某索要欠款，反而将李某的工程款以给付门窗材料款、主营业务成本予以核销。该事实有甲公司主要股东韩某军、李甲、柯某等证言证实。至于甲公司通过什么样的方式核销该笔账款，以及公司如何处理该笔账款，是甲公司的内部事务，并不影响李某受贿事实的成立。

3. 被告人一审认罪，二审翻供如何认定

上诉人李某在一审期间对自己的犯罪事实供认不讳，但在二审期间，为自己做无罪辩护，主张自己只是因为经济困难没有及时结清欠款，而不是不想给，其家属在案件侦办过程中交付的51320元不是退赃，而是履行公民义务，交付涉案财物的的辩解。陕西省安康市中级人民法院认为：李某在侦查阶段、审查起诉阶段和一审庭审时对其利用职务之便非法收受他人贿赂为他人谋取利益的事实均有供述，多次供述稳定，且与其亲笔写给妻子赵和某的书信及其亲笔书写的《对我犯错误的认识》及其他证人证言相一致，并经一审庭审质证，证据内容能够相互印证。虽其在二审中对部分事实翻供，否认其接受装修款的受贿事实和受贿数额，但不能合理说明其翻供原因，也不能提供证据证实，原审采纳的证据来源、形式均合法有效，且原审正是基于被告人退赃、认罪的事实，对其予以从轻判处，故对其二审翻供理由不予采信。

综上，被告人李某接受与其有行政管理关系的公司为其装修房屋，事后有能力付款但在四年多未付款且未有付款表示的行为构成受贿罪，两审法院以其应当支付的装修价值计算其受贿金额符合法律规定。

编写人：陕西省安康市中级人民法院　张晔

68

感情投资型受贿金额的认定

——李某受贿案

【案件基本信息】

1. 裁判书字号

四川省绵阳市中级人民法院（2018）川07刑终105号刑事裁定书

2. 案由：受贿罪

【基本案情】

被告人李某在担任原安县卫生与计划生育局局长期间，利用职务便利，为他人谋取利益，收受他人财物共计人民币5万元；利用行政管理的上下级关系，先后多次收受下属单位人员所送礼金共计人民币11.7万元。具体事实如下：

1.2012年11月至12月，原审被告人李某承诺帮助原绵阳市安县兴仁乡卫生院院长易某之妻李某某调动工作，收受易某人民币2万元；李某某工作调动后，李某将该款全部退还给易某。

2.2012年11月至12月，原审被告人李某承诺帮助原安县迎新乡卫生院院长甯某某调动工作，收受甯某某人民币3万元。

3.2009年至2013年，原审被告人李某收受原安县疾控中心主任钟某某以过节之名所送人民币共计3.7万元、以到我国台湾地区法鼓山访问需要开支为名所送人民币2万元。

4.2009年至2013年，原审被告人李某收受原安县秀水镇卫生院院长夏某某以过节之名所送人民币共计3万元。

5. 2011年至2013年，原审被告人李某收受原安县永河镇卫生院院长杨某某以过节之名所送人民币共计3万元。

另查明，原审被告人李某分别于2015年3月5日、2015年3月9日向原中共安县纪律检查委员会纪检监察室上交其2008年至2013年所收红包礼金共计人民币11.5万元；2017年4月21日在绵阳市安州区人民检察院退交人民币5万元；2018年2月2日在绵阳市安州区人民法院退交人民币1万元。

【案件焦点】

《最高人民法院、最高人民检察院关于办理贪污贿赂刑事案件适用法律若干问题的解释》第十三条第二款规定："国家工作人员索取、收受具有上下级关系的下属或者具有行政管理关系的被管理人员的财物价值三万元以上，可能影响职权行使的，视为承诺为他人谋取利益。"该规定中的"三万元以上"如何理解。

【法院裁判要旨】

四川省绵阳市安州区人民法院经审理认为，被告人李某身为国家工作人员，利用职务上的便利，非法收受他人财物，数额较大，其行为已构成受贿罪。对公诉机关起诉书指控的被告人李某收受的红包礼金等，没有明确、具体请托事项，缺失"为他人谋取利益"的构成要件，不宜作为犯罪处理。被告人李某明知易某请托其对妻子工作调动事宜予以帮助而收受财物，虽其在事后将收受的财物予以退还，但其受贿犯罪行为已经实际完成，犯罪形态已为犯罪既遂，应当以受贿犯罪论处，事后的退还行为可作为"主动退还"的量刑情节予以考虑。被告人李某虽没有自动投案，但根据在卷的证据，办案机关所掌握的被告人李某可能收受杨某某贿赂的犯罪线索针对的犯罪事实不能成立，在此范围外被告人李某主动交代了其他同种犯罪，以自首论，依法可以从轻或者减轻处罚。被告人李某向纪委退缴的收受的红包礼金，与经审理认定的犯罪金额无关，不作为本案的退赃金额予以认定。被告人李某能积极退缴或主动退还受贿的全部财物，酌情从轻处罚。

四川省绵阳市安州区人民法院依照《中华人民共和国刑法》第三百八十五条、第三百八十六条、第三百八十三条、第六十七条第一款、第三十七条和第六十四条之规定，经审判委员会讨论决定，作出如下判决：

一、被告人李某犯受贿罪，免于刑事处罚；

二、对被告人李某所退赃款人民币六万元，依法予以没收，上缴国库。

四川省绵阳市安州区人民检察院以一审判决适用法律错误，认定金额错误，适用法律前后矛盾，认定自首错误为由提起抗诉。

四川省绵阳市中级人民法院经审理认为：原判认定李某受贿数额不准确，应予以纠正；但根据李某犯罪的事实、犯罪的性质、情节和对于社会的危害程度综合评判，可以对其免予刑事处罚，对一审的处罚结果予以维持。

四川省绵阳市中级人民法院依照《中华人民共和国刑事诉讼法》第二百二十五条[①]第一项的规定，作出如下裁定：

驳回抗诉，维持原判。

【法官后语】

本案处理重点主要在于对受贿犯罪金额的认定。

1. “三万元以上”的认定

根据《最高人民法院、最高人民检察院关于办理贪污贿赂刑事案件适用法律若干问题的解释》（以下简称《贪污贿赂解释》）第十三条第二款的规定，国家工作人员索取、收受具有上下级关系的下属或者具有行政管理关系的被管理人员的财物价值三万元以上，可能影响职权行使的，视为承诺为他人谋取利益。对该条文规定的理解存在多种维度：(1)“三万元以上”是单笔计算还是累计计算？(2)累计计算是同一行贿人累计计算还是不同行贿人累计计算？(3)“可能影响职权行使”如何界定和认定？对这三个问题，承办人认为，该种情形数额应当累加计算，但原则上不能针对不同行贿人进行累加计算。如果针对不同下属或者被管理人员进行累加计算，可能分散到每个行贿人的数额会很小，混淆了人情往来与受贿之间的界分，按受贿认定会显得很不合理，设定三万元的数额界限也就没有意义了。基于反腐刑事政策的考量，“可能影响职权行使”应当理解为一种法律推定，即只要国家工作人员索取、收受具有上下级关系的下属或者具有行政管理关系的被管理人员的财物价值三万元以上，就表明该行为可能影响到国家工作人员的职权行使，无须再根据身份关系之外的其他证据。若不做法律推定的理解，则在国家工作人员索取、收受具有上下级关系的下属或者具有行政管理关系的被管理人员的财物价值三万元以上

---

① 对应现行《刑事诉讼法》第二百三十六条。

之后，仍需裁量或证实是否影响了职权行使，那么在裁量的过程中，就会出现基于刑事政策的考量和自由裁量权的扩张。亦正是基于法律推定的立场，当事人有充分的证据足以推翻该推定的，可以否定“可能影响职权行使”，进而做“出罪”处理。

据此，被告人李某在本案中收受的红包礼金均系与其有特定关系的下属所予，但收受邹某某等的财物累计金额未达人民币三万元。

2. 感情投资型受贿的溯及力的问题

被告人李某收受钟某某、夏某某和杨某某的财物累计金额超过人民币三万元，但该行为发生于《贪污贿赂解释》施行前，亦存在溯及力的问题。

根据2003年11月12日最高人民法院印发的《全国法院审理经济犯罪案件工作座谈会纪要》（以下简称《座谈会纪要》）第三条第二款的规定，为他人谋取利益包括承诺、实施和实现三个阶段的行为；明知他人有具体请托事项而收受其财物的，视为承诺为他人谋取利益。对于没有明确请托事项收受他人红包礼金的行为，在《贪污贿赂解释》施行前，因认为缺失“为他人谋取利益”的构成要件，通常未做犯罪处理①。

根据《最高人民法院、最高人民检察院关于适用刑事司法解释时间效力问题的规定》（以下简称《时间效力规定》）第二条规定，对于司法解释实施前发生的行为，行为时没有相关司法解释，司法解释施行后尚未处理或者正在处理的案件，依照司法解释的规定办理；第三条规定，对于新的司法解释实施前发生的行为，行为

① 也有判例以受贿论处，如原成都市大邑县副县长刘爱某受贿案（2004年），四川省高级人民法院二审认为，被告人刘爱某身为国家工作人员，明知他人因其具有能力在建设工程方面给予关照的职务而送钱，仍利用职务之便接受所送的钱款，是承诺为他人谋取利益。事后，刘爱某虽然没有给送钱人谋取实际利益，但却否定不了收受这笔钱财时的权钱交易情形。对此，北京大学法学院教授、博士生导师陈兴良持不赞同观点，认为送钱人仅仅抽象地提出予以关照但并没有提出具体请托事项，国家工作人员也没有提供实际帮助，就认定为承诺为他人谋取利益，这是对《座谈会纪要》规定的误解。《座谈会纪要》规定的承诺为为他人谋取利益，是针对具体请托事项而言的。在没有具体请托事项的情况下，即使具有为他人谋取利益的职务，也不能认定为具有为他人谋取利益的意图。刘爱某受贿案中的情形，实际上就是所谓的感情投资，即在没有具体请托事项的情况下，向国家工作人员交付财物，笼络感情，以期在将来有所求时，国家工作人员能够利用职务上的便利，为其谋取利益。参见陈兴良：《为他人谋取利益的性质与认定——以两高贪污贿赂司法解释为中心》，载《法学评论》2016年第4期。

时已有相关司法解释，依照行为时的司法解释办理，但适用新的司法解释对犯罪嫌疑人、被告人有利的，适用新的司法解释。对此在学术界和实务界存在以下两种理解：(1) 在《贪污贿赂解释》施行前，对感情投资型受贿没有相关司法解释予以明确，应适用《时间效力规定》第二条，本案中应适用《贪污贿赂解释》；(2)《座谈会纪要》对“视为承诺为他人谋取利益”的情形做出了解释，《贪污贿赂解释》对“视为承诺为他人谋取利益”又增设了新的解释，应适用《时间效力规定》第三条，本案中不应适用《贪污贿赂解释》。

承办人认为，此处产生分歧的核心在于对《贪污贿赂解释》第十三条第二款的规定本身的性质的界定，是法律拟制还是法律推定。① 拟制是一种立法技巧，是将乙事实当作甲事实，与甲事实产生同样的法律效果。推定则是在无法直接认定甲事实之时，法律根据一些事实表象，推论甲事实的存在，进而直接认定甲事实的法律效果。拟制的情况下，一旦乙事实存在，则结论无法推翻。而推定的情况下，可以提出相反的证据推翻推定的结论不成立。承办人认为《贪污贿赂解释》第十三条第二款规定性质应当为法律推定。感情投资型受贿有区别于在《刑法修正案（九）》草案中曾出现的“收受礼金罪”，《贪污贿赂解释》第十三条第二款通过对事实条件的限缩，使该解释条文的实质内涵无限趋同于受贿罪的核心“权钱交易”，而并非将不具有“权钱交易”性质的红包礼金拟制按受贿处理。因为对于收受所谓感情投资的国家工作人员而言，社会大众有理由相信，该国家工作人员的将来的职务行为有被置于贿赂的影响之下，从而损害职务行为公正性的危险，有违社会大众对国家工作人员职务公正性的信赖，因而成就了刑法上对该种行为的期待可能性和可罚性。

因而，《贪污贿赂解释》第十三条第二款规定的受贿行为，不是超越立法权和立法解释权的以司法解释形式进行的法律拟制，而是最高司法机关对具有“权钱交

① 对于《贪污贿赂解释》第十三条第二款的规定，陈兴良教授认为是一种有违罪刑法定原则的司法推定，而南京大学法学院教授、博士生导师孙国祥则认为，《贪污贿赂解释》并没有简单地将收受3万元以上的“礼金”“红包”的行为直接拟制为“为他人谋取利益”，而是进行了类型化，通过一系列事实基础的设置，在具体案件中成就这些事实基础的情况下，更趋向于承诺为他人谋取利益的即“权钱交易”的认定，控方无需进一步承担国家工作人员有无承诺或者默示“为他人谋取利益”的举证责任。参见陈兴良：《为他人谋取利益的性质与认定——以两高贪污贿赂司法解释为中心》载《法学评论》2016年第4期；孙国祥：《“礼金”入罪的理据和认定》载《法学评论》2016年第5期。

易”实质内核的特定关系人之间无明确请托事项的利益输送，推定具有“承诺为他人谋取利益”的构成要件，为司法实践中存在的理解模糊和操作困境提供依据，对该行为的有责性和可罚性予以明确，并未实际脱离受贿罪的核心构成要件。此外，《贪污贿赂解释》与《座谈会纪要》中对“视为承诺为他人谋取利益”的情形的解释是截然不同的，前者是对无明确请托事项而收受的主观推定，后者是对明知有具体请托事项而收受的主观推定。也即在《贪污贿赂解释》之前，对无明确请托事项而收受财物是否视为承诺为他人谋取利益并无司法解释予以明确，故不应当适用《时间效力规定》第三条的规定。

综上所述，对指控被告人李某以红包礼金形式收受邹某某等的财物，分别的累加计算金额未达人民币三万元，不能视为承诺为他人谋取利益，不符合受贿罪的构成要件，其行为不构成受贿罪。被告人李某以红包礼金形式收受的钟某某、夏某某和杨某某的财物，分别的累加计算金额达到人民币三万元，应视为承诺为他人谋取利益，符合受贿罪的构成要件，其行为构成受贿罪。

3.“及时上交和退还”的认定

《最高人民法院、最高人民检察院关于办理受贿刑事案件适用法律若干问题的意见》第九条第一款规定，国家工作人员收受请托人财物后及时退还或者上交的，不是受贿。在庭审过程中，控辩双方对“及时”的争议较大。根据通说的犯罪构成理论，国家工作人员利用职务上的便利，非法收受他人财物，达到刑法规定的数额，其犯罪形态即为犯罪既遂，及时退还和上交并不能使犯罪形态回转。此外，何为“及时上交”无法明确界定，在实践中亦无从具体把握和操作。那么该条文中的“不是受贿”即不能从“及时退还和上交的行为否定行为人既遂的受贿犯罪行为不符合受贿罪的构成要件进而不构成受贿罪”的角度加以理解，而应当指国家工作人员利用职务上的便利，在客观上收受了他人财物，但没有受贿的犯罪故意，并以此评价收受他人财物的行为因自始不具有受贿犯罪的主观要件，因而不是受贿。换言之，该条款仅适用于国家工作人员没有受贿故意的情形。所以，只能从行为人是否具有受贿故意的角度判断“及时”与否，不可能有一个具体明确的期限或者期间，单纯根据退还或者上交的时间判断国家工作人员是否具有受贿故意是不妥当的，国家工作人员在什么状态下客观地接受了请托人的财物才是重要的评判依据。

同理，被告人李某在收受他人财物时，客观上没有拒绝收受，虽其辩称主观上没有受贿的故意，系碍于人情世故收受，但其在收受财物后未出现阻却其及时上交的事由的情况下未选择上交，而在多年后才上交，应当认定为有受贿的故意，不能认定为“及时上交”。故被告人李某于2015年3月5日和2015年3月9日主动向原中国共产党安县纪律检查委员会上交的红包礼金共计115000元不应当从受贿犯罪金额当中予以扣减。

被告人李某在明知易某向其请托调动妻子工作事宜，仍收受其人民币20000元，根据《座谈会纪要》第三条第二款的规定，视为承诺为他人谋取利益，且其在收受财物后，未出现阻却其及时上交或退还的事由的情况下未选择上交或退还，而不能认定为“及时退还”，应当认定为受贿犯罪，计入受贿犯罪金额。

综上，被告人李某的受贿犯罪金额应当认定为收受易某人民币20000元、甯某某人民币30000元、钟某某人民币57000元、夏某某人民币30000元和杨某某人民币30000元，共计人民币167000元。

编写人：四川省绵阳市安州区人民法院　陈超

69

被告人对行为性质的辩解不影响自首的成立

——王安某受贿案

【案件基本信息】

1. 裁判书字号

河南省安阳市龙安区人民法院（2018）豫0506刑再1号刑事判决书

2. 案由：受贿罪

【基本案情】

2004年年初，被告人王安某在担任安阳市城建监察支队队长期间，对安阳市甲房地产开发公司施工建设的“乙小区”手续不全应予处罚而未做处罚，后收受该公司经理张世某现金5万元。2005年年初，王安某对河南丙置业有限责任公司

（以下简称丙公司）施工建设的“丁住宅楼”未批先建的违法处理中未做处罚。2005年5月11日，王安某通过丙公司董事长王振某，以50万元的价格购买了该公司开发的市场价格共计71.8128万元的安阳市戊花园5号楼1单元3层东户、西户两套住房和1个车库。2007年5月，王安某通过王振某将西户住房转卖后，从中得款50万元。2011年上半年，王安某又通过王振某将东户住房和车库转卖。2012年1月，王振某将房子和车库以60万元的价格卖给了自己的内弟，王安某从中得款20万元，其余40万元退给王振某。2012年3月，王安某利用担任安阳市城建监察支队队长期间为丙公司谋取利益形成的便利条件，向该公司董事长王振某索要苹果牌笔记本电脑1台，价值9935元。综上，被告人王安某受贿3起，共计价值人民币27.8063万元。

2012年10月至2013年1月，被告人王安某在安阳市纪律检查委员会调查其违纪问题时，主动交待了调查组不掌握的上述本人收受贿赂问题。其近亲属向安阳市纪律检查委员会退款268128元、苹果牌笔记本电脑1台。

【案件焦点】

被告人对行为性质的辩解是否属于翻供，是否影响自首的成立。

【法院裁判要旨】

河南省安阳市龙安区人民法院经审理认为：被告人王安某身为国家工作人员，利用职务之便收受财物，为他人谋取利益，其行为已构成受贿罪。安阳市龙安区人民检察院指控罪名成立。被告人王安某辩称起诉书指控的第一起是自己和张世某一起打牌输钱后，张世某赢了钱分给其5万元钱，与被告人在侦查机关供述及证人张世某证言证实其曾给张世某帮过忙，后收受张世某5万元钱的事实不符，本院不予采纳。被告人王安某及其辩护人辩称起诉书指控的第二起是王安某购房后解除合同退房，拿回自己的购房款50万元和二十万元装修费，未从中获利的理由，与被告人王安某在侦查机关供述及其证人王振某证言，证实被告人王安某利用监察支队队长的职务便利，为他人谋取利益，然后以明显低于市场价格购买获得利益方开发的房屋，应以受贿论，且其房屋权属未变更，依照法律规定不影响受贿的认定，辩解理由不能成立，不予采纳。辩护人辩称起诉书指控的第三起被告人王安某不再任职，没有利用职务便利为他人谋利，不构成受贿的理由，与国家工作人员离职前后连续收受请托人财物的，离职前后收受部分均应计入受贿数额的法律规定不相符，辩解理由不能成立，不予采纳。辩护人辩称被告人王安某在安阳市纪律检查委员会调查违纪问题时，其主动交待了调查组不掌握的本人收受贿赂问题，构成自首的理由，与被告人在开庭审理时，当庭对起诉书指控的第一起和第二起受贿事实予以否认，自动投案并如实供述自己的罪行后又翻供的，不能认定为自首，辩护人辩称理由不能成立，不予采纳。鉴于被告人王安某已退出全部赃款，可以予以从轻处罚。为打击受贿犯罪，维护国家工作人员的职务廉洁性，依据《中华人民共和国刑法》第三百八十五条、第三百八十六条、第三百八十三条第一项、第五十九条第一项、第六十四条之规定，作出如下判决：

一、被告人王安某犯受贿罪，判处有期徒刑十年，并处没收个人财产人民币二十万元；

二、赃款二十六万八千一百二十八元，苹果笔记本电脑 1 台，予以没收，上缴国库。

一审宣判后，被告人王安某未提出上诉，安阳市龙安区人民检察院也未抗诉，该判决发生法律效力。原审被告人王安某妻子郚玉某于 2017 年 4 月 25 日向河南省高级人民法院提出申诉，河南省高级人民法院 2018 年 7 月 18 日作出（2018）豫刑申 299 号再审决定书，指令河南省安阳市龙安区人民法院对本案进行再审。

河南省安阳市龙安区人民法院经审理认为：原判对原审被告人王安某犯罪认定事实清楚，证据确实充分。王安某对起诉书指控的第一起收受 5 万元现金和第三起收受苹果笔记本电脑价值 9935 元构成受贿不持异议，其利用职务之便索取、非法收受他人财物，为他人谋取利益，构成受贿罪。对第二起购房后退房，王安某认为拿回的是购房款 50 万元和装修费 20 万元，未从中获利，且并非因自身或与其受贿有关联的人、事被查处，为掩饰犯罪而退还或上交，不是受贿。本院认为，王安某 2005 年 5 月 11 日以 50 万元价格购买了市场价格共计 71. 8128 万元的房屋，利用其监察支队支队长的职务便利，为他人谋取利益，以明显低于市场价格购买获得利益方开发的房屋，按照《最高人民法院、最高人民检察院关于办理受贿刑事案件适用法律若干问题的意见》第一条：“国家工作人员利用职务上的便利为请托人谋取利益，以下列交易形式收受请托人财物的，以受贿论处：（1）以明显低于市场的价格向请托人购买房屋、汽车等物品的……受贿数额按照交易时当地市场价格与实际支付价格的差额计算……”的规定，以受贿论处。其2007年5月和2012年1月通过房屋开发公司法定代表人转卖房屋，是其处理赃款的行为，分别历时2年和6年多，在其中居住受益，且不存在无法退还的阻碍情形，不属于及时退还，故其行为应以受贿论。以上三起均构成受贿，共计价值人民币27.8063万元。

另外，本案有以下法定和酌定量刑的情节应予重视考虑：王安某在经由安阳市纪律检查委员会第一纪检监察室2012年10月30日至2013年1月21日对其违法违纪问题调查期间，积极配合，主动交代了调查组未掌握的本案三起收受贿赂问题，并积极配合向安阳市纪律检查委员会退还赃款26.8128万元和苹果牌笔记本电脑1台，王安某对第三起受贿事实予以认罪，对第二起的受贿事实并未否认，只是对其行为的性质是否构成犯罪提出辩解，根据《最高人民法院关于被告人对行为性质的辩解是否影响自首成立问题的批复》，王安某对其行为性质的辩解不影响自首的成立。虽然其对第一起的受贿事实在原一审庭审中翻供，不能认定为自首，但其第二起、第三起受贿行为应认定为自首，综合考虑本案自首数额及情节，应以自首论处，且其已退回全部赃款，可以从轻或减轻刑罚。

四川省安阳市龙安区人民法院根据《最高人民法院关于使用刑法时间效力规定若干问题的解释》第十条：“按照审判监督程序重新审判的案件，适用行为时的法律”，本案适用1997年修订的《中华人民共和国刑法》。为打击受贿犯罪，维护国家工作人员的职务廉洁性，依照1997年修订的《中华人民共和国刑法》第三百八十五条第一款、第三百八十六条、第三百八十三条第一款第一项、第六十七条第一款、第五十九条第一项、第六十四条，《最高人民法院关于处理自首和立功具体应用法律若干问题的解释》第一条第二项、第三条，《中华人民共和国刑事诉讼法》第二百五十六条，《最高人民法院关于适用〈中华人民共和国刑事诉讼法〉的解释》第三百八十四条第一款、第二款、第三百八十九条第一款第三项规定，作出如下判决：

一、维持本院（2013）龙刑初字第73号刑事判决的第二项，即赃款二十六万八千一百二十八元、苹果牌笔记本电脑1台，予以没收，上缴国库；

二、撤销本院（2013）龙刑初字第73号刑事判决的第一项，即被告人王安某犯受贿罪，判处有期徒刑十年，并处没收个人财产人民币二十万元；

三、被告人王安某犯受贿罪，判处有期徒刑七年六个月，并处没收个人财产人民币二十万元。

【法官后语】

1. 关于本案适用新刑法还是旧刑法问题

《最高人民法院关于使用刑法时间效力规定若干问题的解释》第十条规定："按照审判监督程序重新审判的案件，适用行为时的法律"，故本案适用1997年修订的《中华人民共和国刑法》。

2. 王安某低价购房在犯罪行为被发现前主动退回房屋行为是否构成受贿

根据《最高人民法院、最高人民检察院关于办理受贿刑事案件适用法律若干问题的意见》第一条的规定："一、关于以交易形式收受贿赂问题。国家工作人员利用职务上的便利为请托人谋取利益，以下列交易形式收受请托人财物的，以受贿论处：(1) 以明显低于市场的价格向请托人购买房屋、汽车等物品的；……受贿数额按照交易时当地市场价格与实际支付价格的差额计算。前款所列市场价格包括商品经营者事先设定的不针对特定人的最低优惠价格。根据商品经营者事先设定的各种优惠交易条件，以优惠价格购买商品的，不属于受贿。"王安某以低于市场价格20余万元购买涉案房屋，其在购房时其行为已构成受贿罪犯罪既遂，至于其主动退房行为，上述意见第九条规定："……国家工作人员收受请托人财物后及时退还或者上交的，不是受贿。国家工作人员受贿后，因自身或者与其受贿有关联的人、事被查处，为掩饰犯罪而退还或者上交的，不影响认定受贿罪"，王安某在历时2年和6年后退赔，不存在无法退还的阻碍情形，该意见第九条两款内容是相互衔接，相互贯通的，第二款是对第一款中及时退还情形的限制与排除，王安某退房行为不适用该条规定，应以受贿论处。

3. 王安某在纪委主动交待本案三起受贿问题，在一审中对是否受贿进行辩解是否构成翻供

《最高人民法院关于处理自首和立功具体应用法律若干问题的解释》第一条第二项规定："如实供述自己的罪行，是指犯罪嫌疑人自动投案后，如实交代自己的主要犯罪事实……犯罪嫌疑人自动投案并如实供述自己的罪行后又翻供的，不能认定为自首，但在一审判决前又能如实供述的，应当认定为自首。"《最高人民法院关于被告人对行为性质的辩解是否影响自首成立的问题的批复》规定："根据刑法第六十七条第一款和最高人民法院《关于处理自首和立功具体应用法律若干问题的解释》第一条规定，犯罪以后自动投案，如实供述自己的罪行的，是自首。被告人对

行为性质的辩解不影响自首的成立”。王安某在原一审当庭陈述与在侦查机关的陈述虽不一致，但对以低价购买房屋的事实问题并未否认，属于对行为性质的辩解，《刑法》自首的必要条件是如实供述自己的罪行，不应机械地理解为必须认罪，是否构成犯罪，需要审判机关认定，并非其本人可以确定，对行为性质的辩解应不影响自首的成立，王安某行为应构成自首

4. 关于王安某在原一审中对收受5万元贿赂行为与在侦查机关供述不一致，但在本案再审中又进行了如实供述，表示认罪，是否视为其如实陈述犯罪行为，构成自首

《最高人民法院关于处理自首和立功具体应用法律若干问题的解释》第一条第二项规定：“……犯罪嫌疑人自动投案并如实供述自己的罪行后又翻供的，不能认定为自首，但在一审判决前又能如实供述的，应当认定为自首。”即即使行为人在侦查、起诉阶段甚至在一审庭审中翻供，但只要在“一审判决前”仍能如实供述的不影响自首的认定。再审虽然是按照一审程序进行审理，但已不属于严格意义上的“一审”，不宜扩大解释。若一审翻供、二审、再审均又认罪而认定为自首，则助长了恶意翻供之风，与该项规定旨在鼓励犯罪人主动认罪、降低司法成本的初衷相悖。因此，王安某在再审中又如实陈述的行为不能认定为自首。

编写人：河南省安阳市龙安区人民法院　马小新

70

特定关系人收受财物是否构成犯罪

——侯国某受贿案

【案件基本信息】

1. 裁判书字号

四川省雅安市雨城区人民法院（2018）川1802刑初220号刑事判决书

2. 案由：受贿罪

【基本案情】

2008年，被告人侯国某被抽调到雅安市雨城区征地拆迁领导小组办公室工作，主要负责办公室财务管理工作和协助日常事务管理工作。被告人侯国某与杨定某于2008年5月12日登记结婚。杨定某于2006年6月起先后任雅安市雨城区姚桥镇党委书记、雅安市雨城区规划和建设局局长、雅安市城市管理行政执法局雨城分局局长、雅安市雨城区交通运输局局长、雅安市雨城区人民政府副区长。2010年至2012年，姚某、叶某、杨某为感谢被告人侯国某在房屋拆迁过程中给予的关照，共计送给侯国某现金9万元。2009年至2015年，王某、牟某、任某、杨某、李某、屈某、李某为感谢杨定某给予的关照并与其搞好关系，送给或变相送给侯国某现金共计74万元。事后，侯国某均告知了杨定某。案发后，侯国某接电话通知后到案，到案后如实交代了组织已掌握的共同受贿事实和未掌握的个人受贿事实，被告人侯国某的家属代为退出全部违法所得。

庭审中，被告人侯国某对起诉书指控的事实无异议，辩护人提出侯国某收受王某某送给的2万元、牟某某送给的2万元、屈某、李某某通过少收取购房款方式送给的47万元，属于正常的人情往来，均不应认定为受贿；收受任某某送给的2万元，侯国某没有阻止杨定某受贿的义务，收受李某送给的6万元系借款，不应认定为受贿。对侯国某收受牟某某送给的5万元、杨某送给的10万元构成受贿罪没有异议，但侯国某在被立案追诉前已经退出，且在共同受贿中系从犯，请求在量刑时予以考虑。被告人侯国某具有自首、积极退赃、从犯等情节，请求对侯国某判处缓刑。

【案件焦点】

利用自身特殊身份收受别人钱款能否认定为受贿罪。

【法院裁判要旨】

四川省雅安市雨城区法院经审理认为，被告人侯国某身为国家机关工作人员，利用其从事征地拆迁管理工作职务上的便利条件，为他人谋取利益，非法收受他人现金9万元；被告人侯国某的丈夫杨定某在担任雅安市雨城区姚桥镇党委书记、雅安市雨城区规划和建设局局长、雅安市城市管理行政执法局雨城分局局长、雅安市雨城区交通运输局局长、雅安市雨城区人民政府副区长期间为他人谋取利益，侯国某收受他人送给或变相送给的现金74万元，数额巨大，其行为构成受贿罪。侯国某具有坦白情节，案发后退出全部违法所得。

四川省雅安市雨城区人民法院依照《中华人民共和国刑法》第三百八十五条第一款、第三百八十六条、第三百八十三条第一款第二项、第二十五条第一款、第六十七条第三款、第六十四条，《最高人民法院、最高人民检察院关于办理贪污贿赂刑事案件适用法律若干问题的解释》第二条第一款、第十三条第一款、第十五条第一款、第十九条第一款之规定，作如下判决：

一、被告人侯国某犯受贿罪，判处有期徒刑三年六个月，并处罚金二十万元；

二、追缴被告人侯国某违法所得九万元，上缴国库。

宣判后，被告人侯国某在法定期限内没有提出上诉，判决已经发生法律效力。

【法官后语】

《刑法》第三百八十五条第一款规定，国家工作人员利用职务上的便利，索取他人财物的，或者非法收受他人财物，为他人谋取利益的，是受贿罪。被告人侯国某作为国土资源局工作人员被抽调从事征地拆迁的相关工作期间，利用职务上的便利条件，为拆迁户谋取利益，收受拆迁户给予的现金9万元，符合受贿罪特殊主体的要求，利用职务之便实际为他人谋取了房屋拆迁方面的利益，并收受了他人财物，其行为已构成受贿罪。王某、牟某某、任某某、杨某、李某某、屈某、李某等人不是被告人侯国某的管理、服务对象，侯国某的职务、工作职责也不能为上述人员谋取利益，他们送给或变相送给侯国某现金，是为了感谢侯国某的丈夫杨定某在工程建设等方面给予的关照，并与杨定某搞好关系，希望继续得到杨定某的关照，杨定某也实实在在为他们谋取了利益，并能继续为他们谋取利益。因此，侯国某的行为与杨定某构成共同受贿。

在办案机关已经掌握侯国某与杨定某共同受贿的犯罪事实，并已立案调查，侯国某接电话通知到案后如实供述了自己的全部罪行，根据《最高人民法院、最高人民检察院关于办理职务犯罪案件认定自首、立功等量刑情节若干问题的意见》的规定，没有自动投案，在办案机关调查谈话、讯问、采取调查措施或强制措施期间，犯罪分子如实交代办案机关掌握线索所针对的事实的，不能认定为自首，但可认定为坦白。根据《刑法》第六十七条第三款的规定，“犯罪嫌疑人虽不具有前两款规定的自首情节，但是如实供述自己罪行的，可以从轻处罚；因其如实供述自己罪行，避免特别严重后果发生的，可以减轻处罚”，故可对被告人侯国某从轻处罚。辩护人提出侯国某系自首的辩护意见不成立。

辩护人提出侯国某收受王某某等人送给的现金属于正常人情往来，不应认定为受贿的辩护意见，经查，王某某、牟某某、屈某、李某某均在从事相关工程施工或其房屋涉及拆迁，送钱给侯国某是为了感谢杨定某给予的关照并与杨定某搞好关系，希望今后得到杨定某更多的关照，是权钱交易的体现，故其辩护意见不成立；辩护人提出侯国某收受李某送给的6万元系借款，不应认定为受贿的辩护意见，经查，李某的证言与杨定某的证言证实在李某送给侯国某6万元前后，杨定某多次为李某提供帮助，李某的证言与侯国某的供述均证实双方是以借款之名，行受贿之实，实质为权钱交易，故其辩护意见不成立；辩护人提出侯国某收受任某某送给的现金2万元，侯国某没有阻止杨定某受贿的义务，经查，任某某送2万元给侯国某事前与侯国某电话联系，并相约在茶楼见面，然后在茶楼送给侯国某2万元，故其辩护意见不成立；辩护人提出侯国某在共同受贿中系从犯、请求判处缓刑的辩护意见，经查，行贿人送钱给侯国某事前并没有与杨定某进行过联系，直接与侯国某联系并将现金送给侯国某，收受的款项也是侯国某用于家庭支出，二人在共同受贿中作用相当，不宜区分主从，且受贿数额巨大，严重侵害了国家工作人员职务廉洁性，不宜适用缓刑。

综观杨定某受贿的犯罪事实，其受贿数额绝大部分是其妻侯国某收受的，侯国某收受钱物后均告知了杨定某，杨定某均予以默许。根据《最高人民法院、最高人民检察院关于办理贪污贿赂刑事案件适用法律若干问题的解释》第十六条第二款规定，特定关系人索取、收受他人财物，国家工作人员知道后未退还或者上交的，应当认定国家工作人员具有受贿故意。因此，杨定某与侯国某构成共同受贿。

编写人：四川省雅安市雨城人民法院　李树文

71

附加刑应当与主刑在同一幅度内量刑

——方某某利用影响力受贿案

【案件基本信息】

1. 裁判书字号

云南省昆明市中级人民法院（2018）云01刑终80号刑事判决书

2. 案由：利用影响力受贿罪

【基本案情】

1. 2013年2月至2016年6月，被告人方某某利用其丈夫张某某担任云南省五华监狱政委、云南省杨林监狱监狱长之职权及职务行为，为王某某谋取不正当利益，收受王某某（另案处理）贿赂人民币3万元。

2. 2015年2月至2016年5月，被告人方某某利用其丈夫张某某担任云南省杨林监狱监狱长之职权及职务行为，为宁某某谋取不正当利益，收受宁某某（另案处理）贿赂人民币13.5万元。

综上，被告人方某某收受贿赂共计人民币16.5万元。

另查明，在2016年的6月20日的讯问中，被告人方某某提供了他人涉嫌犯罪的案件线索，安宁市人民检察院于2016年8月26日对此涉嫌犯罪线索立案侦查，案件已经移送审查起诉。2016年7月20日被告人方某某主动向安宁市人民检察院缴纳涉案款项人民币200000元。

【案件焦点】

被告人具有可以从轻或者减轻处罚情节时，能否对主刑和附加刑在不同档次内进行量刑。

【法院裁判要旨】

云南省安宁市人民法院经审理认为，根据被告人方某某在侦查机关的供述、证人张某某、王某某、宁某某、李某仙、黄某某、李某春的证言，均可印证被告人方某某利用其配偶张某某担任云南省五华监狱政委、云南省杨林监狱监狱长的职权及职务行为，明知王某某、宁某某的请托事项，在为王某某、宁某某供应监狱物资过程中提供帮助，谋取竞争优势，事后收取王某某、宁某某财物，其行为符合利用影响力受贿罪的构成要件，构成利用影响力受贿罪。因此，对辩护人提出被告人方某某不构成利用影响力受贿罪的辩护意见，云南省安宁市人民法院不予采纳。被告人方某某以受贿的故意收受王某某、宁某某现金后回赠礼品，不影响对其利用影响力受贿罪的认定，对回赠礼品的金额不予扣减。对辩护人提出被告人方某某回赠行贿人礼品金额应从受贿金额中扣减的辩护意见，云南省安宁市人民法院不予采纳。根据安宁市人民检察院反贪局出具的三份办案情况说明，证实被告人方某某在侦查期间，揭发他人犯罪行为，后经查证属实，其行为符合《最高人民法院、最高人民检察院关于办理职务犯罪案件认定自首、立功等量刑情节若干问题的意见》第二项关于立功的认定，应对被告人方某某认定为立功。云南省安宁市人民法院对辩护人提出认定被告人方某某成立立功的辩护意见予以采纳。云南省安宁市人民法院认为，被告人方某某利用其配偶担任国家机关工作人员职权及职务行为，为请托人谋取不正当利益，收受财物，数额较大，其行为已触犯国家刑律，构成利用影响力受贿罪，应依法惩处。被告人方某某到案后如实供述犯罪事实，依法可以从轻处罚。被告人方某某揭发他人犯罪行为，经查证属实，构成立功，依法可以从轻或者减轻处罚。辩护人提出的其他辩护意见云南省安宁市人民法院已经注意。公诉机关指控的犯罪事实清楚，证据确实、充分，罪名成立。

云南省安宁市人民法院依照《中华人民共和国刑法》第三百八十八条之一、第六十七条第三款、第六十八条、第六十一条、第五十二条、第五十三条、第七十二条、第七十三条、第六十四条之规定，判决如下：

一、被告人方某某犯利用影响力受贿罪，判处有期徒刑十个月，宣告缓刑一年，并处罚金人民币二万元；

二、被告人方某某退缴违法所得人民币十六万五千元依法予以没收，余款人民币二万元折抵罚金。

云南省安宁市人民检察院提起抗诉，被告人方某某提起上诉。

云南省昆明市中级人民法院经审理，确认一审法院认定的事实和证据。

云南省昆明市中级人民法院经审理认为：上诉人方某某利用其配偶担任国家机关工作人员职权及职务行为，为请托人谋取不正当利益，收受他人财物，数额较大，其行为已触犯国家刑律，构成利用影响力受贿罪，依法应予惩处。上诉人方某某到案后检举他人犯罪行为，并经查证属实，其归案后直至庭审均能如实供述犯罪事实，具有立功表现和坦白情节，依法可对其从轻或减轻处罚。针对上诉人方某某的辩护人所提“宁某某给方某某的10万元是方某某向宁某某借的购房款，属于借贷行为”的辩护意见，云南省昆明市中级人民法院认为，根据本案在卷的被告人方某某供述、行贿人宁某某陈述证实，行贿人宁某某为了能够顺利向杨林监狱供应蔬菜并延长供应时间，从中获利，向杨林监狱监狱长张某某之妻方某某行贿共计13.5万元，二行为人供述的作案时间、地点、金额及现金包裹特征等具体细节均能相互吻合，足以认定上诉人方某某收受宁某某贿赂的犯罪事实。因此，以上辩护意见与本案查明的事实不符，云南省昆明市中级人民法院不予采纳。针对上诉人方某某及其辩护人所提“上诉人方某某系初犯，并退缴了20万元的赃款，真诚悔罪且具有坦白和立功情节，希望二审法院对其免予刑事处罚”的辩护意见，云南省昆明市中级人民法院认为，上诉人方某某到案后如实供述所犯罪行，并检举揭发他人犯罪，经查证属实，同时，主动向办案机关退缴受贿所得赃款，以上查明事实，原审判决已予以确认，并在量刑时已对其从轻或减轻处罚。因此，以上辩护意见，云南省昆明市中级人民法院不予采纳。针对上诉人方某某及其辩护人所提“抗诉机关援引的司法解释规定的是贪污罪、受贿罪的处罚标准，而不是利用影响力受贿罪的处罚标准，考虑到上诉人方某某涉及罪名的社会危害性相较受贿罪较小，应适当降低处刑标准”的辩护意见，云南省昆明市中级人民法院认为，根据《最高人民法院、最高人民检察院关于办理贪污贿赂刑事案件适用法律若干问题的解释》（以下简称《两高解释》）第十条之规定：刑法第三百八十八条之一规定的利用影响力受贿罪的定罪量刑适用标准，参照本司法解释关于受贿罪的规定执行。因此，辩护人所提以上辩护意见与法律规定相悖，云南省昆明市中级人民法院不予采纳。针对抗诉机关所提“对于贪污罪、受贿罪判处三年以下有期徒刑或者拘役的，应当并处十万元以上五十万元以下的罚金，对刑法规定并处罚金的其他贪污贿赂犯罪，应当在十万元以上犯罪数额两倍以下判处罚金。被告人方某某犯利用影响力受贿罪，应当并处十万元以上犯罪数额二倍以下罚金。原审判决对方某某判处20000元罚金，在法定罚金数额以下，属于适用法律错误，量刑不当”抗诉意见，云南省昆明市中级人民法院认为，《最高人民法院、最高人民检察院关于办理贪污贿赂刑事案件适用法律若干问题的解释》第十九条已明确规定：对于贪污、受贿罪判处三年以下有期徒刑或者拘役，应当并处十万元以上五十万元以下的罚金，因此，十万元即为法律明确规定的最低罚金数额，对涉及贪污、受贿罪均应并处十万元以上罚金刑，原审判决在法定附加刑以下判处罚金刑显属适用法律错误，导致附加刑量刑不当。因此，抗诉机关和支持抗诉的检察机关所提抗诉意见于法有据，云南省昆明市中级人民法院予以采纳。

云南省昆明市中级人民法院《中华人民共和国刑事诉讼法》第二百二十五条[①]第一款第二项，《中华人民共和国刑法》第三百八十八条之一、第六十七条第三款、第六十八条、第六十一条、第五十二条、第五十三条、第七十二条、第七十三条、第六十四条之规定，判决如下：

一、撤销云南省安宁市人民法院（2017）云0181刑初306号刑事判决；

二、上诉人（原审被告人）方某某犯利用影响力受贿罪，判处有期徒刑十个月，缓刑一年，并处罚金人民币十万元；

三、上诉人（原审被告人）方某某退缴违法所得人民币十六万五千元依法予以没收，余款人民币三万五千元折抵罚金。

【法官后语】

为了有力打击贿赂犯罪，《刑法修正案（七）》设立了“利用影响力受贿罪”。《最高人民法院、最高人民检察院关于办理贪污贿赂刑事案件适用法律若干问题的解释》第十条规定，利用影响力受贿罪的定罪量刑适用标准，参照该司法解释关于受贿罪的规定执行；而在该解释第十九条当中，对相应刑期应当判处的罚金做了相应规定。根据法条规定，利用影响力受贿罪中，数额较大或者有其他较重情节的，处三年以下有期徒刑或者拘役，并处罚金。本案中，一审法院与二审法院均认定被告人方某某具有立功情节，依法可以从轻或者减轻处罚，一审法院经审理以利用影

① 对应现行《刑事诉讼法》第二百三十六条。

响力受贿罪判处被告人方某某有期徒刑十个月，宣告缓刑一年，并处罚金二万元的判决。

宣判后，公诉机关认为主刑与附加刑裁决标准不统一提出上诉，二审法院经审理后认为，主刑与附加刑应在同一从轻或者减轻幅度内量刑，进而作出了改判。本案的分歧点在于，针对被告人具有可以从轻或者减轻处罚情节时，能否对主刑和附加刑不在同一档次内进行量刑。当前有关法律并未明确规定该问题应如何处理，笔者根据相关法律规定以及学术观点进行下述评析，以期对将来的审判实践有所助益。

1.《刑法》第五十二条规定："判处罚金，应当根据犯罪情节决定罚金数额。"该条文明确规定在对罚金量刑时根据的是犯罪情节，而不是主刑。主刑与罚金都是根据犯罪情节进行量刑。《刑法修正案（九）》规定的贪污犯罪有三种由少到多的犯罪数额和由轻到重的犯罪情节，对应三年以下、三年以上十年以下和十年以上的主刑，并在每个犯罪情节分别对应并处罚金的金额，这说明罚金刑量刑依据与主刑量刑依据相同，都是根据犯罪数额或者犯罪情节进行量刑的。故而，罚金宣告刑不宜重复评价犯罪情节。主刑的宣告刑，是在充分考虑犯罪分子的犯罪情节和各种从重、从轻、减轻或者免除刑罚等各种法定、酌定情节之后作出的综合评价，此时，对于犯罪分子的所有量刑情节均已考虑。在主刑减轻处罚至下一个量刑幅度时，罚金的数额相应地也应当处在下一个幅度。否则，罚金的法定刑就会重复评价，不利于保护被告人的合法权益。

2. 刑法规定的刑罚分为主刑和附加刑，附加刑有罚金、剥夺政治权利和没收财产。也就是说，附加刑也是法定刑。例如，《刑法》第六十三条规定"在法定刑以下判处刑罚"中的"法定刑"，并没有特别指明仅是主刑，"法定刑"当然既包括主刑，也包括附加刑。那么在量刑时，应当在由主刑和附加刑构成一个刑罚幅度以内判处刑罚，该刑罚幅度是一个固定的组合，无论是从轻处罚还是减轻处罚时，应当适用于整个组合而不单单是主刑或者附加刑。

3. 在解决此问题时，应注意适用罪刑相适应的刑罚基本原则。量刑是根据被告人的犯罪情节、主观恶性和社会危害性等因素予以综合评判的司法行为，如果被告人具有法定的从轻或者减轻处罚情节，那么在量刑时就应当充分地、全面地予以体现。刑法规定的附加刑往往是附加于主刑的，一般根据主刑的轻重规定与之相当的附加刑。如果主刑从轻而附加刑没有从轻或者适用了其他档次的量刑幅度，则会出现主刑与附加刑不在同一量刑幅度之内的情形，这将造成刑罚适用的混乱，不符合罪责刑相适应原则。因此，在主刑减轻处罚时，附加的罚金刑也应当减轻处罚；在主刑从轻处罚时，附加的罚金刑也应当从轻处罚。只有这样方能充分体现罪刑相适应原则。

综上，附加刑作为一种补充主刑适用的刑罚方法，其在适用过程中应与主刑的从轻或者减轻处于同一幅度，不能将二者割裂开来各自使用不同档次和幅度的量刑情节。

编写人：云南省安宁市人民法院　江璐

72

请托人利用国家机关工作人员自身地位或职权产生的间接影响，通过其他国家工作人员职务上的行为谋取不正当利益的，请托人是否构成行贿罪

——陈仕某行贿、受贿案

【案件基本信息】

1. 裁判书字号

福建省泉州市中级人民法院（2018）闽05刑终567号刑事裁定书

2. 案由：行贿罪、受贿罪

【基本案情】

1. 行贿部分

被告人陈仕某伙同陈子某（另案处理）、苏洁某（已判决）于2013年年底至2014年年初，在南安市水头镇区保洁服务项目包二的工程招投标中，为确保中标，经预谋由陈子某出面找到时任南安市自来水公司经理、党支部书记黄硕某（另案处

理)，由黄硕某利用其地位形成的便利条件通过分管市政建设管理的时任南安市水头镇党委委员、纪委书记洪宝某职务上的行为，使得被告人陈仕某及陈子某、苏洁某中标该项目，后由陈子某出面贿送黄硕某人民币30万元，再由三人按照约定的股份比例分摊费用。

2. 受贿部分

被告人陈仕某于2009年至2015年上半年，利用担任南安市消防大队水头中队中队长、泉州市消防支队司令部战训科副营职参谋的职务便利，收受洪建某、吴文某等6人17次送款计10.2万元，并为送款人谋取利益。

【案件焦点】

国家机关工作人员间没有职务上的隶属或制约关系，请托人利用国家机关工作人员自身地位或职权产生的间接影响，通过其他国家工作人员职务上的行为谋取不正当利益的，请托人是否构成行贿罪。

【法院裁判要旨】

福建省安溪县人民法院经审理认为：被告人陈仕某为谋取不正当利益，伙同他人给予国家工作人员钱财计30万元，其行为已构成行贿罪，属共同犯罪。被告人陈仕某身为国家工作人员，利用职务上的便利为他人谋取利益，收受他人财物10.2万元，数额较大，其行为已构成受贿罪。公诉机关指控被告人陈仕某犯行贿罪、受贿罪的罪名成立，适用法律正确。被告人陈仕某如实供述行贿罪部分的主要犯罪事实，可以从轻处罚；其归案后，如实供述司法机关尚未掌握的受贿部分罪行，以自首论，依法对犯受贿罪从轻处罚；其已退清全部赃款，且在共同行贿中所起作用相对较小，酌情从轻处罚。被告人陈仕某在判决宣告以前一人犯数罪，应依法数罪并罚。辩护人黄建某关于被告人陈仕某受贿罪部分金额应当扣除0.5万元及被告人陈仕某具有自首、积极退赃等情节，建议对其从轻、减轻处罚的辩护意见予以采纳；关于被告人陈仕某行贿罪不成立的辩护意见不予采纳。

福建省安溪县人民法院依照《中华人民共和国刑法》第十二条第一款、第三百八十五条第一款、第三百八十九条第一款、第三百八十六条、第三百八十三条第一款第一项、第二款、第二十五条第一款、第六十七条、第六十九条第一款、第三款、第六十四条，1997年修订的《中华人民共和国刑法》第三百九十条第一款及

《最高人民法院关于处理自首和立功具体应用法律若干问题的解释》第二条，《最高人民法院、最高人民检察院关于办理贪污贿赂刑事案件适用法律若干问题的解释》第一条第一款、第七条第一款、第十五条第一款、第十八条、第十九条第一款规定，作出如下判决：

一、被告人陈仕某犯行贿罪，判处有期徒刑一年六个月；犯受贿罪，判处有期徒刑一年二个月，并处罚金人民币十万元。决定执行有期徒刑二年三个月，并处罚金人民币十万元；

二、被告人陈仕某退缴在本院的赃款人民币十万二千元，予以没收上缴国库。

陈仕某不服一审判决，提出上诉。

福建省泉州市中级人民法院经审理认为：原判定罪及适用法律准确，量刑适当。

福建省泉州市中级人民法院依照《中华人民共和国刑事诉讼法》第二百二十五条①第一款第一项的规定，作出如下裁定：

驳回上诉，维持原判。

【法官后语】

司法实务中大量案件表明，随着查处力度的加大，职务犯罪案件的隐蔽性也不断增强。许多行为人通过所谓的“中间人”影响国家工作人员的职务行为以谋取不正当利益，并以此逃避司法机关的查处。在这种情况下，请托人利用的是中间人，而中间人利用的是国家工作人员的影响力来谋取非法利益，收取财物，其本质上还是权钱交易。

本案中，陈仕某是否构成行贿罪的核心在于，“中间人”黄顽某是否构成受贿罪，即其是否能够作为本案行贿犯罪的适格对象。

笔者认为，“中间人”黄顽某的行为系“斡旋受贿”。所谓斡旋受贿，是指国家工作人员利用本人职权或者地位形成的便利条件，通过其他国家工作人员职务上的行为，为请托人谋取不正当利益，索取请托人财物或者收受请托人财物的行为。2003年《全国法院审理经济犯罪案件工作座谈会纪要》明确斡旋贿赂构成受贿罪的两个特点：一是接受请托、索取或者收受财物的国家工作人员与利用职务行为为

① 对应现行《刑事诉讼法》第二百三十六条。

请托人谋取不正当利益的国家工作人员之间没有职务上的隶属、制约关系；二是索取或者收受财物的国家工作人员对于被利用的国家工作人员职务行为存在一定的影响，但这种影响应当是间接的。

据此，利用职权或者地位形成的便利条件，并不能狭隘地理解为行为人利用的是其本人的职权或地位，而是只要基于国家工作人员的特定身份产生的影响力，积极实施斡旋行为即可。此时，请托人所谋求的利益，行为人“力不能及”，即不能命令被利用的国家工作人员去作为或不作为，来为请托人谋取不正当利益。被利用的国家工作人员是否接受行为人转托，为请托人谋取不正当利益，主观上是自由的，不受约束的。不同国家工作人员因彼此的职权或地位会产生一定的影响，只不过这种影响是一种间接制约。这种间接制约的概念是宽泛的，所指向的主体有更丰富的外延，如同单位的不同部门的国家工作人员、上下级单位没有职务隶属或制约关系的国家工作人员、有工作联系的不同单位的国家工作人员、甚至存在接触的不同单位的国家工作人员。

可见，只要是具备国家工作人员身份的“中间人”，都具备进行斡旋受贿的条件，而只要其具体实施了斡旋行为，便影响了国家工作人员职务的廉洁性，就应当受到刑罚处罚，即构成“斡旋受贿”，应依照《刑法》第三百八十六条的规定以受贿论处。据此，我们还可以得出，斡旋受贿与普通受贿的区别之一在于，斡旋受贿的国家工作人员之间不存在直接制约关系，而后者存在直接制约关系。

本案中，黄颀某、洪宝某均是国家工作人员，黄颀某用其地位形成的便利条件，通过洪宝某为被告人陈仕某等人谋取不正当利益，黄颀某是本案行贿犯罪的适格对象。“举轻以明重”，陈仕某应以行贿罪定罪论处。

编写人：福建省安溪县人民法院　谢晓凤

73

非法证据的排除及国家工作人员身份、巨额财产来源不明罪的认定

——许东某受贿、贪污、巨额财产来源不明案

【案件基本信息】

1. 裁判书字号

云南省高级人民法院（2018）云刑终684号刑事裁定书

2. 案由：受贿罪、贪污罪、巨额财产来源不明罪

【基本案情】

1. 受贿事实

（1）2007年8月，被告人许东某利用担任中铁十五局集团有限公司总经理的职务便利，以借款为名，向在该公司南京工程指挥部从事劳务分包的马某某索取人民币56.1577万元。

（2）2007年至2012年，被告人许东某利用担任中铁十五局集团有限公司董事长兼总经理的职务便利，先后收受其下属张留某送予的2万美元，胡海某、武某某等人送予的人民币32万元，并在工程任务分配、对外协调等方面给予上述人员照顾和帮助。

2. 贪污事实

2008年12月至2009年春节前，被告人许东某利用担任中铁十五局集团有限公司总经理的职务便利，以集团公司投标需要为名，安排时任十五局公司昆明项目部经理的胡海某，从该项目部为其准备五六万欧元和五六万美元。胡海某遂安排项目部有关人员虚列工程套取工程款并兑换成欧元和美元后，由其交给许东某。许东某收到胡海某交予的5万欧元和5万美元后，未作投标使用，后非法占为己有。

3. 巨额财产来源不明的事实

被告人许东某于1982年参加工作，其妻吴瑞某于1984年参加工作，截至2015年12月，二人工资、奖金及集资等合法收入为人民币9139531.19元，购买九套家庭房产总支出为人民币11980881.00元，尚有2841349.81元的支出大于收入。许东某以“耿某某”虚假身份存入银行的存款共计17080432.90元人民币、59500.06欧元、195364.59美元，扣减其受贿、贪污金额后，尚有16198855.90元人民币、125364.59美元、9500.06欧元的巨额财产其不能说明合法来源。

【案件焦点】

1. 怎样审查认定被告人许东某提出的非法证据排除申请；2. 许东某是否具有国家工作人员身份；3. 公诉机关指控的三个罪名，特别是巨额财产来源不明罪是否成立。

【法院裁判要旨】

昆明铁路运输中级法院经审理认为：被告人许东某身为国家工作人员，利用职务上的便利，向自己管理的劳务工程人员索取人民币561577.00元，多次收受具有上下级关系的多名下属人员的人民币32万元、2万美元，其行为已构成受贿罪，其受贿数额巨大，应处三年以上十年以下有期徒刑，并处罚金或者没收财产，且对索贿依法从重处罚；许东某利用职务便利，安排下属套取公款，被其占用、侵吞公共财物5万欧元、5万美元，其行为已构成贪污罪，贪污数额巨大，应处三年以上十年以下有期徒刑，并处罚金或者没收财产；许东某在其使用的虚假身份名下存储数额特别巨大的款项，尚有差额特别巨大的16198855.90元人民币、125364.59美元、9500.06欧元明显超过合法收入，其不能说明来源，其行为已构成巨额财产来源不明罪，结合其办理虚假身份，并多年使用，在多地、多个银行存入犯罪所得及来源不明的巨额财产，逃避处罚，现拒不交代虚假身份证件去向等情节，对其从重处罚。被告人许东某归案初期尚能供述自己的罪行，后期则以不同的理由翻供，否认自己的罪行，本院经非法证据排除程序对其供述笔录收集的合法性予以审查，除3份在形式要件上不符合规定予以排除外，其余的被告人供述收集合法，其翻供无合理解释，无任何证据支持，许东某无认罪悔罪态度，应酌情从重处罚。许东某犯有受贿罪、贪污罪、巨额财产来源不明罪，应依法对其数罪并罚。公诉机关对被告人许东某犯有受贿罪、贪污罪、巨额财产来源不明罪的指控认定事实清楚，证据确实、充分，但关于收受薛某某、古某某贿赂款的指控证据不足，不予支持；指控收受王占某、李朝某各2万元红包的指控不符合相关司法解释的规定，不以受贿论；在巨额财产来源不明罪相关数额的计算认定上有误，其余的指控本院予以支持。

为打击职务犯罪行为，维护国家工作人员职务的廉洁性和国有财产的合法权益，根据被告人许东某犯罪的事实、犯罪的性质、情节以及对社会的危害程度，本院依照《中华人民共和国刑法》第三百八十二条第一款、第三百八十三条第一款第二项、第三百八十五条第一款、第三百八十六条、第三百九十五条第一款、第九十三条第二款、第六十九条、第六十二条、第五十二条、第五十三条，《最高人民法院、最高人民检察院关于办理贪污贿赂刑事案件适用法律若干问题的解释》第二条第一款、第十三条第二款、第十八条、第十九条之规定，判决如下：

一、被告人许东某犯受贿罪，判处有期徒刑六年六个月，并处罚金人民币一百五十万元；犯贪污罪，判处有期徒刑六年，并处罚金人民币一百五十万元；犯巨额财产来源不明罪，判处有期徒刑六年，数罪并罚，决定执行有期徒刑十七年，并处罚金人民币三百万元；

二、被告人许东某存于虚假身份“耿某某”名下的违法所得人民币一千七百零八万四百三十二元九角、美元十九万五千三百六十四元五角九分、欧元五万九千五百元零六分及其孳息，予以追缴，并依法处理。

宣判后，被告人许东某不服，提出上诉。

云南省高级人民法院经审理认为，原判根据许东某的犯罪事实、性质、情节和对于社会的危害程度，量刑及对违法所得财物的处理适当。原判定罪准确，量刑适当。审判程序合法。裁定如下：驳回上诉，维持原判。

【法官后语】

1. 在本案中，法院根据被告人许东某及其辩护人的申请，召开庭前会议，启动了非法证据排除程序，对被告人及其辩护人申请排除的证据收集的合法性进行了审查和调查。法院认为：(1) 关于申请排除的2016年8月的两份笔录系检察机关立案前所做的询问笔录而非讯问笔录，其不符合法律关于证据种类的规定，不属于诉讼证据，不作为本案诉讼证据使用，不适用非法证据排除程序处理。(2) 关于申请排除的第二组10份被告人供述，除两个时间点有讯问笔录提供在案外，其余时间点均没有形成被告人供述提供在案，无从审查。针对在案的两份被告人供述，另有同步录音录像证实，录音录像无间断、剪辑等情形，与书面材料内容一致，且得到了看守所情况说明、证人证言、医生交接班记录等材料的印证，可证实侦查部门不存在非法取证的情形，故对于被告人及辩护人的排非申请不予采信和采纳。(3)关于申请排除的第三组四份被告人供述。本案属应当对每一次讯问过程录音录像的案件，而申请排除的第一份、第二份被告人供述，检察机关未能提供同步录音录像；第三份被告人供述，检察机关虽提供了同步录音录像，但该光碟只有图像无声音，以致法庭不能准确评判是否存在以非法方法收集证据的情形，故对于上述三份被告人供述予以排除。申请排除的第四份被告人供述没有提供在案，无从审查，故对于被告人及辩护人的排非申请不予采信和采纳。

2. 关于辩护人所提许东某未受到国有公司的委派，不具有国家工作人员身份，对于其收受14万元人民币红包构成非国家工作人员受贿罪的辩护意见，经查，十五局公司为中铁建公司的全资子公司，系国有控股公司。许东某被中铁建指定为十五局公司的董事长兼总经理，其在国有控股公司中从事组织、领导、监督、经营、管理等工作，根据《最高人民法院、最高人民检察院关于办理国家出资企业中职务犯罪案件具体应用法律若干问题的意见》规定，应当认定许东某为国家工作人员，且据该意见规定，对其职务的具体任免机构和任免程序不影响对其国家工作人员身份的认定，故对该辩护意见不予采纳。

3. 关于被告人许东某所犯巨额财产来源不明罪是否成立。经查，许东某与其妻自参加工作至案发的总收入为人民币9139531.19元，其工资卡交由妻子保管，家庭理财、集资、购买房产等由妻子负责，其家庭共购过9套房子，购买房产总支出为人民币11980881.00元，其家庭支出大于收入。除工资、奖金外，许东某未另外拿钱给妻子支付过房款，其妻并不知晓其另有虚假身份并有大量存款，据此，该虚假身份存款中不应有其家庭成员的合法收入及非法收入，也不应有许东某个人工资奖金收入部分，其在侦查阶段供述中亦未提出此辩解。许东某当庭翻供称耿某某账户中有100万元为个人工资、奖励的陈述无合理解释，亦无证据支持。按许东某在侦查阶段说明的五个方面的财产来源中，收受下属单位红包及收受下属人员礼金，已有部分被查证属实，认定其构成贪污罪、受贿罪，不能查证的以本罪处；打牌、打麻将赢得巨款，本就不是合法收入，且被告人未能提供具体的线索来源，无法查实，其少数下属证实与许东某打过牌或者麻将，但不能查证他们是否故意输钱给许东某及许东某通过这两种方式赢钱的具体数额；倒腾古书、古董及卖部分现代书画家作品所得两个方面，对于其说了地点、单位、人名的，经检察机关查证，并不属实；而其他无具体线索的，无法查实，且能排除来源合法的可能性和合理性。综上，许东某不能说明其使用的虚假身份账户内存款的来源，且明显超过合法收入，其行为构成巨额财产来源不明罪。故对被告人及辩护人提出的许东某不构成本罪的辩解及辩护意见不予采信、采纳。

编写人：昆明铁路运输中级法院　吴昱

三、渎职罪

74

贪污罪与滥用职权罪的区分

——张树某、李学某滥用职权案

【案件基本信息】

1. 裁判书字号

吉林省集安市人民法院（2017）吉0582刑初131号刑事判决书

2. 案由：滥用职权罪

【基本案情】

2007年3月至2016年3月，被告人张树某任集安市凉水朝鲜族乡通天村委会主任，被告人李学某任通天村党支部书记。另外，张树某自2012年7月开始担任凉水朝鲜族乡财政专项扶贫资金管理工作领导小组成员，参与负责扶贫项目的申报、实施等工作。

2013年4月至2014年12月，被告人张树某在集安市凉水朝鲜族乡通天村申报、实施冰葡萄种植扶贫项目过程中，明知仅有五户实际种植葡萄、种植户数不符合扶贫项目规模比例要求的情况下，为了给村里争取扶贫项目，伙同被告人李学某以虚报种植户数、伪造受益户名单、发放名单等方式，使通天村冰葡萄种植项目获审批并通过验收。2015年2月，凉水朝鲜族乡财政所就上述冰葡萄种植项目赊购的葡萄苗、水泥杆、钢绞线转账结算价款共计40万元。

2017年4月25日，被告人张树某、李学某主动到检察机关投案，并如实供述了自己的犯罪事实。

集安市人民检察院指控被告人张树某、李学某犯贪污罪，于2017年9月19日向集安市人民法院提起公诉。

【案件焦点】

被告人张树某、李学某的行为是否构成贪污罪。

【法院裁判要旨】

吉林省集安市人民法院经审理认为：被告人张树某、李学某身为受国家机关委托代表国家机关行使职权的组织中从事公务的人员，在协助人民政府申报、实施国家扶贫项目的过程中，滥用职权，致使国家利益遭受重大损失，其行为已构成滥用职权罪。公诉机关指控的事实成立，本院予以确认。但指控的罪名有误，本院予以更正。张树某、李学某主动到检察机关投案，如实供述自己的罪行，构成自首，犯罪情节较轻，无前科劣迹，可免予刑事处罚。

吉林省集安市人民法院作出如下判决：

一、被告人张树某犯滥用职权罪，免予刑事处罚；

二、被告人李学某犯滥用职权罪，免予刑事处罚。

【法官后语】

1. 被告人张树某、李学某的行为不构成贪污罪

首先，二被告人主观上不具有非法占有的目的。二被告实施的一系列行为的目的一方面是给村里争取扶贫项目资金，同时也是为了积极协助政府落实兴边富民的扶贫项目，并不是为了谋取私利。其次，二被告客观上没有非法占有涉案财物。本案五户实际种植户中，并没有二被告，虽然被告张树某的儿子张立某实际种植领取了相关物资，但张立某为通天村村民，且早已与张树某分家另过，不能将其实际种植领取的物资算作张树某非法占有的财物。综上，在缺乏主观方面和客观方面构成要件的情况，指控二被告人犯贪污罪不能成立。

2. 被告人张树某、李学某的行为构成滥用职权罪

（1）二被告人身份符合滥用职权罪的主体要求。《最高人民检察院关于印发第二批指导性案例的通知》中的检例第5号——陈某、林某、李甲滥用职权案的裁判要旨为："随着我国城镇建设和社会主义新农村建设逐步深入推进，村民委员会、

居民委员会等基层组织协助人民政府管理社会发挥越来越重要的作用。实践中，对村民委员会、居民委员会等基层组织人员协助人民政府从事行政管理工作时，滥用职权、玩忽职守构成犯罪的，应当依照刑法关于渎职罪的规定追究刑事责任。”根据该指导性案例，村干部可以成为滥用职权罪的主体。

（2）二被告人主观方面为故意。《吉林省财政专项扶贫资金管理实施办法》规定，财政专项扶贫资金主要按照因素法进行分配。资金分配的因素主要包括各地扶贫对象规模及比例、贫困村数量、农民人均纯收入、地方人均财力、贫困深度等客观因素和政策性因素……该规定虽然没有具体的比例要求，但可以看出专项扶贫资金的分配是需要达到一定的规模和比例的，本案通天村只有五户种植户，明显不成规模，而二被告人明知通天村不符合条件，为了争取扶贫项目，却实施了一系列的造假行为，主观上为故意。

（3）二被告人客观上实施了滥用职权的行为。二被告人身为村干部，在协助人民政府开展扶贫工作中，具体职责是参与负责扶贫项目的申报和实施，其中统计申报户数、统计受益户名单、发放扶贫物资都是其在协助政府工作中的应有职责。二被告在履行上述职责时，虚报种植户数、伪造会议记录、受益户名单、物资发放名单等相关材料的行为，应属于不正确履行职责，即滥用职权的行为。另外，二被告人的上述行为，致使规模比例不符合要求的五户种植户本来不应获得却实际获得了扶贫物资，国家为此支付扶贫资金40万元，该40万元失去了扶贫的实质意义，应属损失。

（4）本案符合滥用职权罪的客体要求。二被告人的行为破坏了国家扶贫工作的开展，如果他人效仿，将有使国家扶贫政策落空的可能，具有一定的社会危害性，故应当定罪入刑。

综上，被告人张树某、李学某身为受国家机关委托代表国家机关行使职权的组织中从事公务的人员，在协助人民政府申报、实施国家扶贫项目的过程中，滥用职权，致使国家利益遭受损失，其行为构成滥用职权罪。

编写人：吉林省集安市人民法院　周加历

75

公职人员私自抓赌私分赌资行为的定性

——徐某某等滥用职权案

【案件基本信息】

1. 裁判书字号

广东省韶关市中级人民法院（2017）粤02刑终393号刑事裁定书

2. 案由：滥用职权罪

【基本案情】

被告人徐某某在担任始兴县公安局特警大队副中队长期间，在未向单位领导请示、汇报和批准的情况下，召集始兴县公安局应急分队成员曾某某、黄某某和辅警罗某某、李某某、邹某某等人，分别于2017年2月18日和2月20日两次擅自去查处赌博并私分收缴的赌资。其中，徐某某、曾某某、黄某某参与两次，罗某某、李某某、邹某某参与一次。具体事实如下：

1.2017年2月18日21时许，徐某某接到曾某某的电话得知在始兴县沈所镇路边的一个房内有人赌博。随后，徐某某召集曾某某、罗某某、黄某某以及陆建某（另行处理），驾驶始兴县公安局特警大队一辆越野车（便车）搭载上述人员前往赌博窝点。到达现场后，徐某某先向参赌人员表明是始兴县公安局民警的身份，然后叫曾某某、罗某某、黄某某、陆建某等人控制好参赌人员，并收缴了参赌人员赌资共计6000多元。随之，徐某某等人以参赌人员赌的较小为由，宣称赌资收缴，不予处理，并将参赌人员就地遣散。之后徐某某带领曾某某、罗某某、黄某某、陆建某等人携带收缴的赌资离开了现场。在返回途中，徐某某擅自决定将扣押的赌资私分，其中黄某某、曾某某、罗某某每人各分得现金1100元，陆建某分得现金1000元，徐某某分得现金1700多元。

2.2017年2月20日21时许，徐某某接到线人陆建某（另行处理）的举报得知在始兴县罗坝镇河渡村一户人家屋里有人赌博。随后，徐某某召集黄某某、曾某某、李某某、邹某某，驾驶始兴县公安局特警大队一辆越野车（便车）搭载上述人员前往赌博窝点。到达现场后，徐某某先向参赌人员表明是始兴县公安局民警的身份，然后叫黄某某、曾某某、李某某、邹某某等人控制好参赌人员，并收缴了参赌人员赌资共计6600多元。而后，徐某某等人以参赌人员赌的较小为由，宣称赌资收缴，不予处理，并将参赌人员就地遣散。之后徐某某带领黄某某、曾某某、李某某、邹某某等人携带收缴的赌资离开了现场。在返回途中，徐某某擅自决定将扣押的赌资私分，其中李某某、黄某某、曾某某、邹某某每人各分得现金800元，陆建某分得现金400元，徐某某分得现金3000多元。

【案件焦点】

公安人员在未按规定请示批准的情况下滥用职权擅自查处赌博并私分收缴的赌资的行为的定性。

【法院裁判要旨】

广东省南雄市人民法院经审理认为：被告人徐某某无视国家法律，身为公安干警，在未向单位领导请示、汇报和批准的情况下，滥用职权，伙同被告人曾某某、黄某某、罗某某、李某某、邹某某等人利用人民警察身份，擅自查处赌博并私分所收缴的赌资，造成恶劣的社会影响，严重损害了国家声誉，六被告人行为均构成滥用职权罪。

广东省南雄市人民法院依照《中华人民共和国刑法》第三百九十七条、第二十五条、第二十七条、第六十七条第一款、第七十二条、第七十三条、第六十四条，《最高人民法院、最高人民检察院关于办理渎职刑事案件适用法律若干问题的解释（一）》第一条第一款第三项，《最高人民法院、最高人民检察院关于办理职务犯罪案件认定自首、立功等量刑情节若干问题的意见》第一条的规定，作出如下判决：

一、被告人徐某某犯滥用职权罪，判处有期徒刑一年；

二、被告人曾某某犯滥用职权罪，判处有期徒刑十个月；

三、被告人黄某某犯滥用职权罪，判处有期徒刑十个月；

四、被告人罗某某犯滥用职权罪，判处有期徒刑六个月，缓刑一年；

五、被告人李某某犯滥用职权罪，判处有期徒刑六个月，缓刑一年；

六、被告人邹某某犯滥用职权罪，判处有期徒刑六个月，缓刑一年。

宣判后，被告人曾某某、黄某某、李某某、罗某某、邹某某提出上诉。

广东省韶关市中级人民法院于2017年12月8日作出（2017）粤02刑终393号刑事裁定，驳回上诉，维持原判。

【法官后语】

本案的争议焦点主要在于行为定性问题，存在几种不同的意见：

第一种意见认为被告人徐某某等人的行为符合抢劫罪的构成要件。第二种意见认为被告人徐某某等人的行为应定为贪污罪。第三种意见认为被告人徐某某等人的行为应定为敲诈勒索罪。结合本案案情和相关证据，承办人认为，被告人徐某某等人的行为构成滥用职权罪。理由如下：

第一，被告人的行为不符合抢劫罪的犯罪构成要件，不构成抢劫罪。在抢劫罪中，被害人的人身安全受到现实的威胁，已没有延缓的余地。本案中被告人徐某某等人亮明警察身份进行查赌，没有使用暴力。赌博参与者是基于不服从“命令”，将可能会被带走拘留或受到其他行政处罚的恐惧心理而交出赌资。在整个过程中不存在当场或将要当场使用暴力的现实危险。

第二，被告人的行为不符合敲诈勒索罪的犯罪构成要件，不构成敲诈勒索罪。本案中，徐某某等人在查处赌博过程中，向参赌人员出示了有效的工作证、检查证，并使用了执法记录仪，六被告人在查处过程中并未采用暴力、威胁、要挟、恐吓等手段，参赌人员交出赌资是基于被告人的有效证件和正当的查赌行为，参赌人员也非常配合被告人的查赌行为，且被告人收缴的财物仅仅是赌资，并未要求参赌人员交出赌资以外的其他财产。

第三，被告人的行为不符合贪污罪的犯罪构成要件，不构成贪污罪。贪污罪是指国家工作人员利用职务上的便利，侵吞、窃取、骗取或者以其他手段非法占有公共财物的行为。其中“利用职务上的便利”是指利用职务上主管、管理、经手公共财物的权力及方便条件。

本案中被告人的行为属于擅自查处赌博并私分赌资，且并未开出罚金单票据，没有按法定程序收取罚金。被告人所利用的便利条件并非职务上主管、管理、经手公共财物的权利及方便条件，只是利用警察有权查处赌博行为这一职务上的便利条件实施犯罪。被告人一开始就不是想通过正规的执法程序来收缴赌资，而是想直接占有赌资。不同于通过正规抓赌程序先收缴赌资——此时收缴的赌资变成了公共财产，如果徐某某等人再私分，才是利用经手公共财物的职务便利，将公共财产占为己有。

第四，被告人的行为符合滥用职权罪的犯罪构成要件，构成滥用职权罪。滥用职权罪是指国家机关工作人员故意逾越职权或者不履行职责，致使公共财产、国家和人民利益遭受重大损失的行为。本罪侵犯的客体是国家机关的正常活动；本罪的客观方面表现为滥用职权，致使公共财产、国家和人民利益遭受重大损失的行为。

滥用职权的行为主要表现为以下几种情况：一是超越职权，擅自决定或处理没有具体决定、处理权限的事项；二是玩弄职权，随心所欲地对事项作出决定或者处理；三是故意不履行应当履行的职责，或者说任意放弃职责；四是以权谋私、假公济私，不正确地履行职责。就本案而言，被告人徐某某身为公安干警，利用警察身份，擅自查处赌博窝点，在收缴赌资后私自将有关涉赌人员放走，并私分所收缴的赌资，符合滥用职权的行为。

所谓重大损失，包括物质性损失和非物质性损失。非物质性损失是指严重干扰或损害国家机关的正常活动和声誉等。根据《最高人民法院、最高人民检察院关于办理渎职刑事案件适用法律若干问题的解释（一）》的规定，国家机关工作人员滥用职权，造成社会恶劣影响的，应当认定为《刑法》第三百九十七条规定的“致使公共财产、国家和人民利益遭受重大损失”。就本案而言，被告人的行为扰乱了公安机关的正常工作活动，造成了恶劣的社会影响，严重损害了公安机关的声誉，损害了国家机关公信力。

综上所述，被告人的行为符合滥用职权罪的犯罪构成要件，构成滥用职权罪，依法应当追究刑事责任。

编写人：广东省南雄市人民法院　钟治优　杨璐

76

国有控股公司管理人员能否构成滥用职权罪的主体

——徐某、雷春某滥用职权案

【案件基本信息】

1. 裁判书字号

河南省信阳市罗山县人民法院（2016）豫1521刑初236号刑事判决书

2. 案由：滥用职权罪

【基本案情】

被告人徐某自2008年年底担任中国人民财产保险股份有限公司商城支公司副经理，分管农业保险业务发展工作，自2012年8月担任经理，主持全面工作。被告人雷春某自2011年担任中国人民财产保险股份有限公司商城支公司副经理，分管保险查勘、理赔工作。根据2012年度、2013年度的《河南省农业保险工作方案》及国务院、财政部相关规定，对河南省的玉米、水稻、小麦等种植业投保农户实行财政补贴：2012年水稻每亩保额为278元，费率6%，每亩保费16元；2013年水稻每亩保额为334元，费率6%，每亩保费20元。财政补贴标准是：种植业保险费由中央、省、市、县财政分别承担40%、25%、5%、10%，其余20%由农户和龙头企业负担。河南省成立农业保险工作领导小组，各承保机构负责人为领导小组成员，中国人民财产保险股份有限公司河南省分公司为河南省确定的农业保险承办机构之一。

2012年，中国人民财产保险股份有限公司商城支公司在开展水稻保险工作过程中，因农户投保积极性不高，为了完成工作任务，该公司主要负责人和被告人徐某（时任副经理）与该县丰集镇党委、政府相关领导商定，由镇政府根据全镇水稻计税面积25333.03亩统一投保，保费81065.6元由镇政府统一支付，然后再以理赔款的方式返还该镇一定资金。该公司主要负责人和徐某将上述协商情况告知了雷春某。中国人民财产保险股份有限公司商城支公司在丰集镇政府支付81065.6元保费后，就丰集镇的25333.03亩水稻出具水稻种植保险单，致使中央、省、市、县财政支付保费补贴资金324262.4元。后又通过伪造理赔档案方式，将162000元理赔款交于丰集镇政府工作人员，进入该镇财政账户。徐某、雷春某参与上述承保和理赔工作。

2013年，被告人徐某与丰集镇党委、政府相关领导商定（徐某事后告知被告人雷春某），由丰集镇对全镇水稻进行统一投保并支付保费101331.59元之后，中国人民财产保险股份有限公司商城支公司获得各级财政支付保费补贴资金405328元。后通过伪造理赔档案，将221550元理赔款支付给丰集镇政府。徐某、雷春某参与上述承保和理赔工作。

2016年8月25日，被告人徐某、雷春某主动到检察机关投案，到案后均如实供述了犯罪事实。

另查明，中国人民财产保险股份有限公司属于国有控股公司。2016年12月30日，中国人民财产保险股份有限公司河南省分公司就商城支公司套取的上述财政补贴资金729598.38元退缴法院。

【案件焦点】

国有控股公司管理人员能否构成滥用职权罪的主体。

【法院裁判要旨】

河南省信阳市罗山县人民法院经审理认为：被告人徐某、雷春某作为国有控股公司管理人员，在开展政策性农业保险，行使行政管理职权过程中，滥用职权，造成国家财政政策性水稻保险保费补贴资金损失729598.38元，致使国家利益遭受重大经济损失，其行为均已构成滥用职权罪。两被告人的辩护人辩称，两被告人不是国家机关工作人员，犯罪主体不适格。经查，农业保险属于国家政策性保险，为加强对该项工作的领导，河南省成立了农业保险工作领导小组，各承保机构负责人为领导小组成员；中国人民财产保险股份有限公司河南分公司被河南省有关政府部门确定从事本省政策性农业保险的承办工作，两被告人作为行使上述职权的中国人民财产保险股份有限公司河南分公司下属支公司管理人员，根据《最高人民法院、最高人民检察院关于办理渎职刑事案件适用法律若干问题的解释（一）》第七条规定，依法或受委托行使国家行政管理职权的公司、企业、事业单位的工作人员，在行使行政管理职权时滥用职权或者玩忽职守，构成犯罪的，应当依照《全国人民代表大会常务委员会关于〈中华人民共和国刑法〉第九章渎职罪主体适用问题的解释》的规定，适用渎职罪的规定追究刑事责任。因此，在本案中两被告人符合滥用职权罪的主体资格。案发后两被告人主动到侦查机关投案，且到案后均如实供述了犯罪事实，系自首，依法可以从轻或减轻处罚；犯罪情节较轻的，依法可以免除处罚。二被告人所在单位已退缴了涉案赃款，对两被告人依法可酌予从轻处罚。综合全案案情，根据二被告人的犯罪性质、情节、社会危害程度和悔罪表现，二被告人犯罪情节较轻，决定对二被告人免予刑事处罚。

河南省信阳市罗山县人民法院依照《中华人民共和国刑法》第三百九十七条第一款、第二十五条第一款、第六十七条第一款、第六十四条之规定，作出如下判决：

一、被告人徐某犯滥用职权罪，免予刑事处罚；

二、被告人雷春某犯滥用职权罪，免予刑事处罚；

三、涉案赃款人民币七十二万九千五百九十八元三角八分依法上缴国库。

【法官后语】

1. 滥用职权罪犯罪主体的特征

自然人犯罪主体可分为两类：一类是刑法不要求以特殊身份作为犯罪构成要件的主体称“一般主体”；另一类是刑法要求以特殊身份作为犯罪构成要件的主体称“特殊主体”。滥用职权罪犯罪主体“国家机关工作人员”是特殊主体，其在渎职犯罪的认定和处理中占据着重要地位。正确理解滥用职权罪的犯罪主体，是认定罪与非罪、此罪与彼罪的重要法律依据。

实践中关于滥用职权罪犯罪主体的认定暴露出一些问题，主要是没有明确规定国家机关工作人员具体的范围，这给司法机关查处案件带来了很大的困扰。因此，2002年12月28日第九届全国人大常委会通过了《全国人民代表大会常务委员会关于〈中华人民共和国刑法〉第九章渎职罪主体适用问题的解释》，其规定“在依照法律、法规规定行使国家行政管理职权的组织中从事公务的人员，或者在受国家机关委托代表国家机关行使职权的组织中从事公务的人员，或者虽未列入国家机关人员编制但在国家机关中从事公务的人员，在代表国家机关行使职权时，有渎职行为，构成犯罪的，依照刑法关于渎职罪的规定追究刑事责任。”该解释对国家机关工作人员的界定是以“公务说”为判断标准的。这项立法解释的出台，为统一执法思想解决司法实践中对渎职罪主体的不同认识，维护法律的尊严，具有重大的现实意义。

“公务说”界定国家机关工作人员的标准以是否依法从事公务为依据。从事公务是国家机关工作人员的本质特征，无论行为人是否具有国家机关工作人员的主体资格身份，只要是依法从事公务，均应该视为国家机关工作人员。“公务说”抓住了“从事公务”这一国家机关工作人员的本质特征，被刑法理论界和司法实务界所认可，也是目前普遍采用的通说。该观点扩充了渎职罪打击的主体范围，能够防止某一些不具有国家机关工作人员主体资格身份的非国家机关工作人员逃避刑事处罚。

但是“公务说”也并不是无懈可击的。“公务说”没有强调从事公务的合法性来源，如果根据“公务说”认定渎职罪犯罪主体，那么所有从事公务的人，无论其从事的公务是否具有合法性来源，都有可能构成渎职犯罪。这一点需要在司法实践中加以注意。

2. 本案徐某、雷春某滥用职权犯罪主体的界定

在本案中，中国人民财产保险股份有限公司河南省分公司为河南省确定的农业保险承办机构之一，徐某、雷春某作为保险公司的副经理，是农业保险工作领导小组的成员，是受委托行使国家行政管理职权公司的工作人员，二人在依法从事公务行使国家政策性农业保险保费补贴行政管理职权时，违规通过伪造虚假理赔案件套取国家政策性农业保险保费补贴款，存在着事实上的滥用职权行为，并且给国家造成经济损失70余万元。

根据《刑法》第三百九十七条滥用职权罪之规定和相关司法解释的规定，徐某和雷春某的滥用职权行为构成滥用职权罪的法律规定。因此，徐某和雷春某滥用职权行为符合“公务说”的渎职罪犯罪主体的本质特征。

编写人：河南省罗山县人民法院　孔晶晶

77

滥用职权罪中损失及价值弥补的认定

——许某、郭某滥用职权案

【案件基本信息】

1. 裁判书字号

四川省自贡市贡井区人民法院（2018）川0303刑初67号刑事判决书

2. 案由：滥用职权罪

【基本案情】

四川省自贡市汇东粮油收储有限公司负有国家省级储备粮的储备和轮换职责。被告人许某作为业务科长，被告人郭某作为业务部经理，在2014～2016年省级储备粮的轮换工作中，违反规定行使职权，采用以不合规旧粮垫底、少量合规新粮覆盖旧粮（即以旧粮代替新粮）的手段，致使不符合储备粮要求的粮食轮入，从而获取财政专项补贴资金。其中被告人许某在2014年、2015年的稻谷轮换工作中造成国家财产损失人民币175.52万元；被告人郭某在2016年的稻谷轮换工作中造成国家财产损失人民币33.71万元。

【案件焦点】

1. 粮食轮换的必要费用是否应计入损失，本案中粮食价差的虚报无疑应计算为损失，那么粮食轮换中的搬运、储存以及粮食自然损耗等必要费用是否仍应计算为给国家造成的损失；2. 所购的少量合规新粮费用是否应从损失中予以扣除，一方面，所购入的新粮是符合粮食轮换要求的，也就是合格的；另一方面，该部分粮食虽盖面在旧粮上，但其实是可分离的，价值也是可以计算的。

【法院裁判要旨】

四川省自贡市贡井区人民法院经审理认为：1. 省级粮食轮换补贴数额构成包

括粮食价差补贴、检验、运输等相关方面的费用，但因二被告人滥用职权的行为导致实际轮入的稻谷并不符合储备粮轮入年限的要求，即粮食轮换工作并未实际完成。若要重新轮入符合要求的粮食则必然再次产生诸如运输、检验等费用，故对该次粮食轮入所产生的运输、检验等费用亦应计算为损失；2. 轮入新粮的目的是掩盖旧粮以蒙混通过检测、验收，主观上并非为了实际完成粮食轮换任务而进行，从某种意义上看，轮入的新粮可以看作用于犯罪的工具。此外，若要将新粮与旧粮进行分离必然会产生相应的其他费用，故不应将对应部分从专项财政补贴资金中扣除。

被告人许某、被告人郭某身为国有公司工作人员，在省级储备粮轮换工作中违反规定行使职权，收购旧粮代替新粮存储，使得不符合储备粮轮入要求的粮食轮入，骗取省级财政专项储备粮轮换资金补贴，二被告人的行为已构成滥用职权罪。四川省自贡市贡井区人民法院依照《中华人民共和国刑法》第三百九十七条第一款、第二十五条、第二十七条、第三十七条、第六十七条第一款之规定，判决如下：

一、被告人许某犯滥用职权罪，免予刑事处罚；

二、被告人郭某犯滥用职权罪，免予刑事处罚。

【法官后语】

刑法中的损失应包括物质性损失和非物质性损失两方面。本案中既包括国家拨付的财政补贴这一物质性损失，也包括国家机关的正常活动和声誉受损这一非物质性损失。非物质性损失的造成已毋庸置疑，本案的重点在于对物质性损失的范围认定。

首先，从法律效果来讲。其一，粮食轮换的运输、储存等必要费用要以粮食合规为基础，不合规粮食轮入是对必要费用的浪费，且财政对这部分亦予以了拨款，因此自然也应计入损失的范畴。其二，新粮原本是符合规格的，但因为盖面在旧粮后产生了混合而失去了它原有的价值，或者说价值已打折扣，尽管可以将新粮分离后恢复其原有的价值，但因分离新旧粮而额外产生的成本费用无疑也应该算作损失。故以上均应计为“损失”范畴。

其次，从社会效果来讲，在职务犯罪中对类似的上文“新粮”部分不予扣除在某种意义上可以预防职务犯罪的发生。若片面的看待国家损失，对国家损失进行不切实际的扣除，则职务犯罪因损失金额计算的大小就有可能产生罪与非罪、罪轻与罪重的差别，势必会动摇一些人的忌惮之心，从而引发犯罪的滋长。

最后，法官应当如何对待损失的价值弥补值得思考。如果弥补的成本大于或者等于损失的数额，当然，这样的弥补是无意义的，自然不在考虑的范围中。但是，如果弥补的成本小于损失，是否就可以在实际弥补后对损失金额予以折抵扣除？笔者认为，损失已经实际造成，但有价值的实际弥补行为，即弥补成本低于损失价值的损失挽回行为，是用较小成本投入用以挽回相对较大的国家、集体或者人民群众的利益损失，审判中可以认为这是对犯罪危害性的减少，从而在量刑时适当进行考虑，这既体现了宽严相济的刑事政策，同时也符合刑法罪责刑相适应的原则。

编写人：四川省自贡市贡井区人民法院　林柳英

78

帮助犯罪分子逃避处罚案件中的主体身份认定

——靳宏某受贿、帮助犯罪分子逃避处罚案

【案件基本信息】

1. 裁判书字号

江苏省宿迁市中级人民法院（2018）苏13刑终373号刑事裁定书

2. 案由：受贿罪、帮助犯罪分子逃避处罚罪

【基本案情】

2014年10月至2017年3月，被告人靳宏某在担任宿迁市骆马湖洪泽湖湖区管理办公室（下称两湖办）行政执法处科员、保护利用处副处长期间，具有协助水利部门对盗采黄砂的违法犯罪活动进行巡查、查处等职责，其利用职务上的便利，索取、多次收受骆马湖水域采砂人高某、刘尚某现金、购物卡合计人民币24万余元。2015年10月至2016年12月间，被告人靳宏某还采用打电话提前告知值班信息、突击检查信息等方式，为高某、刘尚某（均判刑）在骆马湖内非法采砂活动通风报信，帮助二人逃避执法处罚。

【案件焦点】

联合执法活动中，帮助犯罪分子逃避处罚的主体身份如何认定。

【法院裁判要旨】

江苏省宿迁市宿城区人民法院经审理认为，关于被告人靳宏某及其辩护人均提出两湖办是市政府协调机构，没有查处非法采砂违法犯罪的职责，被告人靳宏某作为该单位工作人员不符合帮助犯罪分子逃避处罚罪的主体身份。本院认为，被告人靳宏某所在的两湖办是宿迁市人民政府为加强骆马湖等水域的综合管理而成立的派出机构，负责骆马湖等水域统一管理、综合协调、集中执法等工作。2015年5月，为整治骆马湖水域非法采砂工作，宿迁市人民政府成立骆马湖非法采砂工作指挥部，严厉打击非法采砂行为，并抽调两湖办、水利等部门成员共同打击非法采砂行为。被告人靳宏某作为被委托的国家工作人员，负责骆马湖非法采砂巡查等工作，协助水利部门查处非法采砂违法犯罪行为，具有查处违法犯罪的职责。对被告人靳宏某及辩护人提出的辩护观点本院不予采信。被告人靳宏某作为查处违法犯罪职责的国家机关工作人员，向犯罪分子通风报信，提供便利，其行为构成帮助犯罪分子逃避处罚罪；其作为国家工作人员，利用职务上的便利，索取、非法收受他人财物，数额巨大，为他人谋取利益，其行为构成受贿罪。

江苏省宿迁市宿城区人民法院依照《中华人民共和国刑法》第三百八十五条第一款、第三百八十六条、第四百一十七条、第六十九条、第九十三条、第六十四条及《全国人民代表大会常务委员会关于〈中华人民共和国刑法〉第九章渎职罪主体使用问题的解释》、《最高人民法院、最高人民检察院关于办理贪污贿赂刑事案件适用法律若干问题的解释》第二条、第十七条、第十九之规定，作出如下判决：

一、被告人靳宏某犯受贿罪，判处有期徒刑三年，并处罚金人民币二十万元，犯帮助犯罪分子逃避处罚罪，判处有期徒刑十个月，决定执行有期徒刑三年四个月，并处罚金人民币二十万元；

二、追缴所扣押的违法所得人民币十三万九千元上缴国库。

被告人靳宏某持原审辩解上诉。

江苏省宿迁市中级人民法院经审理认为，被告人靳宏某具有协助职能部门查禁非法采砂犯罪活动的职责，其上诉理由不能成立，应予驳回。

江苏省宿迁市中级人民法院依照《中华人民共和国刑事诉讼法》第二百三十

六条第一款第一项之规定，裁定如下：

驳回上诉，维持原判。

【法官后语】

本案的核心问题是在联合执法过程中如何认定被告人有查禁违法犯罪的职责。

帮助犯罪分子逃避处罚罪被设置在刑法渎职犯罪章节中，其法益要点在于从事公务的国家机关工作人员应严格依法履行职责。根据《全国人民代表大会常务委员会关于〈中华人民共和国刑法〉第九章渎职罪主体使用问题的解释》，国家工作人员除包括依照法律、法规规定行使国家行政管理职权的组织中从事公务的人员，也包括在受国家机关委托代表国家机关行使职权的组织中从事公务的人员，或者虽未列入国家机关工作人员编制但在国家机关中从事公务的人员，在代表国家机关行使职权时，有渎职行为，构成犯罪的，依照刑法关于渎职罪的规定追究刑事责任。本案中，宿迁市机构编制委员会关于成立两湖办的通知、两湖办领导班子分工及其处室职责、市政府办公室关于成立宿迁市全面整治骆马湖非法采砂工作指挥部的通知、关于明确各工作组及成员单位职责的通知以及国家机关公务员和工作人员录用审批表等证据足以证实两湖办系宿迁市人民政府的派出机构，负责骆马湖等水域统一管理、综合协调、联合其他单位集中执法等工作。

因骆马湖水域非法采砂愈演愈烈，对生态环境造成重大影响，根据国家水利部和江苏省人民政府要求，宿迁市人民政府在骆马湖等水域全面开展黄砂禁采工作，并于2015年5月为整治骆马湖宿迁水域非法采砂违法犯罪活动专门成立宿迁市全面整治骆马湖非法采砂工作指挥部，两湖办作为牵头单位，和水利部门、公安机关等单位联合执法，具有协助水利部门打击非法采砂犯罪活动的职责。被告人靳宏某和两湖办多名工作人员亦证实，在执法过程中发现采砂的船只和人员，执法组以协助宿迁市水务局执法人员名义进行查处，对构成行政案件的，由宿迁市水务局进行行政处罚；构成刑事案件的，由市水务局移送公安机关处理。这足以证实靳宏某作为国家机关工作人员，具有协助职能部门查禁非法采砂犯罪活动的职能。被告人靳宏某明知他人在禁采水域盗采砂矿，提前告知值班时间及线路、省市执法的突击检查等信息，让行为人避开检查时间、线路非法盗采砂矿达到刑事立案追诉标准，其行为已构成帮助他人逃避法律处罚罪，应予追究刑事责任。

编写人：江苏省宿迁市宿城区人民法院　叶春花

79

帮助犯罪分子逃避处罚罪与受贿罪牵连时应从一重处罚还是数罪并罚

——文平某帮助犯罪分子逃避处罚、受贿案

【案件基本信息】

1. 裁判书字号

湖南省临武县人民法院（2018）湘1025刑初69号刑事判决书

2. 案由：帮助犯罪分子逃避处罚罪、受贿罪

【基本案情】

2017年10月，宜章县迎春镇曹本某（另案处理）等人到临武县武水镇石桥村（临武县公安局汾市派出所辖区）开设赌场，找到时任临武县武水镇石桥村党支部书记的文平某帮助协调关系，承诺开设赌场每天给文平某好处费1500元，由文平某协调处理与汾市派出所的关系，以逃避处罚。2017年10月18日，文平某电话联系汾市派出所辅警熊志某（另案处理），说宜章有人在石桥村开设赌场，希望他予以关照，出警的时候提前通知，到时候给熊志某好处费，熊志某予以同意。2017年10月至2018年1月12日期间，熊志某利用自己工作中获得的信息，先后六次通过微信或电话的方式将汾市派出所接警、出警的情况提前告知文平某，一次将举报人信息告知文平某，由文平某通知曹本某等人回避或疏散，导致汾市派出所出警抓捕石桥村赌博犯罪活动均以失败告终。在曹本某等人开设赌场期间，曹本某共送给被告人文平某61500元，其中前4次共计6000元，曹本某分3次在石桥村空坪里拿现金给了文平某。另55500元是曹本某通过微信转账的方式付给了文平某。文平某收到该61500元贿赂款后，通过微信转账的方式依约转给郭建某10000元好处费，另通过微信红包的方式依约付给熊志某7900元好处费，剩余的43600元被文平某用于个人日常生活开支。

【案件焦点】

帮助犯罪分子逃避处罚罪与受贿罪牵连时应从一重处罚还是数罪并罚。

【法院裁判要旨】

湖南省临武县人民法院经审理认为：被告人文平某与有查禁犯罪活动职责的国家机关工作人员相勾结，共同帮助犯罪分子逃避处罚，其行为已构成帮助犯罪分子逃避处罚罪，且情节严重；被告人文平某与他人开设赌场事先通谋，为开设赌场的犯罪分子通风报信、提供便利，其行为亦构成开设赌场罪，属牵连犯罪，对之择一重罪从重处罚，应以帮助犯罪分子逃避处罚罪定罪量刑；被告人文平某利用职务之便，收受他人贿赂款61500元，其行为已构成受贿罪。公诉机关指控被告人文平某所犯二罪名成立。在帮助犯罪分子逃避处罚的共同犯罪过程中，被告人文平某起主要作用，系主犯，应按其参与的全部犯罪处罚。公诉机关指控文平某该起犯罪是从犯不当，本院予以纠正。被告人文平某经所在的乡镇通知到案，如实供述了自己罪行，是自首，对其犯帮助犯罪分子逃避处罚罪减轻处罚，对其犯受贿罪从轻处罚。被告人文平某真诚悔罪，积极退缴受贿赃款43600元，对其犯受贿罪酌情从轻处罚。被告人文平某一人犯数罪，应数罪并罚。公诉机关根据本案被告人文平某的犯罪事实、情节等，对其作出的量刑建议合法、适当，本院予以采纳。

湖南省临武县人民法院依照《中华人民共和国刑法》第四百一十七条，第三百八十五条第一款，第三百八十六条，第三百八十三条第一款第一项、第二款，第二十五条第一款，第二十六条第一、四款，第九十三条第二款，第六十九条第一款，第六十七条第一款，第五十二条，第五十三条，第六十四条，《最高人民法院、最高人民检察院关于办理渎职刑事案件适用法律若干问题的解释（一）》第三条，《最高人民法院、最高人民检察院关于办理贪污贿赂刑事案件适用法律若干问题的解释》第一条第一款，第十九条第一款和《中华人民共和国刑事诉讼法》第一百九十五条[①]第一项之规定，判决如下：

一、被告人文平某犯帮助犯罪分子逃避处罚罪，判处有期徒刑二年六个月；犯受贿罪，判处有期徒刑七个月，并处罚金人民币十万元；数罪并罚，决定执行有期

① 对应现行《刑事诉讼法》第二百条。

徒刑二年九个月，并处罚金人民币十万元；

二、被告人文平某受贿所得四万三千六百元，予以没收，上缴国库。

【法官后语】

在司法实践中，帮助犯罪分子逃避处罚行为大多与受贿行为并存，有的是先受贿再帮助犯罪分子逃避处罚，有的则是在帮助犯罪分子逃避处罚后再索取或收受他人贿赂。在帮助犯罪分子逃避处罚行为与受贿行为的关系上，如果是先索取或收受他人贿赂后帮助犯罪分子逃避处罚的，则受贿行为属于目的行为，帮助犯罪分子逃避处罚行为属于手段行为；如果是先帮助犯罪分子逃避处罚后索取或收受他人贿赂的，则帮助犯罪分子逃避处罚行为属于原因行为，受贿行为属于结果行为。无论行为人是先受贿还是先帮助犯罪分子逃避处罚，两行为之间都具有牵连关系。在帮助犯罪分子逃避处罚行为与受贿行为分别构成本罪与受贿罪的情况下，两罪成立牵连犯。那么，对行为人应从一重处还是数罪并罚？

笔者赞同数罪并罚，主要基于四点理由：首先，牵连犯中行为人实施了符合数个独立的构成要件行为，无论是手段行为牵连目的行为，还是原因行为牵连结果行为，这几个行为之间虽然具有手段与目的，或者原因与结果的关系，但实质上为数个危害行为，而非一个单独的危害行为；其次，对牵连犯从一重处有违我国刑法所坚持的客观主义的基本立场，可能导致量刑上的不平衡；第三，对牵连犯从一重处可能导致处罚不公和司法实践操作不便；第四，从刑事立法和司法解释的具体规定来看，择一重处只是个别规定，数罪并罚才是普遍原则。

笔者认为，就帮助犯罪分子逃避处罚罪而言，侧重于行为人是否利用职务或工作之便帮助犯罪分子逃避处罚，主要侵犯的是国家机关的正常管理活动，且本罪的成立并不要求谋取私利；而就受贿罪而言，侧重于行为人是否收受了他人贿赂，并不必然要求为行贿人谋取利益（索贿型受贿），也不以为行贿人谋取的利益是否实现为必要条件，其主要侵犯的是国家工作人员的职务廉洁性。因此，为帮助犯罪分子逃避处罚而通风报信、提供便利，是帮助犯罪分子逃避处罚罪的基本行为特征，而收受他人贿赂则是受贿罪的基本行为特征。当帮助犯罪分子逃避处罚行为与受贿行为牵连时，行为人在事实上具备了数罪的基本行为特征，对社会造成了数种危害，那么，对行为人实行数罪并罚，不仅能够做到罪刑相适应，而且能够避免因从一重处而导致顾此失彼，导致刑法评价的不全面。

就本案而言，被告人文平某担任同益乡石桥村党支部书记并兼任村综治中心领导小组主任期间，当开设赌场聚众赌博的曹本某等人找其协调关系予以通风报信时，被告人文平某明知在通风报信的情况下会帮助曹本某等人逃避公安机关的查处，在汾市派出所出警时仍多次予以通风报信，从而导致曹本某等人多次逃避了公安机关的查处。被告人文平某在给曹本某等人开设赌场期间，共收取曹本某给的好处费人民币61500元。在审判中，有合议庭成员认为，被告人文平某帮助犯罪分子逃避处罚的行为与受贿行为成立牵连关系，应从一重论处。最终法院采取了数罪并罚的观点，认为被告人文平某与有查禁犯罪活动职责的国家机关工作人员相勾结，共同帮助犯罪分子逃避处罚，其行为已构成帮助犯罪分子逃避处罚罪，且情节严重。同时，被告人文平某利用职务之便，收受他人贿赂款61500元，其行为已构成受贿罪，应数罪并罚。法院以帮助犯罪分子逃避处罚罪判处被告人文平某有期徒刑二年六个月，以受贿罪判处其有期徒刑七个月，并处罚金十万元，数罪并罚，决定执行有期徒刑二年九个月，并处罚金十万元。

编写人：湖南省临武县人民法院　骆美霖

图书在版编目（CIP）数据

中国法院2020年度案例. 刑事案例. 四，妨害社会管理秩序罪、贪污贿赂罪、渎职罪 / 国家法官学院，最高人民法院司法案例研究院编. —北京：中国法制出版社，2020.4

ISBN 978－7－5216－0908－0

Ⅰ. ①中… Ⅱ. ①国… ②最… Ⅲ. ①刑事犯罪－案例－汇编－中国 Ⅳ. ①D920.5

中国版本图书馆CIP数据核字（2020）第034109号

策划编辑：李小草（lixiaocao2008@sina.cn）
责任编辑：王 熹（wx2015hi@sina.com）　　封面设计：温培英 李 宁

中国法院2020年度案例·刑事案例四

ZHONGGUO FAYUAN 2020 NIANDU ANLI · XINGSHI ANLI SI

编者/国家法官学院，最高人民法院司法案例研究院
经销/新华书店
印刷/三河市紫恒印装有限公司
开本/730毫米×1030毫米 16开　　印张/19 字数/248千
版次/2020年4月第1版　　2020年4月第1次印刷

中国法制出版社出版
书号 ISBN 978－7－5216－0908－0　　定价：65.00元

北京西单横二条2号
邮政编码 100031　　传真：66031119
网址：http://www.zgfzs.com　　**编辑部电话：010－66010493**
市场营销部电话：010－66033393　　**邮购部电话：010－66033288**

（如有印装质量问题，请与本社印务部联系调换。电话：010－66032926）

中国法院2012～2020年度案例系列

国家法官学院　最高人民法院司法案例研究院　编

简便易用、权威实用——打造“好读有用”的案例

1. 权威的作者：国家法官学院案例开发研究中心持续20余年编辑了享誉海内外的《中国审判案例要览》丛书，2012年起推出《中国法院年度案例》丛书，旨在探索编辑案例的新方法、新模式，以弥补当前各种案例书的不足。

2. 强大的规模：2012、2013年各推出15本，2014年推出18本，2015年推出19本，2016年推出20本，2017年推出21本，2018、2019、2020年推出23本，含传统和新近的所有热点纠纷，所有案例均是从全国各地法院收集到的上一年度审结的近万件典型案例中挑选出来的，具有广泛的选编基础和较强的代表性。

3. 独特的内容：不再有繁杂的案情，高度提炼案情和裁判要旨，突出争议焦点问题。不再有冗长的分析，主审法官撰写“法官后语”，展现裁判思路方法。

1. 婚姻家庭与继承纠纷
2. 物权纠纷
3. 土地纠纷（含林地纠纷）
4. 房屋买卖合同纠纷
5. 合同纠纷
6. 买卖合同纠纷
7. 借款担保纠纷
8. 民间借贷纠纷
9. 侵权赔偿纠纷
10. 道路交通纠纷
11. 雇员受害赔偿纠纷（含帮工受害纠纷）
12. 人格权纠纷（含生命、健康、身体、姓名、肖像、名誉权纠纷）
13. 劳动纠纷（含社会保险纠纷）

14. 公司纠纷
15. 保险纠纷
16. 金融纠纷
17. 知识产权纠纷
18. 行政纠纷
19. 刑事案例一
20. 刑事案例二
21. 刑事案例三
22. 刑事案例四
23. 执行案例

最高人民法院指导性案例裁判规则理解与适用系列

公司卷二	98 元	物权卷	88 元
公司卷（第三版）（上下册）	139 元	婚姻家庭卷（第二版）	68 元
民事诉讼卷（第二版）（上下册）	145 元	合同卷四（第二版）	98 元
侵权赔偿卷二	69 元	合同卷三（第二版）	98 元
侵权赔偿卷一	69 元	合同卷二（第二版）	108 元
房地产卷	98 元	合同卷一（第二版）	108 元
劳动争议卷	58 元	担保卷（第二版）（上下册）	139 元

最高人民法院知识产权审判实务系列

最高人民法院知识产权审判案例指导（第 11 辑）	86 元
最高人民法院知识产权审判案例指导（第 10 辑）	98 元
最高人民法院知识产权审判案例指导（第 9 辑）	88 元
最高人民法院知识产权审判案例指导（第 8 辑）	88 元
最高人民法院知识产权审判案例指导（第 7 辑）	98 元
最高人民法院知识产权审判案例指导（第 6 辑）	78 元
最高人民法院知识产权审判案例指导（第 5 辑）	88 元
最高人民法院知识产权审判案例指导（第 4 辑）	78 元
最高人民法院知识产权审判案例指导（第 3 辑）	78 元
最高人民法院知识产权审判案例指导（第 2 辑）	78 元
最高人民法院知识产权审判案例指导（第 1 辑）	48 元
中国知识产权指导案例评注（第 10 辑）	128 元
中国知识产权指导案例评注（第 9 辑）	108 元
中国知识产权指导案例评注（第 8 辑）	98 元
中国知识产权指导案例评注（第 7 辑）	118 元
中国知识产权指导案例评注（第 6 辑）	128 元
中国知识产权指导案例评注（第 5 辑）	118 元
中国知识产权指导案例评注（第 4 辑）	98 元
中国知识产权指导案例评注（第 3 辑）	98 元
中国知识产权指导案例评注（上、下卷）	188 元
商标法适用的基本问题（增订版）	78 元
反不正当竞争法的创新性适用【精装】	68 元
知识产权法律适用的基本问题——司法哲学、司法政策与裁判方法	168 元
最高人民法院知识产权司法解释理解与适用（最新增订版）	69 元
最高人民法院知识产权案件年度报告（2008～2015）（中英文版）	198 元
知识产权司法实务新型疑难问题：专利、商标与著作权热点问题	138 元
知识产权司法实务新型疑难问题：知识产权司法保护与产业发展	120 元

最高人民法院审判指导书系

执行规范理解与适用——最新民事诉讼法与民诉法解释保全、执行条文关联解读（增订 2 版）	159 元
最高人民法院民事立案业务指导	108 元
最高人民法院审判监督业务指导	128 元
最高人民法院执行业务指导	128 元